期权交易的扛鼎力作，经典，权威
全方位系统性揭示期权暴利的真相

McGraw Hill Education

《跟大师学投资》系列丛书
职业操盘手基础培训核心教材

期权核心机密解读

（美国）托马斯·麦克福特◎著
李玉霞　程梦柳◎译

SPM
南方出版传媒
广东经济出版社
·广州·

图书在版编目（CIP）数据

期权核心机密解读／（美）托马斯·麦克福特著；李玉霞，程梦柳译．／赵慧敏编著．—广州：广东经济出版社，2016．11
ISBN 978－7－5454－4948－8

Ⅰ．①期…　Ⅱ．①托…　②李…　③程…　Ⅲ．①期权交易－基本知识Ⅳ．①F830．91

中国版本图书馆 CIP 数据核字（2016）第 272396 号

Thomas McCafferty
Options DeMystified
ISBN：978－0－07－175087－5

著作权合同登记号：19－2016－053

出 版 人：姚丹林
责任编辑：陈念庄　罗振文

出版发行	广东经济出版社（广州市环市东路水荫路 11 号 11～12 楼）
经销	全国新华书店
印刷	惠州报业传媒印务有限公司 （惠城区江北三新村惠州报业传媒大厦 1610 室）
开本	730 毫米×1020 毫米　1/16
印张	17．5　2 插页
字数	254 000 字
版次	2016 年 11 月第 1 版
印次	2016 年 11 月第 1 次
印数	1～5 000
书号	ISBN 978－7－5454－4948－8
定价	55．00 元

如发现印装质量问题，影响阅读，请与承印厂联系调换。
发行部地址：广州市环市东路水荫路 11 号 11 楼
电话：（020）38306055　37601950　邮政编码：510075
邮购地址：广州市环市东路水荫路 11 号 11 楼
电话：（020）37601980　营销网址：**http://www.gebook.com**
广东经济出版社新浪官方微博：**http://e.weibo.com/gebook**
广东经济出版社常年法律顾问：何剑桥律师

译者的话

作为一名金融从业者，前八年我在证券公司服务线下的投资者，近两年我所在的互联网金融公司服务线上的投资者，自己感触最深的是：投资最重要的是适当性。近几年国内金融领域创新不断，相继出现融资融券、股指期货、个股期权、分级基金等新的投资方式或投资品种。同时，投资者融资炒股爆仓后跳楼以及购买分级B巨亏之类的消息也见之于各大媒体。然而，这并不代表融资融券和分级基金本身有问题，它们不过是一个工具，使用得当才能发挥作用，否则会适得其反。在此，我想对金融从业人员说：卖者尽责，服务客户投资者教育应该永远放在首位；我也想对投资者说：买者自负，在您做任何投资决策之前，务必要清楚投资的标的以及在不同情况下可能承担的风险！

不管是从业人员的卖者尽责，还是投资者的买者自负，学习是永恒的主题。国内个股期权2015年才正式推出，而在20世纪七八十年代欧美就开始股票期权交易，所以我们很有必要借鉴国外成熟的经验，帮助大家更加深入地了解期权的本质和核心机密。我在证券公司曾做过个股期权的讲师，看到《期权核心机密解读》一书时便觉得它是一本会让国内投资者受益的书。它从期权的基本类型开始，介绍了期权交易的参与各方，讨论了基本面分析和技术分析的一些方法，并说明了一般性期权交易的具体步骤和高阶玩法。最重要的是它始终从投资者的角度考虑，并做出了诚恳的建议："如果您觉得交易毫无乐趣而言，那么，您就该立即退出、离场。""唯一的成功交易者是那些真正热爱期权交易的交易者。对他们来说，即使无法靠期权交易谋生，他们仍会坚持玩下去。"

那什么是期权？简而言之，期权就是有条件的协议。读完本书后，您会发现，没有做过期权交易的您也曾参与过非正式的“期权”交易。比如为了一款畅销到已经断货的红色跑车，您向商家支付一定的押金，约好30天之内，如果有货，则可以买车，没有则退回押金（损失了押金的利息收入）。这其实就相当于是一份看涨期权。跟其他投资工具一样，期权也是一个工具，而且它是一把锋利的瑞士军刀，如果使用得当，不同的刀叶可以用来锁定利润、降低风险、放大收益等；但如果你不认识它，却擅自乱用，可能会割破自己的手指。所以您必须自己先了解这把瑞士军刀和它的使用方法，在知道这把刀是不适合自己以及怎么用？相信，通过本书，您一定能找到答案。

作为2001级广东外语外贸大学首届全英试点班的学生，第一次觉得可以用上英语的底子为金融行业和投资者做点事情，于是重拾学生时代的翻译旧业，结合近十年金融行业的从业经验，和母校高级翻译学院毕业的师妹梦柳一起和您共同学习期权的相关知识，希望对您能有所帮助！

李玉霞　2016年10月于羊城

目 录

序 言

如果最近几年你都在投资股市[1]的话，可能你就会又多了几根白头发了。正如道琼斯月线图所示，最近几年里，道琼斯工业指数经历了从约14000点的高点跌落到约7000点的行情。其他指数如纳斯达克指数和标准普尔500指数等，也同样了经历如同过山车般的走势。

你的个人退休金账户（IRA）、401K计划个人养老金账户（401（k））、或者你的证券交易账户的表现如何？如果你跟大多数人一样，那么你账户里的资金应该已经缩水了30%，甚至更多。即使是由专业人士管理的账户也损失惨重。更令人难过的是，很多投资者面对损失时惊慌失措，在股市快跌到或已经跌到谷底时就卖出了股票，从而错失了随后的反弹行情。然而，如果能明智地运用期权的话，很多损失是可以避免的。

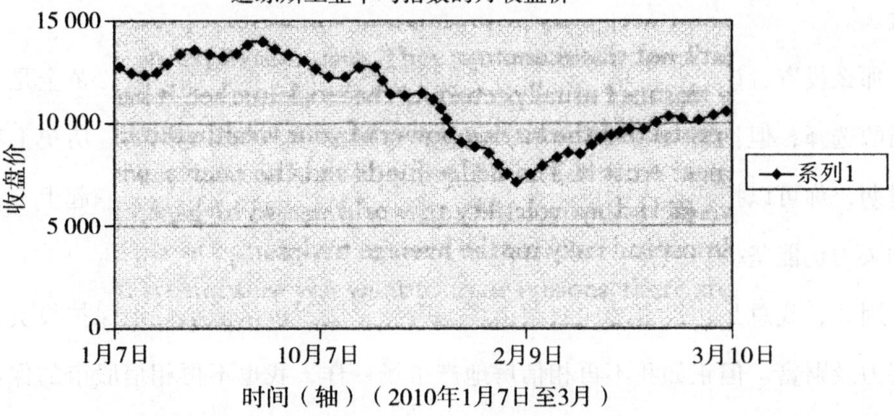

① 译者注：作者所指为2007至2010年的美国股市。

如果你认为市场最近的极端行情是极其罕见的，那你就错了。股市里有句老话："市场给予你的，最终会被市场收回。"尽管我们可能不愿意承认，但这却是事实。

作为一个投资者或者交易者，面对二十一世纪头十年里疯狂的股价波动，以及由此带来的不确定性，你是怎样应对的呢？在这段时期，即使是那些股价最稳定的股票，其成交价波幅也创了记录；当基本面分析和技术面分析对同一支股票交易做出的预测结果大相径庭时，即使是那些最有思想、最有经验的股票分析师都变得无所适从。

你觉得将来股市会稳下来吗？你觉得两党斗争越演越烈的美国政界会忽然之间变得和睦融洽，在治国议事时把人民的利益作为首要出发点吗？你觉得我们的国家、大多数州，下至数百个市级政府的财政预算什么时候才能重新达到平衡呢，2015 年，或者是 2020 年，还是永远都没可能呢？将来还能创造多少高薪的工作职位呢？美国何时能达到贸易平衡呢？美元的影响力又会怎样呢？我们还得应对全球暖化和各地饥荒，而种子基因库的贫乏又使得问题更加复杂化。还有恐怖主义、移民问题、当婴儿潮一代掏光了联邦医疗保险后我们面临的健康保障问题、全球贫困问题。别忘了，还有美国最爱掺一脚的地区战争。令人难过的是，这些问题还将困扰我们十数年，甚至数十年。它们将会益发加剧交易和投资的风险。

那么投资者该怎么办呢？购买黄金保平安吗？金价走高的时候，黄金是一个不错的选择，但长期来说绝非首选，不过，少量投资一点倒也无妨。历史上有一段时期，你可以把钱投入固定年金产品，其利率会跟随通货膨胀率一起上涨，你的购买力仍能坚挺。只是，今非昔比了。

因此，我总是将投资转向股票市场。曾经，股票市场能很好地保护投资者的购买力及财富。但正如我不再相信房地产市场一样，我也不再相信股市的保值能力了。对冲基金和金融"宽客"们通过用超级计算机进行量化交易，把市场的波动性推至一个又一个新高，使得当前的交易环境对普通交易者而言风险太大。

凡夫俗子如何应对

因此我们有必要学习如何使用期权来在市场中管理风险。期权的价值从其标的资产衍生而来。股票期权的价值就主要由它所代表的股票的价格而定。

期货期权反映了其标的期货合约的价格。期权分为看涨期权和看跌期权。看涨期权的价值随着其标的物［股票、期货合约、交易型开放式指数基金（ETF）、股指等］价格的上涨而增加，随着标的物价格的下跌而减少。看跌期权刚好相反，它的价值随着标的物价格的上涨而减少，随着标的物价格的下跌而增加。其他因素，如到期日以及波动性也会影响期权的价值，我们会在后文章节中予以讨论，在本书的开头我们还是尽量先说点儿简单的。

期权——交易者手中的瑞士军刀

你是否曾经拥有过一把万能而精巧的小刀？它有各种不同用途的刀叶，可以切东西、开葡萄酒瓶或汽水瓶、拧紧螺丝、剪东西或是给皮带打孔……它在任何紧要关头都很趁手。期权就类似于这把小刀——读到本书后面你将了解到，购买期权可以用于：

- 保护利润
- 对多个标的物的未来走势进行投机，代价只是购买标的资产的成本
- 替代对标的资产的购买，同样代价也很小
- 增加已购股票的收益
- 极大地增加投资回报率

这么看，期权似乎是投资者的防弹衣。然而，最近的市场表现告诉我们，这样完美的工具是不存在的。期权有个死穴，那就是它会过期，不像股票一样可以永远持有。那些被交易得最多的期权都只有几个月的有效期。大多数期权交易者

都只交易近期期权合约（就是那些临近到期日的合约），因为只有近期合约才具备充足的流动性。有种叫做长期股票期权（LEAPS）的期权合约，有效期可达数年。在后面的章节中会详细介绍这两种期权。即使你不确定是否想参与期权交易，仍然有许多理由值得你去了解它。比方说，如果你想探一探市场的情绪，了解期权交易情况就会相当有用。比如，你预计一支你关注的股票收益会超预期，所以打算购进几百股，但是购买之前你可以先去看看该股票的看涨期权交易情况，如果目前购买该股票看涨期权的量是五倍、十倍于其日平均购买量，就是一个很好的迹象，说明还有别的很多交易者都认为该股票的收益会超预期。

另一个值得你关注期权的理由是它的巨额交易量。每年期权合约成交额逾十亿张，即每个交易日约成交五百万张。考虑到它对股票的替代属性或者它保护股票免遭损失的保险属性，就不难理解看涨期权或者看跌期权的交易为何如此活跃了。就像购买一支股票前要事先了解一下该股票的空仓比重，期权能让你从另一个角度判断整体市场是走熊还是走牛。

并非人人适用

与其他投资工具一样，期权也并非人人适合。有些人讨厌购买保险，同理，有些人也不喜欢购买一项会过期的投资。要投资它，你就必须在心智上都能接受它，希望这本书能在这点上对你有所帮助。但记住，永远不要投资或购买不合意的东西。更重要的是，如果你不清楚何时及如何平仓，则永远不要入市投资，对于期权尤其如此。因为期权会过期，如果买入之后就不管不顾，它的价值会像干冰一样迅速挥发。此外，我还建议你要把投资计划写下来。

希望你能扎实使用期权交易策略，并充分了解其重要性，这能助你跨越未来必定荆棘满布的投资之路。

祝你赚个盆满钵盈！

鸣 谢

我要真诚地感谢斯坦·扬先生。他是位天赋很高的漫画家与插图家，负责本书以及我以前发表的几部作品的所有美编工作。除了艺术禀赋之外，他也是证券业的内行，他曾做过多年的职业经纪人。

我还要感谢我一如往常所依赖的麦格劳·希尔专业出版公司的布莱恩·福斯特先生及其编辑部的团队，感谢他们的帮助和指导，尤其还要感谢珍妮丝·瑞丝女士以及美编和校对人员。

我绝对不能遗漏对我夫人卡萝尔的感谢。她总能乐天达观地默默忍受，任凭我的情绪随市场由牛转熊而跌落低谷——还好，根据目前行情的走势，这只是一次急速回调而已。

第一章　期权世界的广阔天地

本章重点

- 房地产期权
- 股票期权
- 指数期权
- ETF 期权
- 货币期权
- 金融期货期权
- 商品期权
- 场外期权

简单来说，期权就是有条件的合约。它有两种最基本的类型。一种可能您是最为熟悉的类型，即由双方或多方私下洽谈后所达成的期权合约，例如房地产买卖合约，这一类可归属为场外交易期权。另一种为交易所内公开进行交易的期权。交易所有多种形式，可以是电子或电脑式的，还可以是实体建筑式的——现场会有经纪人为自己或客户进行期权交易，例如纽约交易所。现在，大多实体交易所都配有电脑设备。

期权应详细列明双方协议的条款和条件；其次，必须交易有价值的事物（通常是金钱），这样合约才能有法律效力；最后，必须要有有效期限。永久的期权合约并不存在。期权是指以预先规定的价格、在指定日期当天或之前，获取做某事或购买某物的权利，或者售卖做某事或交付某物的义务。

期权是针对标的物资产的交易合约，标的物资产的可包括以下几种：

- 不动产，例如房地产、飞机及有轨电车等；
- 金融工具，例如股票、债券、指数、货币及利率等；
- 实物商品的期货合约，如金、玉米、大豆或猪肉等的期货期权。

几乎所有可以购买的东西都能进行期权交易。例如汽车、船舶、飞机、缝纫机、可可、咖啡、糖以及按揭利率等等，您都可以买下它们的期权，这样的东西有很多。我曾经有一个客户专门收集稀有手表。瑞士当时有一位非常有名的钟表匠，他接近百岁，每年手工制作一块手表。我的客户拥有他制作的所有手表的期权，目的是为了拿到他制作的最后一块表，这块表预计会价值连城。结果呢，老人家活了九十多岁，我的客户要一直花上一大笔钱买下他每年制作的手表。后来，客户越来越着急，但是他如果就想要那最后一块表，他也无可奈何。我记得，客户当时最不满意的就是瑞士联合银行要他付一笔钱，因为银行职员要每天去储藏室，给他所有放在保险箱里的手表上发条。我们坐着他的私人飞机，在美国上空到处翱翔，寻找一片 5，000 英亩的待售农场，他却为了这样一笔费用而闹心。

日常生活中，期权可以是正式的，也可以是非正式的。很多情况下，期权并非被明确称为期权，而是被称为条件性协议。例如，您想买辆红色跑车，但商家没有存货。于是您同意以提前讲好的价格买一辆，前提是商家须在 30 天内兑货。然后您付上一笔押金。如果对方在规定时间内拿不出货来，您就可以拿回押金；反之，您就要买下车子。这种情况下，您买的就是看涨期权。

期权在房地产市场上很常见。例如，买下一块空地的期权，把空地从市场上拿掉，锁定价格，直到土地的区划及融资最终敲定。再比如，勘探公司买下一片地的（勘探）期权，其相应权利是他们可以在上面钻几个探勘井，探测这片地的产油量。

这些类型的洽谈期权中，合约规定了购买相关资产的所有条件，规定了锁定的购买价格及资产保留时间期限，并在该期限内在市场上取消该资产的出售信息。基本上其他类型的期权也同样如此。再举一个股票期权的例子。假设您买下

IBM 的看涨期权，您指定您要以何种价格买入股票、交易期限以及您要付的数额。假如 IBM 每股交易价格为 125 美元，而您认为几周后股价会涨到 150 美元。（要注意，股票和期货市场十分动荡，本文中使用的价格未必为现时市价。）您决定在 5 月 15 日买下 6 月份到期 130 美元的看涨期权，130 美元就是行使价。该期权交易截止日为 6 月份的第三个周五，即到期日。您以每股固定的价格买下期权，这个价格称为权利金。可能一张含 100 股期权的每股单价为每股 1 美元。此外，还要考虑时间因素。在这个例子中，到截止日之前，该期权还剩下大约 45 天的时间。如果 IBM 的股价真的涨到了每股 135 美元，那么它比您 130 美元的行使价多了 5 美元，也叫 5 美元实值。之前您每股花了 1 美元，现在您可以卖掉或冲销期权，由于期权在所剩的时间内还会增值，因此每股至少卖 5 美元。假如不考虑交易费用，也就是佣金及相关费用，那您至少有 400 美元的利润。在稍后的章节中，我会进行更为具体的讲解，并举出更多的例子。这里先大概地了解一个较为重要的概念，也就是说您投资 100 美元，短短几周内您每份期权就可能赚 400 美元。

期货市场也存在同样的情况。例如，假设玉米的交易价格为每蒲式耳 3. 50 美元。您经过分析认为，在接下来的三个月内，价格会涨到 3. 75 美元，然后您以 3. 60 美元的履约价格买入看涨期权。如果在期权到期前，玉米价格达到 3. 75 美元，那么每蒲式耳您就赚了 15 美分。假如合约规定的交易量为每张 5，000 蒲式耳，那么如果不算交易费用及其他额外的时间价值，您每张期权就赚了 750 美元。

上述例子说明了买入看涨期权的重要概念，看涨期权的价格会随着其对应标的物的升值而升值。由于它们要视其与另一标的物的关系来确定其价格，因此它们是衍生品，或者说是由其他标的物衍生出价值的金融产品。期权并非是唯一的、被归为衍生品的金融工具。还有其他的衍生品，如利率掉期等等，不过本书只专门讨论期权。

尽管如此，对需要或想买入期权的人而言，仍然有大量期权产品可供挑选。除了以上提到的产品之外，您还可获得股票指数、债券、利率、个别股票板块、

ETF（交易所交易基金），甚至是针对全部证券组合的期权产品。以下是这些期权产品的清单：

- 事实上包括在下列各大型和地方交易所上市的所有股票
  - 纽约证券交易所
  - 美国证券交易所
  - 费城证券交易所
  - 中西部证券交易所
- 实物商品及金融期货
  - 芝加哥交易所
  - 芝加哥商品交易所
  - 纽约商品交易所 COMEX 分部
  - 纽约商品交易所
- 各类指数
  - 世界 500 强指数
  - 罗素 1000 指数
  - 大型及小型标普指数
  - 复合债
  - 标普消费者大宗商品产业存托凭证[1]
  - 标普能源产业存托凭证
  - 标普金融产业存托凭证
  - 标普工业存托凭证
  - 标普技术产业存托凭证
  - 标普公用事业存托凭证
- 交易所交易基金（ETF）
  - 安硕中国 25ETF 指数基金
  - 标普技术产业存托凭证 SBI[2] 信托基金
  - 标普公用事业存托凭证 SBI 信托基金

如要看期权的详细清单，请访问期权委员会网站（www.888options.com）并研究其有关交易细则的网页。如您决定买卖交易所交易期权，那么那里的多种选择将使您大开眼界。您可以看到，您可买卖期权的标的物既可以是10，000个以上的单个股票之一，也可以是许多股票板块以及整个股票市场的指数；也可以是诸如玉米、牛、黄金、石油、货币、利率、债券等任何大宗商品。

某类诸如白银交易所的交易商，提供场外期权产品。这种模式下，比如您以固定价格从交易商那里购买买入100盎司白银的期权。交易商同意，您可在该期权到期日之前的任一交易日要求行权，交易商将根据您的行权要求随时交付白银。其风险在于，如果白银价格大涨且他的客户们要求行使期权，而交易商的库存里没有足够的白银可满足上述行权要求。另外，场外期权不像本书中所提到的许多其他期权那样受美国联邦政府的监管，如果交易商未能履约，期权买入方常常几乎没有法律追索权。要好好花时间仔细研究这类期权产品。

您可能想知道为什么有那么多的期权合同？是否真的有那么多人想买卖世界上所有金融合约的期权？答案当然是真的，否则，权证就不会成为每天换手率达几百万的证券行业的重要部分。

期权对如此众多的人具有堪当那么多大任的潜力，以至于成为世界上使用最多的金融工具之一。如果美国伊利诺伊州皮奥里亚市的一位牙医，看到其办公室窗外的玉米庄稼在中西部炎热阳光的暴晒下因缺水而枯萎时，他可因预期玉米供应会减产而推断玉米价格会上涨。他可以通过买入一个看涨期权来管理他的风险。他所承担的风险仅仅是支付期权权利金，外加券商佣金及交易费。一份看涨期权合约给予他以在该期权到期日之前，在玉米期货市场上以期权行使价建立标的物多头仓位的权利，而非义务。如果玉米市价是3美元，他可以买入一个行使价为3.05美元的期权。当玉米市价达到3.05美元时，他可以行使期权并在玉米期货市场上建立多头仓位。如果玉米价格继续上涨，则每涨一美分，他就赚50美元，这是因为每张玉米期货合约的交易单位是5，000蒲式耳。

或者他也可以持有期权，并在价格上涨后最终售出期权。由于他拥有以3.05美元的价格行使该期权，因此，玉米价格越高，该期权就越值钱。玉米价格达到4.00美元时，该期权已经是95美分价内了，即价值4，750美元（5，000蒲式耳×0.95美元）外加时间价值。他必须在该期权到期日之前售出期权。

对这位牙医不利的风险因素则是玉米价格并不上涨。如果玉米价格从未超过3.05美元，或者虽曾超过3.05美元，但该牙医太贪心而期待价格一味上涨，结果价格暴跌，他损失了权利金和交易费。比如说，权利金是每蒲式耳5美分，或者说是每张250美元，外加佣金25美元和手续费。他下了275美元的赌注，预计玉米价格会大幅上涨。如果不涨，他就输钱。如果涨，他就赢钱。他也可能临阵退缩，在该期权到期日之前，且在其大涨之前，仅以3.03美元的价格售出该期权。那么，他可以追回部分权利金的损失，但他必须再支付一笔佣金。上述都是看涨期权的各种选择，看涨期权也许是业余或非专业期权交易员中最受欢迎的。

这就是个人期权投机客的施展空间。他可能正在赌一把IBM、思科（CSCO）、安进（AMGN）、康卡斯特（CMCSK）股票，或道琼斯工业平均指数、标普500指数、债券或利率。我之所以使用赌一把这个词是因为，当您推测某产品的价格在往何方变化且变化幅度多大时，您只是在猜测。无人知晓对错与否。期货的价格还不存在，而只能猜测。因此，这只是猜测，无论研究成果多么支持您的交易决定和策略。

许多证券业的业内人士会试图说服您投资和交易并非赌博。然而，在该行业跌打滚爬了几十年之后，我冒昧地表示异议。这些业内权威认为，只要您遵循他们的规则并仔细地研究市场，您就能安全地投资。比如，他们会告诉您股市自诞生以来，年均增长约10%。这听说上去很安全，但是，那些在20世纪20年代投资股市者一直等到“二战”结束后才收支平衡，或者那些在20世纪60年代中期投资股市者，他们要等到1980年才见到道指突破1000点，这些现象又如何解释呢？如果您也在这些年内买入股票，而且这些股票在约10年内一直在横盘调整，您就会怀疑这些券商常常吹嘘的10%的平均盈利究竟在哪儿呢。您是否也在世纪之交技术泡沫崩盘，或安然事件或在道指最近从14000点到7000点的跳水中折戟？如果您在安然股价登顶时套现后退休，将会怎样？而如果您在安然股价一文不值时退休，情况又会怎样呢？您退休年份相差一年会有多大的差别。某些退休员工比其他退休员工早出生了几年，这是巧合呢，还是安然公司退休员工计划得当的缘故？对我们当前情况而言，恐怖袭击会扰乱市场的有序走势；房地产市场的崩盘，会导致与之相关的一切也下跌——那么你如何才能预测这类事件的发生呢？更重要的是，您在这种投资环境下，如何交易这些产品或赚钱呢？

作为业内从业几十年的专业人员，我很难说出成功投资中运气和时机究竟起多大作用。我认为股市或其他市场中没有确定的事。必须预料到意外事件的发生，这就是发明期权的重要原因之一。可以在种类繁多的市场中建立一种具有已知及固定风险因素的期权产品的仓位。您以后会知道，这将涉及到某些局限性或成本。您必须在选择保守而放弃激进和选择激进而放弃保守中做出投资抉择。

正如您刚才已了解的，看涨期权给我们皮奥里亚的牙医朋友提供了玉米价格上涨时的赚钱机会——他的风险是锁定的。还有一种看跌期权，可在价格下跌时提供套现的机会（见图1－1）。比如硅谷有位工程师发现英特尔股价有一路下跌、跌破其重要支撑位的趋势。这促使他认为英特尔股票注定会进入熊市。他就可买入英特尔股票的看跌期权，该期权会随着英特尔股价的下跌而升值。

图1－1

看跌期权与看涨期权刚好相反。看跌期权买入方有权而不是有义务，在该期权到期前以期权行使价卖出标的物。比如，英特尔目前的股价在 22 美元左右。如果那位工程师买入了行使价为 20 美元的看跌期权，他可在该期权到期前行使期权以 20 美元的价格卖出英特尔股票。如果英特尔股票跌到 15 美元，该看跌期权就很值钱了。如果他愿意，他既可以平仓卖出该期权而盈利，也可卖出英特尔股票的看跌仓位。如果英特尔股价反弹到行使价 20 美元以上，该看跌期权就变得更不值得拥有且更不值钱。英特尔股价涨得越高，该看跌期权就变得越来越价外并越来越不值得拥有。此时，该工程师将有之前在玉米交易的实例中提到的两种选择：在到期日前平仓该期权或者听任它变得一文不值。他当然不会愿意持有亏损的仓位。

投机，或下赌注于股票与期货合约的走向是普通交易员或投资者所经常从事的交易之一。但是，还有许多其他交易策略，诸如套期保值、价差交易、跨式期权，以及卖出期权。我将在后面章节中深入探讨。这里我只希望您获得关于期权产品的初步印象，并大致了解它们的交易方法。以后，我将深入探讨其相关机理以及更复杂的交易策略。

当您开始运用期权进行投机时，您已认识到成功的艺术和魔力在于能预测所投资或交易的标的物的价格趋势的变动方向及变速。前面您看到那位牙医预测玉米在今后几个月会供应短缺，从而会驱动玉米价格上涨。这是供求关系的原理。该牙医是运用基本面分析来预测未来的价格。而另一方面，那位工程师则是运用技术分析、阅读图表，从而在英特尔股价跌破重要支撑位时断定英特尔股价正在走软。不久，您就可在本书中看到这两种价格预测方法的基本内容介绍。

更为重要的是，你将了解到良好的防守是最佳的进攻。几乎所有的市场，尤其是“9·11”恐怖事件之后以及 2007 年～2009 年的金融危机之后我们所面临的市场，都会剧烈地朝着有利于您或不利于您的方向波动。如您决定进入期权市场闯荡，那么将此前提作为公理加以认可，就会使您富梦成真、入睡更安。

如前所述，有两大类基本的期权产品。历史更悠久的是 OTC（场外）期权。

某些历史学家认为 OTC 期权源自《圣经・旧约・创世纪》。在该书的第 29 章，雅各买入了迎娶雷班女儿蕾切尔的一份期权。代价是七年的劳役。不幸的是，雷班违背了诺言，从而产生了首个史上有记录的场外期权违约事件。雅各后来娶了蕾切尔的妹妹莉娅。由于当时允许一夫多妻制（公元前 1700 年），而且雅各是位执着的期权玩家，他又买入了一份娶蕾切尔的期权。这份期权终于成功行权，雅各与他的太太团共生了 12 个棒小子，他们后来都成为以色列 12 个部落的族长。

OTC 期权这样取名（OTC 是英文柜台交易的缩写）是因为这类期权协议是在券商柜台上协商达成的。这类期权的所有条款及其时间期限都在是买卖双方之间协商达成的。该特性使得这类期权产品可能会非常稀奇古怪和复杂费解，因它们的条款是根据双方认为是否必要而确定的。然而，如果某一方想要平仓该期权，就真会出现问题。该方必须找到愿意接受所有相关条款和时间期限的另外一方或一家实体。这虽然是可能的，如本书有关房地产期权的章节中所述，但这是不太常用的做法。

第二种基本类型的期权是交易所交易期权，它被更广泛应用。一个实例就是本章前面所说明的。这类期权与场外期权的区别是，交易所交易期权（也称上市期权，因其在某个交易所上市）的所有相关条款是预先已确定的。唯一未确定的是其价格，该价格是通过交易所内喊价或通过电子交易平台的交易规则议价确定的。因此，这类期权的交易者只要选定买卖多少期权、买卖看涨还是看跌期权、以何价格报价或询价。所有相关细节将很快详细说明。

小结

至此，您已经知道：

- 期权就是一份双方之间约定了移交诸如房地产或某种金融工具之类的标的物的所有相关条件的合约。
- 期权是最古老、最广泛使用的金融工具之一。

- 可作为期权标的物的数量及类型多得令人难以置信。
- 一份看涨或看跌期权合约给予合约买入方以分别建立其标的物多头或空头仓位的权利，而非义务。
- 期权可以是 OTC（场外）或交易所交易（上市）期权。
- 为了成功运用好期权产品，您必须掌握预测标的物价格走势的方法。

最重要的是，您已明白无论预测模型多么精深或高级，任何人都无法预测未来。就像我们日常生活的大多方面一样，期权以及任何其他贸易或投资产品的交易中始终涉及风险。

测验

1. 期权最大的优点是：

   A. 它们能在牛市中为您锁定盈利

   B. 您一开始就知道您的总风险是多大

   C. 期权从不会到期

   D. 期权始终有它们的市场

2. 您通过期权可做到以下哪一点：

   A. 保护既有盈利　　B. 产生了股票的替代品

   C. 在牛市或熊市赚钱　　D. 所有上述几项

   E. 上述几项都不是

3. 下列哪一项描述了期权交易？

   A. 它是在公园里步行　　B. 它像赢彩票

   C. 任何人都能从事期权交易　　D. 它是严肃而高风险的尝试

4. 期权交易比股票交易更安全、可靠。

   A. 正确　　B. 错误

5. 一旦您买入了一个期权产品后，您就可以：

A. 行使该期权并拥有其标的物的所有权

B. 卖出它

C. 让它到期

D. 所有上述几项

E. 上述几项都不是

6. 您认为发生了以下哪种情况时，您才会买入看跌期权？

A. 行情看涨　　　　B. 行情看平

C. 行情看跌

7. 如果您利用期权买入房地产，您会运用下列哪种期权：

A. 交易所交易期权　　　　B. 场内交易期权

8. 买股票与买期权同样容易，为何还要运用期权呢？

A. 期权给您更大的杠杆

B. 期权通常风险更低

C. 期权使您获得更多行情向有利于您的方向发展的时间

D. 期权总是更具可行性

9. 期权如此复杂，只有一流的专家才能理出头绪。

A. 正确　　　　B. 错误

10. 除了下列哪一条之外，交易所交易期权的所有条款和细则都是事先确定的？

A. 合约单位　　　　B. 标的物的特性

C. 期权的买入或卖出价　　　　D. 交易商想要买入或卖出期权的数量

第二章　普通期权

本章重点

- 房地产期权
- 员工期权

我们先从房产期权和员工激励期权开始学习，因为它们不需要我们对交易所交易期权的交易机制有深入了解。例如，房产期权并不需要我们了解其深奥交易规则及相关策略，这些我将在后面讨论。另一种类型的期权为员工激励期权，作为对员工的雇佣、绩效或者长期供职的激励。

正如马克·吐温曾说："买地吧，因为不再有新的供地了。"每年都有成千上万的美国人听从他的建议，而且房地产行业所创造的财富超过了人们在任何其他经济领域的尝试结果。但是，房地产泡沫的破裂及随之而来的房市止赎危机表明该行业可能存在大量风险，这也使得期权的运用变得更为重要。

那么您怎么操作呢？您的操作计划、策略又是什么呢？您打算专攻哪种类型的房地产——新住宅、扣押住宅、大型或小型的商业地产、工业用地、农田或是生地？在您购买期权之前，您要有一个策略——期权须按策略执行。

例如，人们常常会为他想买的新住宅购买期权。比如说，您家要从费城搬到西雅图。有个家庭成员比其他人更快一步物色到新房子。该套新房子看上去满足您家的标准，而且房产中介愿意在您家其他决策成员到西雅图看房子之前一直保留该房源。它离学校、工作地点、购物中心、教堂近吗？家庭能负担得起购房款吗？全家能跟邻里合得来吗？房子旁边的核废料垃圾场会带来麻烦吗？等到其他家庭成员都参与进来并下定决心之后，您才能签订合同，达成房产交易。

期权是在您家其他成员做出决定之前，为您预期住宅保留房源的重要工具。对于任何具备法律效力的合同，所有条款都必须经各方认可，期权的出让人（卖方）必须得到相应的补偿，而且还要确定到期日。一份这样简单的期权合约可以规定禁止房东在特定时间内出售房子的条款，也许是 4 周；作为回报他能得到 500 美元，这就是给他的补偿，也被称为“期权费”。期权合约也常常包含约定的（标的物资产）出售价格，我们假定是 300，000 美元。换句话说，您付给房主 500 美元之后，4 周之内就算有人拿着 350，000 美元的现金支票要买该套房子，房主也不能卖给他。在到期日当天或之前，您必须表现出您的确愿意执行该份期权，即执行该购房合同并以约定价格买入相应房产。否则，您就只能放弃房子和您支付的 500 美元，直至该期权合约到期自动失效。在期权到期日之后，房东可以以任何市场能承受的价格卖给任何想买的人。

房产期权只是众多期权中的一种，期权可以用来收购资产、获取收益和管理风险，这些您马上将在后面的章节中学到。关键是不管您使用哪一种期权，它们都有相同的要素：权利金（价值/金钱的交换）、期限（时限）、标的物（房产、股票或期货合约的多头/空头仓位）以及一个买方和一个卖方。通过协商确定的期权通常是指场外交易期权。正如前面所提及的，它们这样命名是因为它们最初是在证券交易所外的经纪商办公室内通过协商确定的。

使用期权而不是直接全额购买标的物资产的原因是非常重要的。在上面的例子中，找房子的人购买期权是为了在全额付出 300，000 美元购房款之前能在一定的时间段内保留房源，以便争取在该段时间内征得家人的同意。为此，他冒了损失500美元或者其购房款全额0.2%的风险。他议定的期权通常会包含这样一条条款：如果买方届时执行期权，期权费会不会计入购房款，例如用作定金。另一方面，如果买方的其他家庭成员对买方的选房偏好或者该套房子的地段有强烈反对意见，他们则可理智地放弃这笔交易而仅仅损失500美元。更重要的是，他们不用背负一所他们不想住的房子。

在经办/交易任何一种期权时，对权利金损失的理解和接受是一个关键的问题。您买入一份期权合约后，如果您在到期日之前既不将期权转让给别人，也因不执行期权而交割标的物资产，您就亏损了该笔权利金。换言之，您的投资亏了100%。我们将会在后文的章节中学到，某些期权交易者会把权利金视同保险费：

人们通过购买期权来达到某个目的，比如，使资产免受行情下跌所导致的损失，而这笔投保的相关费用是经营费用的组成部分。这就是为什么期权会被认为是损耗资产，因为它们有到期日，而它们往往会到期归零、分文全无。本书以后的股票期权章节中，将探讨期权的时间价值和内在价值，届时，上述现象将变得更为清晰并具有更强的相关性。期权经纪人经常向客户灌输购买期权的理念却没有完全讲清楚整笔投资可能会全部损失。这对在受监管的交易所交易的某些投资类期权，以及某些公司出售的不受监管的期权，即先前提到的自营商期权而言，尤其如此，但同样适用于房产期权。

在我扯远前，您需要更熟悉期权的相关术语。之前已经讨论过权利金——它是指某人向期权卖方支付的资金。期限是指期权合约存续时间长度。设定期限是必要的，因为房地产或其他标的物（股票、期货合约等等）的卖方如将标的物无限期地剥离市场，那是没有意义的。期权合约终止日称为到期日。以后我会讨论在交易所挂牌期权时，该概念将显得更为重要和富有意义。

房地产期权的目的是要在尚未实际买入一块房产时即能掌控之。该期权的魅力之一就是，您具有买入并再卖出该处房地产的权利，从该意义上您已获得对其的掌控权，而该处房地产的原有业主大多情况下还要继续支付该处房地产所持续发生的相关费用——维护费、税收、评估费等等。您所要做的仅仅是支付权利金，并为实现您对该处房地产的计划/梦想/盈利而奋斗。而权利金一般只占标的物总价的一部分。

依我看，期权投资取得成功的关键是制定相关策略，以确保您计划投资的这类房地产跑赢当地房地产市场的走势。房地产市场有地域化发展的趋势。某些社区的房地产市场在像温暖洋流中的浮游生物那样迅猛扩张，而其他社区可能在两年内都没盖一栋新楼。房地产市场越热，相关权证就越值钱。比如，在某个热火的房地产市场中，您购入一份 6 个月有效期的期权，标的物为缺乏外观魅力的一处滞销住宅。然后，您可花约 3 个月时间润饰该金玉其中的住宅及其周边的粗糙外表，并在期权到期日前抛掉了期权，从而获利丰厚。具有想象力和胆略的企业家每天都在如法炮制。

您的风险是必须支付给该处房地产业主的权利金及其修缮费。该笔费用可能会较大且是期权交易的核心所在。您必须了解标的物行业，否则，您将空留一张虚值的权证，以及一大堆未付的房地产维护费发票。要始终牢记，期权是消耗性资产。

另外一种常用的房产投资策略被称为租赁 - 购买期权。您可成为这类期权的权利方和义务方两者中的任何一方。某一方或实体同意将一处房产租赁给另一方或实体，后者同意支付租金，并获得在该租赁 - 购买期权到期日或之前购买该处房产的选择权。该策略被经常应用到低端住宅，会视期权协议具体制定的内容而使出租方或承租方获利丰厚。

下面我来解释一下。承租人一般都欢迎运用租赁 - 购买期权来购置住宅，这是因为他们没那么多钱来支付定金并获得常规的贷款。提供租赁 - 购买期权的相关方这样做是因为他们认为，该期权产品经精巧设计后，可确保他们获得比单纯出租或单纯出售还要多的盈利。此外，跟能购买得起住宅的小众群体相比，购买租赁 - 出租群体则更为庞大，而且，住在独立住宅而非公寓内的愿景本身就极具魅力。出租人采取下列方法吸引承租人，要求承租人只需支付稍高于现时租金的租金，而且还同意将其每月租金的一部分存入一个账户内。当承租人准备购置住宅时，该账户内的资金余额将足以支付定金。这会使承租人觉得他们是在一边支付租金，一边为购房而存钱。租赁合约规定，如果承租人未在合约终止日买入该处住宅，则将被罚没上述住宅资产账户中的资金余额。出租人认为，签订租赁－购买期权协议的家庭中，只有很少一部分会行使期权并购入房产。对出租人而言，最糟糕的情况是，他们以期权行使价出售了某处住宅，那也不算特别糟糕——因此，这对出租人而言是双赢的交易。

期限超过 1 或 2 个月的房地产实物租赁合约的另一个关键问题是其收购价。比如，某位出租人在一个非常火热的房产市场签订了一份租赁期权合约，但他在确定其收购价时低估了住宅房价的上涨率。如果住宅房价在三年的租赁期内，以 10%、15%或更高的上涨率上涨，承租人即使买不起房或即使无法获得购房贷款，也可能行使期权并买入住宅房产。如果有买家愿意支付比上述收购价高出 20%、但稍低于现时房价的价格，承租人就会与他们达成下列双重交易——承租人先从出租人手里买入该处住宅，然后立即转卖给上述买家。这样承租人就可漂亮地赚到 20% 的利润。该处住宅原来的业主正因为未能在租赁合约中写入一条考虑到房价上涨的条款，才放弃了这 20% 的利润。

出租人在制订租赁期权合约条款时，关键是要加入一条房价上涨条款，这样，房产收购价会每月随消费价格指数或者当地同类房产的房价指数的上涨而相应地调整。如果您是承租方，则应试图通过协商，尽量把该条款从合约中删掉。

如果您认为这仅仅是个理论问题，那我就给您讲一个当初我在美国中西部担任农场地产经纪人时所亲身经历的真实故事。在二十世纪 70 年代，农田地价一路飙涨而几乎失控。当时爱荷华州及伊利诺州的头等农田飙涨到前所未有的水平，达到每英亩 4000 美元。我的办公室门前站着一队欧洲购地客（确切地说是一小队，但的确已是成队人马了），叫嚷着要购买美国农田。比如，一位德国牙医当时未看现货就买下了爱荷华州 1/4 平方英里、或 160 英亩的农田。他仅凭信任就电汇了购地款并买下了农田。当初的市场就是这么火热。

当时，我在伊利诺州也拥有一块优质农田且已挂牌上市。该块农田略少于900英亩。当地的一家大农场主买入了该块农田的一份3个月的期权。他答应我，如果我在该期权到期日前遇到另外的买家，他将另外支付我一笔房地产佣金。我的一位欧洲潜在客户对此表示有兴趣。我们就与该农场主见面，当时提出了一个各方可接受的报价方案。该笔交易最终成交时，该块农田从其原先业主的手中转给了当地的投机商，最后又转到了那位欧洲人手里。该块农田的原先业主非常生我的气。他不明白为什么那位投机商能从每英亩中赚取300美元，而却从未拥有或经营过这块农田。这完全颠覆了这位勤劳的农场主所信赖的价值观。然而，当时的农田地价确实失控了。我还要补充的是，当时伊利诺州规定，非本地居民的外来人员不得购置农田。因此，购地客就成立了一家公司，并通过该家公司购置农田。如果买方是意大利人，那么他在意大利国外的投资就会受到相关限制。为了绕过该限制障碍，该意大利人就成立了一家离岸公司，而其开户银行则选择了瑞士联邦银行。我的观点是，做房地产生意时，您必须完全了解美国联邦、州以及当地的相关法律，否则，将为此付出沉重的代价。

我的第二个观点是，正如所有其他市场一样，房地产市场常常完全无法预测；您必须谨慎地设计您的期权产品，以补偿意外事件的损失。您很快就会读到，在设计期权产品前开展小组自由讨论今后会极大地助您取得成功。下面，我就从最基本的方面开始讲解。

房地产期权是场外期权。对交易所挂牌期权而言，双方可按事先确定的标准条款与条件，仅协商确定该等期权的价格后，在交易所交易这类期权；而对房地产期权而言，根本就不存在这样的交易所。房地产期权的所有条款与条件，都必须由双方协商确定，这是利弊并存之事。首先，它允许您为了满足您的特殊需求以及时间日程表而定制期权产品。其稍许不利之处在于：当您试图通过协商定制满足您要求的期权产品时，您的谈判对手方也正在做相同的事。协商意味着妥协、给予和获得——不可能总是您全赢，因此不得不有所调整。更重要的是，如果您每笔交易或每个方面都要占优后才肯罢休、离场，那么您迟早会后悔的。

当您设计普通或全新的期权产品时，您应考虑使用理想系统。这是您制定期权条款时的一款理想工具。运用该工具时，一个比较好的做法是邀请您的雇员或同事，展开一场小组自由讨论。如果您是个体经营者（这在房地产行业业内是普遍情况），那么您可邀请您的太太、您已长大的小孩、朋友、您的房产经纪人、您的律师，甚至您的友好竞争者参与上述小组讨论会。

应设定上述小组讨论会的特定时限，比如一小时。多数情况下，这段时间后，您已获悉大多数参与者针对所议问题的初步想法或反响。时间拖得太长并不值得。如能准备一块黑板或一大张纸将更有帮助。要指定一名讨论会组长，通常就是您本人。要鼓励与会者（一般宜邀请 4 到 5 人）畅所欲言——越有创意、越不同凡响，就越好。其目的是要获得打破常规的创意想法，了解个人一般难以想到的理念——使您的成本最大程度地降低或变为零——使期权产品对对手方更具吸引力，以及对您最有利的财务状况。譬如，您正在试图获得一块空地。小组讨论会后，会总结出该块空地的下列几种用途：

1. 一个溜冰场/旱冰场

2. 一个酒吧及烧烤店或带舞厅的青年俱乐部

3. 一栋公寓大楼

4. 一个低价住宅项目

5. 特许或私营仓库

6. 一条商业街

7. 一个办公楼综合小区

8. 一个公共游泳池

9. 一个棒球场

10. 一个停车场

我肯定您个人会想到上述清单中的部分用途，但很可能没考虑到所有上述用途。您很可能在总结中补充了几个您个人所忽略的用途。另外，您还可知晓小组中别人最感兴趣的用途，您也可通过追问来获悉小组其他成员最感兴趣的用途。

比如，您可请求与会者将上述用途按可盈利性或合意性进行排序。讨论会经常还会有意外收获，比如，您个人未曾考虑到的土地使用分区管制等未预料到结果，会通过讨论会而引起重视。

您还会从讨论会上获悉有关当前房地产市场的许多真知灼见。您是否该立即抛售房产，还是持有待其增值？在您的所在区域内，小组成员们认为有关因素的作用有多么强烈或多么微弱？哪些未满足的需求期待着富有创意的老板们出手，您在此中又能出什么力呢？如果由小组其他每位成员来设计该期权交易，他或她又会如何设计呢？凡是您曾考虑过的问题，您必须逐一征求小组成员的相关看法。小组讨论的所有努力，其根本目的就是要获悉对该笔交易的新想法、新视点，并找出您可能忽视的陷阱，从而引起足够警惕。在此，我有以下忠告：只能邀请那些您非常了解并信任的人参与讨论。您开始进行该期权交易时，当然不会希望半路杀出个程咬金——意料之外的竞争对手。

一旦您从讨论小组的讨论中获悉了所有的相关想法、建议和意见，并严肃考虑过该交易的相关问题后，就可整理您的讨论收获。请您取出两张白纸，并在每张白纸上划上一个“T”形表。第一张表是对该交易的支持和反对意见汇总表；第二张表是您计划亲自制定或委托您律师编制的该期权的条款表。在第一张表的左栏，填写有关所提议进行的交易的所有您个人的赞同理由或有利条件；在第一张表的右栏，填写有关所提议进行的交易的所有您个人的反对或担忧理由。

上述“T”形表左栏中的部分条目必须成为您要实现的目标。期权条款的制定是为了满足您确保交易成功的必要需求，为此，您必须明确定义您的目标。您的目标价格是多少？您对房产所愿意支付的最高价以及您能接受的最低价分别是多少？您在什么时间框架内从事该项交易？你可能需要多少存款？列出确保您交易成功所绝对必需的关键要点，事先了解哪些条款是交易杀手。您对该笔交易必须抱有拿得起、放得下的心态，这样才能实现您人生的真正目标。您必须在直面您的交易对手之前，花时间列出该项交易中所有的纠结因素。

同意	反对
位置	高价
邻里	分区
条件	竞争

取出第二张表，在该表左栏内写入您所期望的条件。在必须坚持的条件上标上星号。在该表的右栏内，列出您认为的谈判对手方可能期望的条件；要注意，被您视为关键条件的，对您的谈判对手而言，往往也是交易成败的关键。要试图站在对手的立场上作换位思考。您的对手在追求什么目标？他是否仅仅要最优惠的价格？您前进的道路上会有哪些路障？在第二张“T”形表的右栏中记录下对手的所有条件。然后，您要思考哪些条件您可接受，哪些条件您完全不能接受。如对手在您的前行道路上设置了路障，您将如何越过它们呢？

买方	卖方
低价	高价
长期	短期
分区	无条件
条件	

您在制定谈判策略时，应仔细研究上述两表。一旦明确了您的目标、您估计的对手的目标、您能接受的条件以及交易成败的关键因素，您就已经做好充分准备，可着手列出期权条款和条件了。对清单中的条件按重要性排序。然后请您的律师将其落笔成文，并请他加入相关法律术语，以及将保护您权益、确保能在您的司法管辖区行使期权的条款。

所有这些做法看来有点过于较真。在某些方面，很可能确实如此。然而，只要您养成了针对每个潜在风险因素都做好充分准备的习惯，您在风险降临时就不会惊慌错乱或被人利用。相反，事先未经充分准备的人，在谈判中往往会在对手的攻击下措手不及，那是非常狼狈的感觉。如您能比对手准备得更为充分，那您必定会处于更有利的地位。

员工股票期权

雇主经常会把公司股票期权赠送或售予其员工。这跟公司是私营还是上市公司无关。这种做法在所有行业普遍存在，而不仅限于高科技公司。员工股票期权在高科技公司中已非常盛行，并已现失控之势。在您的工作生涯中的某一阶段，您可能被赠与或提供这类期权。您获得的这类期权将使您有权以低于现时市价的价格购入相关公司的股票。这意味着您一旦行使您的期权，您就立即实现了盈利。这自然是一件很给力的事，但重要的是在您行使期权并售出您获得的所有或部分股票时，您必须理解由此可能发生的潜在纳税责任，并对此有所洞见。这类期权不是本书以后章节中将要探讨的、在交易所挂牌上市交易的期权。

根据美国税法，有两类员工股票期权可享受特别税收减免——激励型股票期权（ISO）以及员工购股计划（ESPP）期权。公司赠与 ISO 的原因有补充收入、奖励绩效、维持关键绩效等等。比如，对无法支付高价薪酬的创业公司而言，通用做法是给高级管理人员或高级专家提供一大揽子股票期权，以鼓励他们加入公司创业。这类公司贩卖现在加入公司创业、公司上市后发财的理念。许多情况下，成百上千的核心员工都成了百万富翁。而其他情况下，也有许多公司破产夭折了。诸如微软、谷歌之类的大公司会采用期权来留住其高层员工。许多员工成了百万富翁，以至于他们不得不自发成立资金管理团队来处理和管理他们新获得的财富。雇主也采用上述第二种期权，即 ESPP，让员工拥有公司股权，以此来建立、巩固员工对公司的忠诚度。

所有的期权赠与计划都对期权的行使方式及时间附有限制条件。雇主希望在您获得期权回报之前，通过您的加倍努力工作而从所赠期权中获益，这也正常和公平。其他的限制条件包括您除了转增股票、持有或卖出股票之外，您还有什么其他的期权处置方式。譬如，私营公司往往对您赠与或遗赠股票期权的对象有限定条件。这是为了强化对所有权的控制。比如，假如您在为公司工作期间不幸逝世了，就可能有一相关条款规定：此时您的期权或股票必须售回给公司，而这些股票或期权的收益则归入您的遗产。某些基于绩效的期权可能看上去非常回报丰厚，但您必须认真思考该绩效目标如何才能实现。您可能工作十分卖力但仍然无法获得期权激励的优惠。始终要获得期权激励计划的书面细节并加以仔细阅读——甚至包括其附注（如有的话）。阴谋诡计往往隐藏在细节之中，因此，您可能有必要请您的律师来经管此事。

在我扯远之前，我想提醒您注意，以下仅仅是您可能碰到的各类麻烦问题中的一个实例。下例并非法律建议或纳税建议。事实上，由于美国的税法变化得如此之快，所以也几乎不可能给出什么相关的法律或纳税建议。您必须去向那些熟谙现行法律、裁决及判例法的税收顾问或律师咨询，请他们针对您的特定情况提供建议。

视期权计划是否具有限定性，会有相应的特别税收处理方法。无论是限定性还是非限定性期权，员工都可据此以固定价格买入公司股票并按公允市价将其转卖。但对员工及雇主的纳税结果则会有巨大差别。下面您就会明白，您必须了解这一切，才能保护好您自己。

我们先以非限定性期权计划为例。某位员工获得了一份期权，他据此可以每股 10 美元的价格买入 1000 股股票。在为公司服务了两年后，该员工可以行使期权并以每股 10 美元的价格买入 1000 股股票。此时，该股票的现时市价（CMV）是每股 30 美元。那位幸运的员工现在拥有 1000 股现时市价为每股 30 美元的股票，即每股市价比他的买入价高出 20 美元，或者说有 20000 美元的盈利。CMV 价格与固定的期权行使价之间的价格差别称为价差。对于非限定性期权计划，员工必须按普通收入税税率立即支付价差税，而公司则获得相应的税收减免。该位员工应该考虑的是，必须立即售出足数的股票以支付该笔税款。如果他或她未能及时售出，该员工在收到大额税单时会面临风险——到那时他或她可能发现该股票已突然大跌了。

现在我们来研究采用限定性期权计划的相同案例。顺便提一下，限定性与非限定性是证券行业的术语，特指某些计划从特别纳税考量上看是限定性或非限定性的。比如，普通的个人退休账户（IRA）中存入的是税前收入，这类收入有资格享受税收递延的优惠，直至提取该收入款项时才须交税。该项政策的思路是，IRA 账户的所有者此时已没有工作，因此理应以优惠税率交税。

您是否还记得曾看到过以下这种员工的故事？他或她从其雇主那里获得了一揽子股票期权激励计划下的许多期权，但从未售出一股股票。后来那位员工收到巨额税单时，他或她却无法支付，因为此时该股票已突然大跌了。这些都是真实的故事。这些员工中，某些人曾经是百万富翁，到头来却被破产。以下的确就是可能发生的情况。某位员工获得了非限定性计划下的一套股票期权。该股票股价飙涨了，那位员工就持有股票并享受着成为纸上百万富翁的美妙感觉，结果该股票突然跳水。他或她年底申报个人所得税时，发现居然欠了巨额税款。

到底发生了什么呢？在限定性期权计划下，员工在行使期权时无需付税。如果该员工在获赠期权后持有股票两年，并在行使期权后再持有股票一年，该员工只需支付资本利得税，该税的税率比普通收入税税率低了很多。对于高薪酬的管理层而言，纳税方面的节省可达 20%。其风险在于再持有一年股票，因为无法预测届时股票价格会怎样。

某些已行使期权的人没认识到：CMV 价格与期权价（也称赠予价）之间的收益或价差是受制于替代最低税（AMT）的。AMT 税议案的通过是为了确保高收入群体交付其公平份额的税款，防止他们避税。AMT 税要求纳税人先按一般纳税规则计税，然后加入某些税收减免项目后重新计税，而价差就是某些税收减免项目其中之一。在波动率非常大的证券市场中，每股股票事实上可实现成百上千美元的赢利。如果您在接近高股价区间行权，那么在相关税单到期时，该股的浮盈可能已全部丧失。如不认识清楚此点，某段时间感觉已经暴富的员工很可能顷刻之间就一文不名。下面介绍的是 AMT 税的计税方式：

替代最低税的计算

1. 标准税收计算：

收入

减去所有应扣额

等于应税收入

应税收入 × 税率 = 应纳税额

2. AMT 税收计算：

标准应纳税额

减去 45，000 美元

AMT 应税收入

AMT 应税收入 ×26% = AMT 应纳税额

（如收入超过 175，000 美元，就采用 28% 的税率。）

纳税人应按孰高原则纳税。

百姓们到底该怎么办呢？他们应该做的事情之一，是在行使期权后立即抛掉部分股票。如果他们这么做了，那么其盈利将按普通收入税计税，如同按非限定性计划一样。然而，当股票飙涨时，每个人都会以为盛会会永远开下去。其寓义是，要花时间咨询您的税收专家，这样您就能事先了解您所获赠的任何期权计划的相关的税收结果及其最为不利的风险。您还必须牢记：本书中所述的、有关税法的任何观点、引用或说明，都受美国国会或者其法律系统所做变更的制约。您始终需要及时获得最新的相关信息。

小结

至此，您已经知道：

房地产期权是由双方或多方之间协商确定的、场外期权类期权。如同所有其他期权一样，这类期权也要求各方之间交换被称为权利金的有价之物。然而，与交易所挂牌上市期权不同的是，这类期权的所有条款和条件一般都是该特定创设期权所特有的。这就导致几乎无法买卖房地产期权。尽管如此，房地产期权也像交易所挂牌上市期权一样，具有到期日。

房地产期权一般用于在一段特定时间内将标的物房产剥离市场。这就给期权持有者提供了购买房地产的准备时间，比如，他们可在这期间取得贷款，或获得适用于预期用途的用地许可。

房地产贷款（合约）的一个变种是租赁－购买合约。该合约通常具有长得多的期限。该类合约的买方在实际购房前，需要分期凑足购房定金。该类合约适用于向这类买方销售房产。

员工期权比房地产期权更类似于交易所上市期权。它们往往就是附带了行权时间的限制条件的交易所交易期权。它们被用于留住有价值的员工，或吸引一流及新员工。其预期是，这些期权被行权时，它们将比其发行时的价格高得多——这样就给员工提供了很好的奖励。这最终会否发生则无法确保，但员工有责任始终明确接受及行使这些期权后的相应纳税责任。

现在，我们开始研究交易所交易期权。

测验

1. 进行房地产期权交易时，下列哪个或哪些期权要素是非必须要素？

A. 价格　　B. 到期日　　C. 交易所

D. 权利金　　E. 标的物

2. 场外期权与其交易所交易期权是相同的。

A. 正确　　B. 错误

3. 您可通过运用房地产期权做到：

A. 锁定房地产价格

B. 在一段时间内防止其他买家获得该处房地产

C. 给您自己流出时间核实分区情况

D. 安排贷款事宜

E. 所有上述各项

4. 您必须在到期日前行使房地产期权；法律不允许延期。

A. 正确　　　　B. 错误

5. 最有经验的开发商在匆忙中创设期权。

A. 正确　　　　B. 错误

6. 因生怕其他开发商窃取您有丰厚回报的想法，秘密定制您的房地产期权始终是最佳选择。

A. 正确　　　　B. 错误

7. 精明的开发商总是逃避相关法律费用的支付。

A. 正确　　　　B. 错误

8. 当您从您的雇主那里获得股票期权时，最佳策略是尽快行使期权。

A. 正确　　　　B. 错误

9. 由于员工获赠股票期权时，股票期权低于CMV（现时市价），因此员工总是能赚钱。

A. 正确　　　　B. 错误

10. 您在接受您雇主提供的股票期权时，必须核实以下哪个（些）项目？

A. CMV　　　　B. 到期日　　　　C. AMT

D. 细则　　　　E. 所有上述各项

第三章　期权交易最初必须认真关注的要点

章节目标

- 动机
- 投机
- 收入
- 保护
- 词汇表

在美国经济大萧条之后，期权交易被禁止。直到 1973 年，公众才重新被允许进行期权交易。此时，期权交易已处于证券业管理人员的密切监管之下。比如，所有期权产品的广告受 NASD（纳斯达克，即全美证券商协会）监管，NASD 是美国证券业自律性机构（自律性机构，业内简称 SRO）。然而，即使有了这些监管，一些我认为属应禁之列的期权电视广告，我还是时有见闻。您应该认识到，如您决定进行期权交易或任何其他受“监管”的投资产品交易，您不能指望政府或准政府机构能始终保护您免遭不公正行为所造成的损害。不幸的是，SRO 往往要到事件已发酵到失控时，才接到电话举报。您必须学会自我保护，如无法自我保护，则只能求助于外援了。

您开期权账户时，第一步是要仔细阅读您要签署的大量纸质文件。您签署的开户文件上写明，您清楚您将承受的风险，因为期权交易者可能会对您个人的净资产带来重大损失。将来如有任何争议时，该条款将成为对您不利的依据。

这些都是本着充分披露信息的精神进行的。这些场合就如同由律师掌控的许多其他场合一样，都是矫枉过正的做法。连篇累牍的小册子告诉您期权交易的风险有多大，而讽刺的是，往往也正在此时，经纪人也已将您的贪欲撩拨得不能自拔。一边厢有连篇累牍的陈词滥调性文件，在给您详述各种可能发生的不利结果；一边厢则有经纪人在催促您赶快行动。这种情况下，只有极少数人花时间读完印刷精美的文件资料，也就不足为奇了。有时相关免责声明用小字体印在申请表背面。请您无论有多痛苦，也要花时间准确了解您正在涉入的期权的真相。

确实，与投诉相关的政策与程序已制定到位，但它们无法确保能保护您免遭利欲熏心的经纪人的利用。我的建议是，您要认真考虑，并理智地行动（指交易）。

让我们回到揭秘期权的正题上来吧。股票期权在交易所挂牌上市和交易，因此，它们被称为挂牌上市或交易所交易期权，以区别于场外期权。由于这类期权的几乎所有条款（标的物股票、股票数量、看涨或看跌）都已板上钉钉，唯一需要商定的就是期权价格。期权买方应对某一特定期权报出什么“买价”？期权卖方或授予人应对该期权报出什么“卖价”？这就是所称的某个特定期权的市场，或者说买价和卖价。最好（最低）的买价和最好（最高）的卖价被称为市场上最好的报价。最低的买价与最高的卖价之间的差价就是价差。在下一章讨论期权交易的机理时，我将更深入浅出介绍交易如何进行的相关背景资料。

现在，我想探讨的是，一位潜在的期权交易者在考虑开户并为启动首笔期权交易进行各种准备之前，必须作出某些决策。该位潜在期权交易者必须能够答复下列问题：

- 我甚至是否应该考虑交易期权？
- 我的目标是什么？
- 我应该采用何种策略？
- 我交易的期权应以什么股票为标的物？
- 我应买入或卖出的，是看涨还是看跌期权？
- 我应买入多少期权？

- 我的退出策略是什么？

首先，您也许会认为，您只是位投资者，而非职业交易员，因此上述问题并不适用您。上述两种人的区别在于，投资者追求财富，而交易员追求收入。前者具有长期的眼光、视野，而后者具有短期的洞察力。即使您觉得您只对投资股票感兴趣，您也会遇到可运用期权保护盈利、产生额外收益、或建仓的有利市况。

由于期权有固定期限或到期日，因此它们不被视作经典意义上的长期投资。您无法像持有股票那样持有期权好几年，甚至几十年。股票，或者说其背后的公司，理论上会有无限长的寿命。即使是 LEAPS（长期普通股预期证券），其本身是长期期权，但也有固定的到期日。因此，人们讨论期权时，话题的背景始终是交易期权，而不是投资期权。

除了交易，还是交易。这意味着，除了主动交易者之外，还有出于特殊目的偶尔进行交易的另类期权交易者。您可能是激进的日内期权交易员，在每个交易时段执行多笔交易；您也可能是保守的期权交易员，运用期权规避风险，每年视市场情况只做一到二次交易。这两者都是期权交易者。某些期权交易者采用裸卖空等非常冒险的交易策略，其他期权交易者则更厌恶风险，而只从事备兑看涨期权、买入仓位、套期保值、价差交易、跨式交易之类的期权交易。您通读完本书后，就会对这些有更清晰的理解。

上述清单中的头两个问题在内容上有交叉。在您玩期权游戏之前，您应该有相关理由，而理由往往决定策略。下面我给您举一些例子。

您的一位朋友或同事一直在跟您唠叨他或她在期权上的成功。他或她可以赚很多钱，而风险则微不足道。那人使您确信，期权交易是赚大钱的简单而安全的方法。贪婪就成了您的动机。

贪婪是证券行业很常见的动力，也许是首要动力。如果不是因为贪婪，该行业在 1792 年达成梧桐协议、成立纽约证券交易所后不久便会消亡。当时，24 位知名的证券经纪人，据说就在华尔街上的一棵梧桐树下聚会，从而成立了全球首家交易所。

事实上，您的确可能是受贪心的驱动才涉入期权游戏的，请不必被这种说法吓倒。实际上，每个人在其灵魂深处都或多或少具有贪婪的念头，还伴有其他六个致命的原罪。仅当贪婪，或无节制的贪婪占据了一个人生活的大部分，才成为问题。这对各类交易员或投资者都特别适用。贪婪像迷雾般迷惑了智慧，使得交易者在未做好充分应付准备时就去冒险，或去冒无法承受的风险。对每个涉入一般投资产品、尤其是期权产品的人而言，这是必须加以防范的。

现在，假如您的一位同事有兴趣交易期权。对普通大众而言，这是很常见的动机。使他首次对期权感兴趣的人可能给他提供了一个小道消息。“嘿！杰瑞特，你应该买些美国强生的看涨期权。它将与另一很热销的产品同时面世，并将风靡市场!”或者，您可能收到一位经纪人的推销电话，他兜售的是您从未听说过的一家公司的股票，该家公司据说将向美国国内所有的 7 - Eleven 便利店提供开通上网功能的新服务。或者在 CNBC（美国全国广播公司财经频道）频道的一场商业演出中，一位高中生开着一架赚来的直升飞机上学，或者一位卡车司机拥有了一个私家岛屿……所有这些故事中的主人公都因期权交易而发了财。

您现在感兴趣了，但是期权真的适合您吗？您要做的第一步是认真考虑风险 - 收益比。如果您投资了 1 美元，您期望获得多少回报呢？请看图 3 - 1，“基本看涨期权”。该图显示您共有两个选择——买入 1 张期权合约，或卖出 1 张期权合约。首先要注意的是，卖方获得的回报是很有限的。卖方卖出 1 张看多或看涨期权合约的最大收益是权利金（与其卖出的期权价格绑定，即其价格），而其最大的风险理论上是无限的。现实生活中，股票价格很少情况下会无限上涨，然而，看涨期权的卖方有法律义务在买方行权时，以行使价将标的物股票卖给买方，无论当时该股股价已实际飙涨到什么程度。尽管股票价格很少会无限上涨，但是，股价超出行使价 25 或 30 点的情况则经常发生，尤其是在 Nasdaq（纳斯达克）市场。100 股股票乘以 25 点就是 2，500 美元。如果原始期权卖 50 美分一股，或者说 50 美元一张（期权合约），那么其风险 - 收益比就是 50:1。哇！

基本看涨期权利

	看多（买入）	看跌（卖出）
最大收益	无限	权利金
最大风险	权利金	无限

盈亏平衡价=行使价+权利金

图 3－1

对看跌期权而言，卖方的最大风险是行使价与零之间的价差（请研究图 3－2，“基本看跌期权”。）。同样，股票价格几乎不可能归零，但是，股价归零的可能性比起股价无限上涨的可能性还是更大。如果股价非但不反弹，反而每股掉头下跌了 25 美元，那么，卖方必须在这个 25 点的下跌途中的某一点位，随时准备从买方那里买入股票。买入价将是买方行使期权的行使价。看跌期权中卖方最大的潜在收益与看涨期权的相同，都是权利金。但是这两种权利金的价格是不同的，您开户时在查询相关文件或在线咨询时将会发现，看跌期权的权利金要比看涨期权的权利金便宜。交易员的世界是牛市思维的世界，对看涨期权的需求通常要比看跌期权更大，因而前者的价格（权利金）一般更高。

该看涨期权或看跌期权的买方投入 50 美元后就有可能赢 2500 美元。如您只想成为期权买方，那么该信息已足够了；但对于期权卖方，该信息还不够。而且，对于大多数人而言，成为期权买方是正确的选择。某些期权交易者可能会问，既然风险－收益比对卖方如此糟糕，那么为什么还有人要卖出期权呢？答案就是大多数卖方是顶级的专业交易手。他们开发了许多定价期权和预测期权价格

基本看跌期权利

	看多（买入）	看跌（卖出）
最大收益	行使价减去权利金	权利金
最大风险	权利金	行使价减去权利金

盈亏平衡价=行使价-权利金

图3-2

走势的高级软件。此外，他们一直在不断跟踪其自身的仓位。一旦这些仓位有出现麻烦的迹象，他们就立刻平仓或抛补。抛补指他们之前曾卖出（看涨）期权，而现在补进该期权的标的物股票，并持有这些股票。这样，如果该期权的买方行使期权，卖方就可把这些标的物卖给该买方。如果发生行权，卖方的损失只是他们买入该股票的原价与该期权行权时的该股票市价之间的差价。而且，卖方可能是在很久之前以比行权时的市价低得多的价格买入并一直持有这些标的物股票。最后，作为交易所会员，他们只要支付很少的交易手续费。这意味着他们换仓、平仓、套期保值或调整仓位的成本比起一般的散户交易者而言，要费用低且麻烦少。与皮奥里亚的那位牙医或加州的那位工程师朋友相比，专业期权卖方还在信息搜集、分析、设施设备以及经验方面具有极大的优势。另外，他们还采用分散风险的方法，这样，如果他们的芯片股票亏损的话，他们很可能在是石油板块的股票中盈利。

这就意味着对业余期权交易员而言，卖出期权是非常高风险、低回报的交易。别误解了，买入期权风险也很大。为什么呢？有两个原因。第一个原因是，有很高比例的期权到期时会一文不值。虽然买方可能只损失了 50 美元或 500 美元，但亏损额占了投资额的 100%。对亏损 - 投资比达到 100% 的任何碰运气事件而言，不管投资总额多么小，其风险必定不应算小。

比如，您的动机也许只是找乐趣或找刺激。比如，苹果公司的高价股票目前的市价正好低于每股 250 美元。为了方便举例，我们假设它是 247 美元。您认为该公司下一个创新产品将使该股股价上涨 10 ~ 15 美元。如果您想冒较大风险，直接买入一手即 1000 股股票，您将共支付 247000 美元。如果您有保证金账户，您就只需支付 123500 美元。最重要的是，一旦股价下跌的话，则股价每跌 1 美元，您持有的股票市值就会相应地缩水。如果您没有那么多钱，您就会考虑买入看涨期权。行使价为 250 美元的该股看涨期权可能价格为 6 美元或 7 美元，或者说您总共将付出 6000 美元或 7000 美元（假如买入 1000 股）。因此，您可以只付出股票投资额的 3%（7000 美元/247000 美元），只要股价超出 250 美元，那么每超出 1 美元，您将相应地获得 1 美元的收益。如果您非常确信您对该股股价上涨的预判，您还可以通过下列方法进一步摊薄您的投资成本。您可以卖出行使价略低于该股现时市价（CMV）的看跌期权，成功卖出看跌期权后每份获得 2 美元到 3 美元。这样，您买入 10 张看涨期权的成本就只有 4000 美元，或者是直接买入标的物股票的全部成本的 2%。然而，就像您已持有标的物股票一样，您也承担了股价低于看跌期权行使价时的风险，比如股价跌到 240 美元时。这也叫组合买入，因其风险 - 收益比与普通的股票多头仓位非常相似——只是它的建仓库成本则相对低得多。

您对该笔交易的最好盈利目标约为 1500 美元，或每股 15 美元，共买入 1 手即 1000 股股票。如果您直接买入股票，您的收益率则低于 1%（1500 美元/247000 美元）。如果您用保证金账户买入股票，您的收益率将翻番。如果您买入了 10 张行使价为 250 美元的该股看涨期权，那么您的收益将是 1200 美元，或者说收益率为 17%（1200 美元/7000 美元）。如果您敢采用组合买入的仓位策略，您的收益率将达到 30%（1200 美元/4000 美元）。这就是期权为什么这么流行的原因。

那么，您认为为什么海量的期权到期时会分文不值呢？答案是如前所述，专业期权卖方能准确地定价期权。卖方预料到期权到期时会一文不值，因此，他们的期权卖价中已蕴含了其在预测、确定价格方面的优势。这只不过是常识问题。当您预计某个期权产品有大额亏损的风险时，您在给其定价时难道不会为您正在承担的风险加入一点额外的风险补偿吗？如果专业交易员不这么做，那么他们就会不断地卖出看多或看跌期权仓位给买方，并承受大额损失。这将会导致他们的券商公司破产。期权定价是个复杂的课题，将在以下章节中进行探讨。我现在要做的是继续详述我在本章开首处提出的七个问题。

迄今为止，我已谈到纯粹为了投机目的的投机问题。仍旧要说的是，只要没有失控，投机本身也没有什么错。而且，除非您决意成为坚定的全职专业投资者，否则，如您只做买入看涨和看跌期权的话，您将比做期权卖出方更容易赚钱——至少在您开始从事期权交易的头一两年内。

除了投机之外，还能做其他什么期权交易呢？您还可以通过卖出备兑看涨期权来盈利。该策略也有风险，但风险小多了，因为您已经持有了标的物股票。这意味着当市场走势于您不利时，您可卖出您已持有的股票。在下一章中将剖析这种策略。

第三种期权的运用方法是套期保值。套期保值的英语单词本身隐含着赌两面的意思，您持有市场多、空两方面的仓位——多头和空头（仓位）。平均起来看，您的收益情况还算过得去。套期保值的目的就是要规避损失并维持现状。如您已持有一揽子证券组合，并期望在市场调整期内继续持有，您可根据您的证券组合的量及具体组合情况买入看跌期权。当市场突然大跌时，您的证券组合在贬值的同时，您的看跌期权则在升值。只要设计得正确，您的看跌期权的收益就能抵消您证券组合上的损失。以后我会更深入地探讨该问题。

另外一个常用的策略涉及到运用看跌期权与看涨期权的组合。这些包括期权价差交易或跨式期权组合。您马上就会明白，其目的就是在市场总体走势下维持盈亏平衡。您还将学到如何建立被称做 LEAPS（长期权益期望证券的英文首字母缩写）的长期期权仓位。当您确信某公司或某个趋势肯定无疑地会单边上涨或下跌、但又不知道确切的相关（启动）时点时，那 LEAPS 将是很棒的期权产品。

许多期权交易者在开启期权交易之前，已具有股票交易的经历。他们可能已买过一两只共同基金，做过 IRA（个人退休账户）或 401（k）基金的投资选择，或者个人买过股票进行长期投资。许多人可能已在一家或多家券商那里开过股票交易账户。对于期权交易的新手，我建议你们在起始阶段买入您熟悉股票的期权。您对这些股票在给定时间段内可能产生的巨大价格波动（波动率）将会有所体会。对您已持有的股票，您很可能有关于该股票前景的一些消息渠道。

如果您之前未涉猎股市，则应先选一些股票——不超过四或五只股票——并开始跟踪它们。开始对您选中的股票进行相关技术分析和基本面分析，这些都是以后章节将要探讨的问题。然后至少花三个月进行纸上交易。纸上交易是模拟交易。您首先选择好期权产品；然后，您选择当前可购得的开仓价格，比如在报纸或在线报价信息来源上的买价；最后，您根据卖价择时完成交易。在每次纸上交易之前，列出您选择该股票并决定买入相应看涨期权或看跌期权的理由；具体说明您将在什么价位盈利平仓，并在什么价位割肉止损。我在以下章节探讨了特定的交易策略和计划之后，所有这些都会一清二楚的。纸上交易的目的与运动前的热身以及排演剧目相同。在真干一件全新及困难的事之前，通过上述模拟、热身，您就可把事情干得更好。有许多极好的相关软件程序，可通过模拟器教您如何进行期权交易。

从股票交易转到期权交易并不难，但重要的是要了解这两者的区别。最明显的区别是股票的拥有权代表对发行股票公司的实际拥有权；而期权（合约）只是买入或卖出一定数量股票的有条件的合约。其次，如前所述，股票是永续存在的，而期权则是瞬间即逝的。另一个区别则是，当您想卖出股票时，始终会有人准备好、愿意并能够买入股票。这些买入方被称为职业操盘手或做市商，我以后在讨论交易如何运作时，将会继续谈到他们。这并不意味着您会愿意接受他们给您的报价，但不管怎么样，您总能在任何您想卖出的时候售出股票。期权，尤其是那些虚值或深度虚值的期权，则不总是可流通的。这意味着您想卖出股票的时候，并非总能够找到买家。这也是许多期权到期时一文不名的重要原因之一。换言之，对于大势已去的股票而言，您往往还能挽回一些损失，但对期权而言，这就未必总能行得通。

还存在着之前提到过的风险因素。作为期权买方，您所承受的所有风险仅包括期权权利金及相关交易费。而股票持有者则可能会损失购买股票的全部本金。这两种情形均会导致100%的全额亏损，但是购买期权的费用（即权利金）仅占投资股票全部成本的很小比例，这就意味着期权的杠杆效应远比股票明显。正因其高杠杆率，期权的价格可能像冲天火箭那样飙涨。举个例子，您以500美元（每股5美元）买入一张亚马逊公司股票的看涨期权，行使价为50美元。之后，亚马逊股价飙涨了50多美元，而购买的100股期权中每股盈利50美元，其盈利相当于购买期权时所支付权利金总额的10倍（即每股期权的盈利为5美元×10）。您的杠杆收益率达到了10:1。假设您投资的是亚马逊的股票，您也会因盈利而兴奋，但是收益率相比上述看涨期权就低了很多。假如采用50%的保证金融资比例，以每股50美元的价格买入亚马逊股票，您的建仓成本是2，500美元。当该股股价升至100美元时，您再全部售出，您的总收入将达10，000美元，您的杠杆收益率为4:1。前一案例中，您获得了相当于投资额10倍的收益，后者则只获得了相当于投资额4倍的收益。

这就是杠杆对投资的作用。选择10:1杠杆的赔率（即失败的概率）显然比选择4:1杠杆的赔率要高得多。这也说明了为什么许多期权产品会到期归零：因为前者是赔率更大的多头赌注。某些情况下，杠杆率成为一个需要严肃对待的课题。我们在后面有关期货合约期权的章节中会谈到，高杠杆率导致毁灭性的巨大损失。杠杆率就是一把双刃剑。

期权卖方的情况则与上述买方的情况不同，因为期权卖方创设了之前并不存在的证券产品（即期权）。期权卖方卖出期权之后，如果买方在到期日之前要求行权，期权卖方就有义务为期权买方提供标的物资产，通常是100股的公司股票。为了满足上述的买方行权要求，期权卖方要么从其库存中提取如数股票，要么在交易所中以CMV价格（现时市价）购入如数股票。期权卖方所卖出的期权本来就是无中生有的，他当然也希望期权最终同样会人间蒸发，为此，他也承受着一定的风险。期权卖方在售出后没有义务回购期权。股票交易市场中，要求做市商维持双向的交易（提供双向的流通量）；而期权交易市场中，没有与股市做市商对应的期权做市商及维持双向交投的类似要求。在以后有关交易所的章节中，您将了解到相关情况。因此，许多持有深度虚值的期权买方迫切希望在期权到期归零前出清这些期权，但市场上愿意买入这类期权的买家却很少，甚至根本没有。再强调一下，这类期权会到期归零。

在前面章节中我们讨论过，如您的分析预示股价将不断攀高，则应买入看涨期权。同理您的研究结果表明熊市即将来临时，您就该买入看跌期权，当然与买入看涨期权一样您也将承担相应的投资风险。看涨期权为您提供了持有多头仓位的权利，看跌期权为您提供了持有空头仓位的权利。看跌期权构成了看涨期权的相对面，两者有相似的产品属性。在您启动期权交易之前，您必须要能清楚地区分看涨期权和看跌期权的属性差异。

迄今为止，我多次提到了在本章开头处首次提出的交易者投资动机的问题（贪婪、获取收益、避险），我还提到了交易策略和经济动机。我所忽略的是交易的心理因素。许多人的交易目的只是为了显摆。某些人参与证券市场只是为了证明他们比别人更聪明、勇敢。他们觉得仅凭好胜心切和勇于进取就能给别人带来示范作用，使别人也来参与交易。另外，我发现有些投资者想通过交易来克服不安全感；而另一些投资者则认为如果他们在投资方面取得成功，就会赢得其他人的爱戴或赞赏。嗜杀成性的士兵会纯粹为了满足刺激而杀人，有些交易者甚至因跟这类士兵嗜杀类似的原因而从事交易——受肾上腺素的刺激。上述特性会令人沉迷、上瘾。

人们的心理因素千差万别，就像人们的大脑差异很大一样。我所遇到的最成功的投资者是那些纯粹为了兴趣才进行交易的。赢、输或平局（都能接受）——除此之外，干别的都没交易更有乐趣。

第6个问题是我们可买入多少股（份）期权合约？这个问题的回答既容易，又有些犯难。首先，您有多大决心或诚意成为一名严肃、专业的期权年投资者？对于相关的标的物资产，您有多少过往投资经验和知识储备？您打算采用何种投资策略？针对上述问题，那些多年从事股票投资、密切关注市场而且已持有相当大市值的证券资产的投资高手，与首次接触期权产品的菜鸟相比，答复会大相径庭。老股民对市场及其变化无常的特性有很好的感觉，也善于通过套期来对冲其波动性。对菜鸟而言，前方的道路艰巨漫长并富有挑战性。期权投资的初学者必须制定合理可行的投资计划。接下来，您就将了解到，新手们必须了解、学习相关标的物资产的交易模式、期权定价、资金管理、交易机制、证券报表、预测价格等等——该份清单会永无止境。

我看到过太多下列类似情况：许多无良的经纪人信誓旦旦地向交易新手们承诺，只要买入期权，不费吹灰之力就能赚取快钱。许多新手就信以为真地进入了期权市场。我相信您已猜到了结局，他们往往会仅仅到此一游，并顷刻间就输得精光。

该问题的另一面则是：在不严重影响您现有生活质量的前提下，您能承受多大的投资损失？天哪！笔者提到了“影响我现有生活质量”的问题吗？是的，这的确是一个棘手且重要的问题。期权交易的亏损会否导致您倾家荡产？赔了您的汽车？甚至妻离子散呢？或导致本来已提前退休的您，又不得不重返回工作岗位去工作呢？这些尽管是极端情况，但是对于那些不适合高风险投资的人来言，期权交易就赌博一样，会让人沉迷其中并险象环生。

比如，我干经纪人时，我们的分部就有位客户，他是做房地产的，经手大额商业交易。他每笔成交后可得的佣金高达成千上万。每笔生意成交后，他就会立刻寄送一张50，000或更大额的支票给我。然后，他就一直进行期权交易，直到输光为止。接着，他真的会祈求我们在他下笔大买卖成交之前，不要冻结他的账户。我们——我本人及我的经纪人同事——再三说服他去咨询相关专业人员，但是他拒绝听从劝告。我们觉得这样下去会助长他的赌博恶习，因而我们最终冻结了他的期权账户。令人悲哀的是，我能肯定他又能轻而易举地在其他券商那里开立另一个期权账户。

如果你有赌博的嗜好，那我就建议您放弃期权交易。这样交易的话那就跟赌博太相似了。这类交易者凭从经纪人那里获得的小道消息，就投下了赌注（权利金），并希望能大赚特赚。那可不是正确的期权交易方法。

严肃、专业的期权交易者刻苦、勤奋地开发预测权证标的物股票的价格走势的软件系统，掌握计算期权价格的可靠算法，从而能及时发现实值或虚值期权，仅当风险－收益比对他有利时才进行交易。赌徒会不顾后果地把赌注扔在赌桌上，而理性的算牌高手只在他或她本人赢面确实很大时才下牌注，这两类人有很大的区别。同样，严肃的期权交易高手，与纯粹情绪用事、不顾后果的交易者相比，也有天壤之别。

您在启始期权交易前需要答复的最后一个问题是：您的退出策略是什么？何时您才知道是平仓、行权或放弃某个仓位的时机？依我看，在开仓前未能答复或仔细考虑过此问题，是期权交易者输钱的最主要的原因。这是最关键的决策，然而有人预先做好相关计划。

您始终要牢记，您永远无法肯定标的物股票今后的确切走势，但是您能肯定它将要么上涨，要么下跌，要么横盘调整。真正的问题是变动幅度及变动速度。你们中从事过股票、期货等流动性强的证券交易的，也许会考虑下达一个止损交易指令，以避免市场的下行风险。止损指令就是一个恰当设置的平仓指令，可在发生重大亏损之前平仓。然而，在流动性差的市场中，如虚值期权市场中，止损指令的效果并不好。极少数人愿意买入这类期权，或补进您的亏损仓位。

实际上偶尔发生的是，专业交易员发现市场上有一种与上述止损指令名称不同的止损指令，他们会利用市场取得您的两个仓位，并从两者的价差中谋取微利。作为交易所会员的专业老手能够这样做，是因为他们的每笔交易费极低。而您的仓位没了。您失去了做一笔盈利交易的机会和佣金。我认为在流动性差的市场内，您不得下达止损指令。因此，这个在市场下行期间的退出策略并非总是适用于期权市场。

在市场下行期间，您的最佳退出策略往往是所称的心理止损指令。换言之，您可自己决定，一旦您的期权仓位缩水了50%，您就即刻平仓。要做到这点，您必须定期监控您的仓位。许多期权交易者无法做到这点，这也是大量期权到期时一文不值的另一大原因。

在市场上涨期间，情况又怎样呢？多少盈利才足够呢？这甚至是更难回答的问题。也许该问题要由我们的朋友列温·约翰先生来回答，他正好在到处寻找可怜无助的人，希望他们能皈依他的信条。

您开仓后首先要做的是要决定一旦仓位已成为实值仓位时，您将如何处置。此时，您的仓位已具有实际价值，称为内在价值。比如，您已持有一张6月到期、行使价为60美元的埃克森美孚公司股票（股票代码XOM）的看涨期权合约，目前其市场交易价为65美元，也即5美元价内（或实值）。这就意味着，如果您现在行使期权，就会有100股XOM的股票以每股60美元的价格转入您的股票账户中，使您立即实现了每股5美元或总共500美元的盈利。一旦您的账户中有了该仓位，您下一步的计划是什么？长期持有该仓位？为达到70美元或75美元的心理目标价格而继续持仓？您现在获得了标的物为流动性很强的股票的实仓仓位，为了落袋为安起见，您现在就可以止盈平仓——甚至可采取移动止盈平仓的策略，即止盈平仓点随着股价的上涨而相应上移。

或许您将平仓您的仓位或继续持仓以期获得更多收益？如果是这样，您又将怎样确保您已经获得的500美元得盈利呢？采用止损指令？采用心理止损？买入平值看跌期权以保护你的收益，以防埃克森美孚公司意外破产？您是否将开始更密切地监控仓位，也许实时监控？

您有许多选择。如果您在开立期权账户之前，未能花时间认真思考这些问题，那么，您极有可能如大多数期权交易者一样，曾经获得过浮盈仓位，然后您一直持仓直至亏损或到期清零。我见过太多这类人了，我甚至懒得再想起他们。平时很明智的人，往往会在贪婪面前丧失了理智，并因而失去了其本应赢得的份额。以后在探讨编制交易计划时，我还会重新讨论这个话题。

小结

至此，您已经知道：

• 期权交易是非常严肃的业务，它要求您在开立期权账户前进行必要的研究和计划。您必须确定交易目标、指定相关策略、确定哪些股票最适用您的经历、确定您牛市还是熊市思维、估计将承受的风险程度、计划好如何在被平仓之前平掉您的仓位。

• 您必须理解并接受各种基本类型的期权的风险－收益比，即买入或卖出看涨期权相对于买入或卖出看跌期权。如果您持有了具有无限大风险的仓位（即使仅仅是纯理论上的风险），你还能安然入睡吗？您是否已准备好损失您买入期权的、占您投资额的100%的全部权利金？针对您开的任何仓位，您是否会计算盈亏平衡点？

• 通过备兑看涨期权实现盈利或通过期权来规避所持股票的内在风险，可能使您在心理上更容易接受。在不利的市场里，保护您的IRA（个人退休账户）或401（k）基金对您来说是否很重要？您还学到了期权交易的下列基本术语——权利金、行使价、CMV、到期日、流动性强及流动性弱市场等等。

既然您已经有了期权交易的基本概念，我们现在开始研究会影响每个期权仓位的一些相关问题。

测验

1. 进行期权术语中，SRO 指

A. 是 Smith Resources Outlet, Inc. 公司的股票交易代码

B. 指自我修正的期权

C. 指自律性机构

D. 指安全监管期权

2. 开立期权账户时，您需要关注

A. 经纪人总是仓促地催促您尽快参与交易

B. 过度激动的经纪人

C. 最大限度地简化纸质文件相关手续的经纪人

D. 所有上述各项

E. 上述各项都不是

3. 期权交易新手应该做到：

A. 尽快获得第一手相关经验

B. 通过积极交易来获得对市场的感觉

C. 在实际交易前彻底了解期权的相关知识

D. 提前计划然后形成书面资料

4. 当人们做到以下几项时，交易才达到最好的效果？

A. 针对每笔交易制定计划

B. 跟踪交易

C. 在熟悉的市场交易熟悉的股票

D. 在期望退出某笔交易前，事先已有所知（预备）

E. 所有上述各项

F. 上述各项都不是

5. 看涨期权的最大收益是：

A. 权利金　B. 无限

C. 行使价+权利金　D. 行使价+股价

6. 卖出看跌期权的风险是：

A. 权利金　B. 无限

C. 行使价减去权利金　D. 现时市价

7. 要平仓买入看涨期权仓位，您必须：

A. 买入标的物股票

B. 卖出与之相反的卖出看跌期权仓位

C. 卖出与之相同的买入看涨期权仓位

D. 行使该买入看涨期权仓位

8. 大多数期权到期时变得一文不值是因为：

A. 它们无法找到买家　B. 波动率变动

C. 做市商忽视它们　D. 它们变得太有价值了

9. 期权的有用功能包括：

A. 对冲利润　B. 按照预先设定的风险进行投机

C. 降低了买卖昂贵股票所需的权益　D. 管理风险

E. 所有上述各项

F. 上述各项都不是

10. 期权交易者可以：

A. 进行一笔暴富交易　B. 赢得一笔暴富交易

C. 改善生活方式　D. 毁坏生活方式

E. 上述各项都不是

第四章　竞争赛场

本章重点

- 交易所
- 波动率

您若是初出茅庐的期权投资者，您第一步首先要了解您计划交易的期权的标的物，并了解其价格波动情况或波动率，从中找到感觉。对股票期权而言，大家必须首先考虑股票交易的所在交易所。如果交易所总体上处于波动状态，就会严重影响相关股票的波动率，转而又会严重影响以其为标的物的期权的波动率。这是个连锁反应。相反的情况也同样成立——平静的市场则会平息股票的波动。这不是绝对的规律。即使在最平静的市场中，某只个股也可能急剧波动。可能是由只与个股自身相关的原因所引起的，比如另一家公司对其发起了恶意收购，或者该公司发布了亏损公告。如果发生了此类事件，该股票将成为短线期权交易的极佳候选对象。

波动率就像受雷击惊吓的一群野牛，吓得交易者们惊慌失措、四处逃窜。而在另外情况下，波动率会像潮水一样，起初势头缓慢，随后在原有基础上逐渐推波助澜，直至将整个市场推至浪峰或坠入谷底；波浪所到之处，万物都面临灭顶之灾。

对于预测期权公允价值的诸多分析软件，或对于您为了获得对市场趋势的明确看法所研究的任何关键指数而言，波动率也是最重要的单一因素之一。因此，您应该迅速了解两种基本类型的交易所，这样您就会了解它们对您所交易产品价格的波动率的影响。

最古老类型的交易所是场内交易所。简单地说，这就是有实体交易场地的交易所，买、卖双方通过其代理经纪行在那里碰头交易。价格通过交易所会员在场内公开喊价（确确实实地报出买价和卖价）而确定。您可想象一下公开拍卖时的场景。下列为这类交易所的几个实例：

- 美国证券交易所（American Stock Exchange，简称 AMEX）
- 芝加哥期权交易所 Chicago Board of Options Exchange，简称 CBOE）
- 中西部股票交易所（Midwest Stock Exchange，简称 MWSE）
- 纽约证券交易所（New York Stock Exchange，简称 NYSE）
- 太平洋证券交易所（Pacific Stock Exchange，简称 PCX）
- 费城股票交易所（Philadelphia Stock Exchange，PHLX）

第二类基本类型的交易所是电子交易所，或基于电脑监视器屏幕的交易所。其中最著名的是 Nasdaq，它也被称为场外交易市场。Nasdaq 之所以被称为场外交易市场，并非因为其股票的对应期权产品是同传统交易所一样通过协商逐一确定，而是因为其确定买价、卖价的方式是议价。Nasdaq 简称的前 4 个字母 NASD 代表美国证券交易商协会，它是针对场外交易市场的自律性机构（SRO）；Nasdaq 简称的后 2 个字母 AQ 代表自动报价（系统）。最初，NASDAQ 系统（注意起初该简称全部是大写字母）跟踪的是场外交易市场的股票价格。证券交易者彼此间通过电话议价（因此被标上了场外交易的标签），然后将价格发布到上述电子报价系统上。该系统最终增加了发布买价、卖价并执行下单的功能——它已成为事实上的电子交易所，而其简称也从全大写字母 NASDAQ 改成 Nasdaq。

因此，既有场内交易所（又称上市公司交易所）又有场外交易所，既有场内交易股票（又称上市公司股票）又有场外交易股票。从历史上看，公司更倾向于将其股票在上市公司交易所上市，而不是到场外交易所上市，因为前者比后者更历史悠久、更享有盛誉，并具有更高的财务状况门槛。纽约证券交易所（下称 NYSE）是全球最享有盛誉的上市公司交易所，或场内交易所。经纪公司及经纪人一般看法相同。经纪公司及经纪人两者都需要在上述两个交易所中的某一个登记注册，因此，在 NYSE 登记注册过的经纪公司及经纪人会比 Nasdaq 的会员公司更具优越感。当您看到一家经纪公司的公司标识时，该标识上会注明该司是 NYSE 还是 Nasdaq 的会员公司，并注明该经纪公司及其经纪人的 SRO（自律性监管机构）是哪家机构。NYSE 会员公司的 SRO 就是 NYSE，Nasdaq 会员公司的 SRO 就是 NASD。如果您与您的经纪人之间有何麻烦的话，这些细节将会是很重要的。以下章节还会讨论与此相关的事宜。

除了上市公司交易所及场外交易所之外，还有 ECN（Electronic Communication Network，即电子通讯网络）类全电子证券交易所。ECN 类全电子证券交易所允许交易者可绕过交易所而直接互相买卖股票。这并非指您可以绕过经纪公司进行交易。您仍必须具有能处理证券的账户并能接入相关清算公司的经纪公司账户。我很快就会讨论相关细节。ECN 类全电子证券交易所对某些大宗股票交易而言特别受欢迎，这些平台能加剧市场总体的波动率，并为市场总体提供流动性。您可能已听说过 InstiNet、Island 或 Archipelago 这些 ECN 全电子证券交易所的名称。这些全电子证券交易所对那些非常激进的交易者，如不隔夜交易者，尤其有用。只要可以，这类交易者希望在一纳秒内使委托成交。在本世纪末非常风行的不隔夜交易热中，ECN 类全电子证券交易所非常流行。期权并不在 ECN 类全电子证券交易所上交易，但是它们的确也是在电子交易平台上进行的。

ECN 类全电子证券交易所的电子交易技术与传统交易所的结合加剧了传统交易所的（交易）波动率。为了应付电子通讯网络所展示功能的挑战，所有传统交易所不得不升级其电子交易的相关功能。比如，Archipelago 与太平洋证券交易所进行了合并，而 Nasdaq 则进行了大量的系统升级。NYSE 开始对其交易系统进行扩容，以容纳电子委托，并最终与 ECN 类 Archipelago 交易所的分支机构 ArcaEx 电子证券交易市场绑定。通过 ArcaEx 电子证券交易市场，您可以交易在

NYSE、AMEX、Nasdaq 以及 PCX 这些交易所上市的证券。从期权角度来看，最重要的是专供期权交易的电子交易所现在已投入运作了。

期权交易者在选择期权标的物股票的交易所时，最值得关注的是波动率的老问题，以及哪类交易所已被证明具有或多或少的波动率。要始终牢记：高波动率，或宽幅的价格涨落及大量的价格波动，会使您的期权有更多机会成为实值期权并进而赢利。而以后您学到如何交易备兑看涨期权时，您的目标则是使您的一揽子证券组合实现额外的收益，此时低波动率将有助于您。鉴于上述因素，您需要尽可能多地全面了解波动率的各个方面。要始终记住，波动率并不能预示标的物产品的上涨或下跌方向。

历史上看，场内交易所比场外交易所波动率更低。NYSE 是能运用的最好例子，因为场内交易股票的四分之三都在 NYSE 交易，而且大多数地区性交易所都采用与其相同或类似的（波动率）模型。其低波动率的原因是结构性的。在 NYSE，所有交易差不多都是由一位被称为专家经纪人的高级交易员经手的。在上述陈述中，我使用了限定性用词“差不多”，这是因为某些小额交易目前也通过电子交易方式实施。

上述专家经纪人的作用极其强大，他们对其受托掌控并进行保值的股票价格具有超乎预料的影响力。担任这样的专家经纪人是否是份美差呢？我想您无论遇到哪一位 NYSE 的专家经纪人，他都不可能不是位亿万富翁。该职位事实上是世袭的，由父到子，世代相传。许多巨富的发迹源头就是靠专家经纪人系统；某些巨富也由于贪婪而被输光了。近来，专家经纪人的作用也因其被滥用而在证券业内饱受诟病。

专家经纪人经典意义上的职责是在顾客无法与其场内经纪人成交时，接过最后一棒，即成为最后的买家或卖家。他的另外一个职责就是抑制波动率。他（因为大多数专家经纪人都是男的，所以这里用“他”）担当起价格警察的职责，在工作期间维持市场有序平稳。为了达此目标，他手头拥有大量其专营的股票存货——NYSE 规定每位专家经纪人只能专营一只股票。这是一个关键点，很快它将显得更为重要。持有股票存货的目的是在股价上涨太快时卖出股票，而在股价急剧下跌时买入股票。这样他就能管控好波动率，并维持市场有序平稳。

为了达到上述目的，专家经纪人在交易所场内设置了一个交易席位。期望买卖他所专营的特定股票的人会聚集在该席位旁边。这个席位的术语可追溯到老纽约时代在梧桐树下从事证券交易的旧时光。当时，您可能家住匹兹堡、宾州，或俄亥俄州，您委托您当地的经纪人买入在 NYSE 上市的股票；该经纪人的经纪公司立马将该委托下达到该司在 NYSE 的交易柜台。然后，您的交易委托立即被下达给该司的场内经纪人；该经纪人正和其他场内经纪人聚集在交易您想买入或卖出股票的交易席位旁。场内经纪人向专家经纪人大声报出您的交易委托，后者就将其记入他的委托记录簿。如果您的交易委托是市价委托，那么该委托就会以某个场内经纪人的即时买价或卖价立刻成交。如果您的场内经纪人需要通过限价委托来获得更好的价格，专家经纪人就会在他的委托记录簿中记下股票价格及委托数量，以便在股价达到限定（或止损、止盈）价格时成交。对交易委托进行“公开喊价”的原因要追溯达到 NYSE 的早期时代，当时公开喊价可让交易所内的所有成员都能听到交易委托。专家经纪人的委托记录簿类似一个分类账户，其一侧记录委托买方的股票限定或止损（止盈）价格以及委托数量，另一侧记录委托卖方的股票限定或止损（止盈）价格以及委托数量。起初，该记录簿是纸质的记录簿，但现在该过程已实现电脑化了。

由于只有专家经纪人本人或其助手（们）才有该委托记录簿，那么他们就是哪些挂单尚未成交的唯一知晓者。获悉买入委托或卖出委托的数量、股票委托数量以及委托价格使专家经济人对股价的短期走势具有了极其宝贵的灼见。如果委买方成千上万而委卖方只有成百上千，那么前景看牛。相反，如果大多数的委托都是卖出委托，那么走熊就行将不远。专家经纪人能意识到在哪些价格区间会触发大多数的委托成交，并预料股价可能会在该类区间发生重大波动或变动，因而届时会保持高度警惕。如果您具备了这些专业知识，您就将处于非常有利的位置，您的交易账户将会有七位数字的余额。

专家经纪人需要明白其专营股票的每笔委托及去委托数量，从而能“管控”好该只股票的行情。他需要知道应在何时卖出股票以增加市场供应并平抑需求，并在何时买入股票以减少供应。各种类型的市场本质上都是供需有机体。

现阶段您了解这些就可以了，以后您还会了解到，专家经纪人还可在其自己的账户进行自营交易，并可为外部机构及某些大客户进行交易。您可把它看作是一种纸牌游戏。您正坐在牌桌旁与其他六名对手打牌。您正在分析你手中的牌并决定下多少牌注——您的牌技是高超还是拙劣？您看一眼庄家，突然发现他是该种纸牌游戏的高手，他知道每位牌手手中的每一张牌，以及每位要下多少牌注。他具备仅当他有赢面时才下牌注的禀赋。那么，专家经纪人都非常有钱、一切都在其运筹帷幄之中、其职位在家族中世代相传的现象就不足为奇了。

关键是，维持市场有序平稳是专家经纪人为其自身及其客户赚钱的最容易的方式。混乱、失控的价格变动会导致专家经纪人亏损。对于不时打击交易所的意外混乱，他希望加以平抑并往往有能力取得成功。比如，如果在开盘前，他获得了可能导致股价意外上涨或下跌的消息，他有能力推迟开盘时间，直至他能有序地控制股价为止。或者，他可以提前终止收盘或盘中停牌，以平抑破坏股价有序走势的剧烈价格波动。盘中停牌是维持次序的有力工具。一副牌局中，如果庄家有能耐暂停下牌注，直至他拿到一手好牌后才允许下注，那将会怎样呢？

专家经纪人当然不会明目张胆地滥用上述权利，但他们确实随时能够这么做。然而，即使他们竭尽所能也无法杜绝波动率。NYSE 以及所有其他交易所，在过去的几十年里，都变得更加波动无常。近 20 年与近 200 年相比，诸如 DJIA（道琼斯工业平均指数）等各大主要指数每日变动 50 点或 100 点的日子越来越多。我预计在这个电子交易时代，专家经纪人系统会走向崩溃或丧失能力。该系统可能被完全废除。有太多的专业交易员及业余交易者对此表示不满，认为其不够公平、公正。尽管如此，场内交易所还具备某些内部建立的机制，而这些内在机制是场外交易所或基于显示屏的交易所所无法具有的。

首先，两大场内交易所都具有限制交易或限制交易规则的机制，该机制可在波动性太剧烈时让交易所暂停交易。这类限制交易的规则会视交易所情况而不时被调整。大体上讲，当 NYSE 或 Nasdaq 交易所内的行情上涨或下跌得太剧烈，并没有缓和的迹象时，该限制交易机制即被启动实施；该情况发生时，交易即被（首次）暂停。在接下来的半小时内，任何人都无法交易。在交易恢复后，如果行情仍然失控，即会第二次暂停交易，时间长达一个小时。如果仍然无法奏效，那么当天其余时间的交易都会被终止。在纽约遭受9·11 恐怖袭击后，全美国的证券市场被关闭了好几天。

您可能想知道暂停交易会有什么区别呢。答复是行情会因谣言而产生剧烈波动，而过了半小时或一小时后，某个谣言往往会被证明是虚假消息。或者此时交易者会更冷静地认识到，所发生之事（的后果）并非如最初获悉此事时所怀疑的那么严重。请记住，稳健的交易者在危急关头往往还拥有大量的现金，而他们应付突如其来事件的时间只有几秒钟。此刻他们首先要做的是迅捷地切换到触手可及的、最安全的仓位。经过一段时间的思考和反省后，交易员往往会恢复正常的交易，甚至重新建立他们刚刚平仓的仓位。与天气相关的重大灾害等意外事件也会具有同等的破坏力。某些新闻可以很快被解读、消化，然而，更具破坏力的信息可能需要几天或几周才能被理解、消化。

政府部门的重大公告也会干扰市场。股票市场就像一头为预测而活着的动物。他始终根据其对未来两三个月或六个月情况的预判来确定其交易价格。如果预测出错，行情将产生相应波动甚至崩盘，具体波动多大要视关键事件的影响大小以及所投入的资金大小而定。需要全面阅读这类公告的内容，因其会影响到波动率。

我们接下来把话题转到场外市场的交易机制，尤其是 Nasdaq。在这里并没有全能的专家经纪人。这里只有面对面，或更确切地说，狗咬狗的直接较量。某家经纪公司若欲成为一家合格的做市商公司，它必须做好相关准备、愿意并能够对其选中的一些股票进行买卖双向交易。做市是指在 Nasdaq 开盘的所有时间段内，随时准备买卖股票。随时准备买卖股票即指在证券交易市场随时报出买价（买方出价）或卖价（卖方开价）。上述两者之一或两者全部都可能大幅偏离相关股票的现时市价。

与 NYSE 采用的一只股票对应一个专家经纪人的单一体制相比，Nasdaq 除了采用做市商制度之外，还采取了多对多的做市商体制。某只股票如欲在 Nasdaq 上市，它必须满足以下条件：必须至少有五家做市商愿意为该只股票造市；此外，它还必须满足其他财务及报表的相关要求。由于有多个做市商，并且他们并非在同一物体位置的交易所从事交易，因此，造成了更大的“混乱”（这里的“混乱”应被解读为波动性）。此外，做市商无法知晓其他做市商手中持有多少委托以及经手多少其经纪公司的账号（对于一只活跃、受大众热捧的股票，很可能有大大超过五个的做市商）。这些公司是经纪—自营商公司，这意味着他们既可作为经纪人代客户交易证券，也可以直接从事其自己账户上的股票交易。他们都不具备专家经纪人所具备的相关信息。

现在，我们暂时再回到刚才那个打牌的比方中。作为庄家，专家经纪人知道每位牌手手中的牌。而在 Nasdaq 的牌局中，没有一位牌手知道其他牌手手中的牌（委托）的任何暗示或信息。本着玩扑克牌的真正（道德）精神，他们进行割喉战的游戏。每位做市商只知道自己手中的牌，即其买卖委托。

您可能要问，如果经纪－做市商是按行情的买卖双向做市，那么他们又是如何掌控其买卖的呢？答案是（掌控）价格。请花时间研究图 4－1 中的电脑显示屏的内容。图中左半部分列出了所有买入股票的委托买价或出价。图中左侧第一栏为做市商代码，第二栏为股票委托数量，第三栏为股票委托价格。在第一行，您可看到 GSCO（高盛集团）以 24.50 美元的委托买价委托买入 1000 股股票；在图中右半部分（的第一行），您看到 MLCO（美林证券）以 24.51 美元的委托卖价委托卖出 100 股股票。这两者的差别是 1 美分，这就是价差。价差越大，市场中的波动率就越大。价差为鉴定波动率提供了另一个线索。小的价差意味着较少的波动。

股票代码：WXYZ	现价：24.51 +.21	最近一笔交易量：100	
	最高：24.52	52 周最高：27.48	
买入价：24.50	最低：24.36	52 周最低：18.07	
卖出价：24.51	前收：24.43	开盘价：24.41	成交量：300，789

做市商代码	委托数量	买价	做市商代码	委托数量	卖价
GSCO	1000	24.50	MLCO	100	24.51
INET	5000	24.50	BEST	100	24.52
ARCA	900	24.49	INCA	500	24.52
NITE	2000	24.48	ARCA	100	24.52
SBSH	500	24.46	CIBC	100	24.53
HRZG	600	24.46	SBSH	500	24.56
DIJP	200	24.40	HRZG	100	24.60
BEST	100	24.39	DIJP	200	24.65

图 4－1

最佳的买价及卖价被称为内部市场（价）。在买方出价的栏目中列出了所有愿意买入股票的经纪公司。如您希望先于他人买入某物，您就要出最高的买价。因此，所出的最高买价处于顶部（第一行），随着行数的下移，买价也相应降低。在该表右半部分的栏目中列出了所有卖方及其卖价。卖价栏目的排序与买价栏目正好相反：最低的卖价位于顶部（第一行）。如果您想以最佳的价格买入某物，那么该价格应该是最低价。要记住，股票之间是可等量互换的。一张 100 股戴尔公司股票的股票凭证应与另一张 100 股戴尔公司股票的股票凭证完全等量。出于造市的需要，并为了加快所有权的转换，比如瞬间将所有权从某方过户到另一方而无需通过相关鉴定，则必须要有可等量互换的商品。

图 4－1 截屏图中顶部的模块汇总了 WXYZ 股票的最新交易情况。其中，您可看到该股的现时市价（即图中的现价）、相对于当天开盘价的涨跌（值）、最近一笔交易的成交量（100 股）、（内部市场）买入价与卖出价、最高价与最低价、前日收盘价（前收）、开盘价以及截至当前交易时段所累计的成交量。

如果您是做市商并必须进行买卖双向的交易，但您只想买入，那怎么办呢？

您将会把您想买入股票的委买价抬高到超过或等于当期的最高委买价，或者采用证券行业内的行话，您将报出内部市场买价或平价买价。您还将把您的委卖价降到委卖价列表（栏目）的底部。这就使您能优先买入该股，并故意让所有其他的经纪－自营商能优先于您卖出该股。如果股价下跌而您仍然不想卖出该股，您就在委卖价列表（栏目）中的继续不断地把您的委卖价或卖方开价降到底部。一旦您买入了所有您想买入的股票，就在委买价列表（栏目）中的把您的委买价降到底部，从而让列表中所有其他买家能优先于您买入该股。

在您学习如何看懂股价自动报价机的买价、卖价时，您就能看到哪些人真正想经手更多股票，而哪些人想抛售股票。这是通过观察股价变化的快慢及成交量变动的多少来实现的。股价与成交量也是揭示波动率特征的重要因素。某些不过夜交易员掌握了该项绝技后，从此便不再学习任何其他的证券交易相关知识和技能，但仍能仅从“一日鲜”股票交易中获利颇丰——然而，对期权交易者而言，光会这些技能还远远不够，前方的道路还很漫长。

Nasdaq 是议价市场，而不是在交易所场内公开喊价的市场，因此它被称为场外市场。经纪人根据其本人或其客户买入或获得股票的真实愿望不断调整其买价或卖价，这个过程就是议价。该场外市场并不像场内市场那样具有一个价格警察。每位做市商都各自为政，不断地与所有其他的经纪公司拼命竞争，甚至还要跟某些散户通过 ECN 类交易平台发出的委托进行竞争。某些如 Archipelago 等 ECN 类全电子证券交易所，如果无法使自己的或其他 ECN 类全电子证券交易所的委托记录簿上的委托成交，那么他们会这些委托传送到 Nasdaq 的系统。

由于所有的委托都在 Nasdaq 的交易屏上显示，并且所有的经纪公司及交易者都能看到 Nasdaq 的交易屏，因此，所有的委托都是透明的。但是，您并不知道每笔委托后的委托人是谁。某位经纪－自营商可能想买入 10，000 股戴尔公司的股票，但该司又不想让其竞争对手获悉它需要买入那么多股票，因为那样的话它们就会把股价炒高（这被称为市场影响成本）。为了规避上述情况发生，经纪－自营商先下了一个买入 2000 股的委托单。在该委托成交后，再下一个买入 1500

股的委托单。该经纪－自营商继续不断地下单，直至为客户累计买足10，000股股票。在该经纪－自营商从事该系列交易期间，一位敏锐的不过夜交易者看到了其反复委托中的玄机。她积极参与，买入了1000股股票，从而促使该股股价上涨。一旦发现该经纪－自营商离场，她就立即卖出她的1000股股票；每股赚了半美元，总共获得500美元的收益。尽管该笔交易看上去并没有很大的收益，但是，该位不过夜交易者的目标是每天盈利1000美元，如按每年有250个交易日计算，那么每年总收入就有250，000美元。该不过夜交易者所采用的策略叫"跟随战斧"。为了甩掉促使股价上涨的不过夜交易者，最初的那家经纪－自营商摇身一变，不时假装成卖方反向卖出股票。这些都是在Nasdaq市场上玩要的游戏，它们也增加了市场的波动性。

散户离家或离开办公室之后，也能访问Nasdaq的股票行情显示屏的相关信息。他们或从其经纪公司或通过付月租费而获得的证券交易软件获取上述信息。由于凡是想获取这类信息的人都可以如愿以偿，所以说Nasdaq要比场内交易所透明得多。对于场内交易所而言，交易者所获得的只是一连串股票报价以及委托数量。您无法知道专家经纪人的委托记录簿中所记录的那些未成交委托的相关情况。只有在这类交易所场内把人们聚集到某个交易席位周围的经纪人，才能看清哪家经纪公司正在激进地买进或卖出某只特定的股票。公众所能看到的只是CNBC（指美国"消费者新闻与商业"电视频道）节目中或来自其他渠道的、位于显示屏下方的股票行情跑马灯。透明度对于获得针对某只特定股票的感觉而言非常重要，但这仅仅有助于超短线的交易者。

透明度也会导致混乱。在Nasdaq系统中，成千上万的人能看到哪些人正在下哪些股票的委托单，这些委托的数量以及委托价格。在网络虚拟空间里的所有人都在猜测和算计如何智胜对方。这会引起混乱，并导致行情出现离奇怪异的变动。游戏参与方无法像在场内交易所交易那样，彼此相见并读到对方的形体语言。远程的交易者只能猜测什么事件正在发生。如果有造市新闻或打破市场平衡的消息来袭，他们必须响应而且必须迅速响应。没有有关方面出面暂停交易，直至人们弄清楚究竟发生了什么事件及其对股价的影响。在 Nasdaq 市场，此时行情往往会飙涨！每股股价会在几分钟内猛涨或暴跌 10 美元、20 美元甚至更多——只有当上述消息被证明是乌龙时才重新恢复平静。

以上简要地介绍了两大基本类型的交易所，很明显，能以高波动率自诩的是 Nasdaq。在 Nasdaq 交易平台上，没有场内交易所所设的场内监管员，而做市商则在为其客户及其公司的库存股票而不停地彼此议价，以买卖股票。到了午餐时间恐怕还会争抢食物。

在两大交易所中出现的波动性也可能源自其他渠道。比如，许多经纪公司具有机构内部的交易业务，即它们也在为某些股票与其他客户竞争。另一偶尔增加波动性的源头则是大型的机构投资者，比如共同基金、退休基金、对冲基金、银行等等；它们会一次性买卖几百万、几千万股股票。这些交易通常是机构与机构之间的大宗交易，它们在特定的 ECN 类交易平台，InstiNet 平台上进行。当股票行情跑马灯上显示这类大宗交易的信息时，往往会引起波动性激增。要始终记住，波动率仅指价格的上下波动、震荡，但其本身与行情的趋势无关。波动性激增会导致行情走牛或走熊。

机构特别喜欢采用的、能触发波动性的手段是程序化交易。该类交易的一般定义为同步买卖 15 只以上、总价值超过 1，000，000 美元的交易。该类交易通常在现货股票与该股票的期货合约之间进行套利——比如在现货标普 500 指数与标普 500 指数期货合约之间套利。价格会时不时地偏离正轨。现货会比期货便宜，或者期货比现货便宜。两者的差异就是其收益。机构把这类套利交易编成程序，并将程序存入其交易员电脑；一旦条件具备，就点击按钮，启动程序。

可通过事先监控相关现货及期货（的价格变动）来发掘这类交易的机会。当您熟悉了标普 500 指数公允价值的概念后，您就可设计一个电脑交易程序，该程序会在程序交易即将被触发时向您给出报警提示。在预知剧烈波动即将来临时，精明的交易者会积极利用这类机会。某些短线期权交易者就属于这类精英交易员群体。我觉得在波动率曲线图像中，您会见到许多您无法解释的信号，但您不必让这些信号烦扰您。无论谁都无法理解导致价格以其独特方式发生变动的所有奇怪现象，因为价格变动反映了人类大脑思维活动的一个侧面，而人类大脑则并非总是最理性的器官。

然而，现在有一类很危险的市场操作者，他们真的认为他们的确理解且能量化并精确地预测股票、债券、ETF、货币、期权以及期货的价格。这些天才们在最近的大衰退中几乎拖垮了世界经济。他们被称为“宽客”。

宽客就是量化分析师。一开始，他们天真地试图将数学概念应用到金融学上，并试图由此来降低持有一揽子投资证券组合的风险。通过使用各种数学公式来计算平均收益，他们普及了多元化投资个人一揽子证券组合以期降低资产配置风险的概念。

随着工作的进展，其研究变得更为复杂，为了实现揭示价格发现秘密的目标，他们引入了随机微积分的理论。他们所追求的宝典是预测价格变动的数学公式。被招揽入该领域的有物理学家、软件工程师、数学家以及其他类似的书呆子。在该领域内，金融数学、金融工程学等专业的博士、硕士比比皆是——就是没有交易员、经纪人或经济学家。有些人的确相信，有一个公式可解决所有问题。

他们在几家全球最大的经纪公司的密室里启动了超级计算机，并粗制滥造出交易和预测程序。他们甚至发明出诸如 CDO（债务抵押债券）、CDS（信用违约掉期）、MBS（抵押担保证券）等卖给银行、对冲基金及大型投资机构的新产品——各种类型的次级担保垃圾。经纪公司里无人出来阻止他们，因为经纪公司的经理们的确不明白他们正在干什么，而只知道他们正在敞开麻袋赚钱。

看来大家都已忘了美国长期资本管理公司（Long - Term Capital Management，简称 LTCM）的教训，该公司在 1998 年几乎使全球的银行业濒临崩溃。LTCM 聘用了两位诺贝尔奖得主：迈伦·斯科尔斯（Myron Samuel Scholes，他给出了著名的布莱克 - 斯科尔斯期权公允价值的定价公式。我以后再进行探讨）和罗伯特·C·默顿（Robert C. Merton，宽客运动的领军人物）；还聘用了一大批哈佛以及伦敦商学院（London School of Business）博士。LTCM 在俄罗斯债券交易中产生巨额亏损，以至于美联储不得不对其进行纾困；而当前大批的宽客们也同样在把整个世界推向破产的边缘。我以后再谈论 LTCM 的问题。

宽客们仍在工作，并仍在狂热地交易。他们将继续促使波动率指数（VIX）激增，这也刚好是学会利用期权保护您的投资的原因之一。

交易期权的交易所是什么情况？它们是场内，还是场外的？答案是它们两者都有，而且有些是两者混合的。在美国，可在下列交易所交易期权：

- 芝加哥期权交易所（Chicago Board Options Exchange，简称 CBOE）
- 芝加哥商品交易所（Chicago Mercantile Exchange，简称 CME）
- 芝加哥期货交易所（Chicago Board of Trade，简称 CBOT；于 2007 年被兼并，现已成为 CME 集团成员公司）
- 芝加哥气候交易所（Chicago Climate Exchange）
- 电子流动性交易所（Electronic Liquidity Exchange，简称 ELX）
- 国际证券交易所（International Securities Exchange，简称 EUREX ISE；EUREX 指欧洲期货交易所）
- ICE 美国期货交易所（ICE Futures U. S.，原为纽约期货交易所（New York Board of Trade，简称 NYBOT））
- 堪萨斯市期货交易所（Kansas City Board of Trade，简称 KCBT）
- 明尼阿波利斯谷物交易所（Minneapolis Grain Exchange，简称 MGEX）
- 北美衍生品交易所（North American Derivatives Exchange，简称 Nadex；原为 HedgeStreet 交易所）
- 纳斯达克 OMX 期货交易所（原为费城商品交易所（Philadelphia Board of Trade））
- 纳斯达克 OMX PHLX 证券交易所（原为费城证券交易所（Philadelphia Stock Exchange））
- 纽约商品交易所（New York Mercantile Exchange，简称 NYMEX；于 2008

年8月被并购，现已成为CME集团成员公司）

- NYSE Liffe美国衍生品交易所（NYSE Liffe US；Liffe指伦敦国际金融期货交易所）
- 芝加哥单一股票期货交易所（OneChicago；单一股票期货［SSFs］以及ETF的期货合约）

某些较老的交易所具有实体交易场所以及电子交易平台，而其他交易所则严格实行电脑化交易。对普通交易者而言，这都无关大碍。您绝大多数情况下会通过电脑、电话等类似的个人通讯设备进行交易，这取决于您选择的经纪公司。您可能无法选择您的委托的发送对象及发送方式，经纪公司会替您选择最快的跑道（途经），并找到最优惠的价格。

国际证券交易所（以下简称ISE）是独特类型的期权交易所。其宗旨是利用最新技术，满足做市商以及所有其他交易所的专家经纪人的需求。它是全电子证券交易所，它试图在几秒钟甚至更短的时间内使委托成交。在ISE平台上交易的上市公司股票期权占期权行业总成交量的90%。

ISE采用独一无二的组织架构。所有期权被分成10个大类。每个大类有一位首席做市商（PMM）负责监管。除了设PMM之外，还设置了多达16个竞争类做市商（CMM）的职位，其职责为每个大类的期权提供流动性。绝大多数的PMM由业务遍布全球、财大气粗的大型交易公司进行管理。ISE不会对其交易的证券公布专家经纪人式的买价及卖价，而是在其交易显示屏上发布其整个系统内最有竞争力的买价和卖价。买卖双向造市的做市商连续不断地公布刷新的价格。

ISE声称有两样宝物颇为出名。第一样是其交易的的高频速度——几乎在瞬间成交；第二样就是交易对手方的匿名性。对于所有成交的委托，买卖双方都能收到相应的成交确认，但是，他们都无法知道其交易对手方是谁。匿名性对散户往往几乎没有影响，但对机构会很重要。比如，某个大型退休基金正在买入几千股看跌期权以对其一揽子证券组合进行保值，此时它当然不希望全世界都知道它现在在干啥，因为一旦别人知道了就可能使行情走熊。

某些非常激进的散户能接入被称为直接接入软件的最新交易软件，该软件能使散户建立其自己的虚拟委托席位。散户采用专业交易员委托席位的类似软件。他们只要键入其选中期权的代码，点击买入或卖出按钮，再键入委托数量以及委托类型，然后就直接把委托传送到交易期权的交易所。有些上市公司的股票同时在 NYSE 以及某个地方性交易所上市交易。针对这类在多个交易所上市的证券，某些电脑系统允许交易者选择把委托发送到哪家交易所。如果在不同交易所上市的相同证券价格不一样的话，它们甚至还可以让交易者挑选最优惠的价格，并在两地市场之间进行“套利”，如同在套利交易中那样。

另一个问题：期权来自何方？谁负责制订期权合约？进行期权交易的场内交易所拥有的期权清算公司（OCC），被授权制订标准化的期权合约、提供履约担保并发行期权。接下来我们逐一介绍这些职能。

标准化期权合约跟我之前提到的可等量互换这个词密切相关。任何一种类别的期权合约必须能互相之间进行等价交换，否则就无法进行交易。这里的类别指针对同一个标的物股票的所有看涨和看跌期权合约（的总和）。每张期权合约都涉及到相同数量的股票。您不会愿意买入一份包含 37.5 股德士古公司股票的合约，然后在您想平仓时您不得不找到另外一个人，他必须持有一份也包含 37.5 股德士古公司股票的合约。如果每张股票期权合约都只涉及 100 股股票，那就容易多了。除了类别之外，您必须熟悉的另外一个期权术语就是系列。系列指针对同一标的物股票而且行使价与到期日相同的所有期权（的总和）。比如，Oracel Corporationd 的所有期权将属于同一类别，而 6 月到期、行使价为 40 美元的所有 Oracel 的看涨、看跌期权将属于同一系列。

下一个问题是提供履约担保——这是个大问题。当您买入一个证券产品时，不管是期权、股票、指数、ETF 或期货合约，您并非直接从卖方直接买入。您把标的物产品卖给卖方时，也并非直接卖给对方。您必须通过第三方，即清算公司。清算公司从您手中买入合约，然后再把它售给新的合约买方；或者清算公司从别人那里买入了一份合约，然后，您又从清算公司那里买入了该份合约。有了这样一个中间人实体之后，买卖双方从来不会就证券所有权的转移而发生过任何纠葛。每天收盘后，清算公司将结算所有交易的余额。该系统避免了所有权转移的延迟。

如果因买方或卖方太多而产生问题，或如果某笔交易未被撮合成功，那么负责相关交易的经纪公司就必须充当后盾。该公司自然会责成相关经纪人履行义务。客户在此情况下无需干任何事，只知道所有交易都会顺利地进行下去。

新期权合约的制订或编制往往是多方合作的结果。交易所通常会响应其会员对期权新产品的开发需求。假如某只股票收到大众追捧而正在上涨，股票交易量在猛增。几家经纪公司来到交易所，要求发行相关的期权产品。交易所向美国证券交易监督委员会（Securities and Exchange Commission）提出申请并获得了批准。之后，交易所就请 OCC 编制新的期权产品的相关规范——制订相关标准，并做好清算、履约担保以及发行期权的相关准备。交易所的期权委员会负责将新期权产品补充到其系统中。

最后一步是把期权新产品推向市场。专营卖出这类期权或为之造市的专业经纪公司将在其电脑上运行相关的模拟程序。随后，一旦有首位买家下了委托，该类公司马上就会卖出该期权产品，这样，一份新的期权合约就诞生并成交了。期权合约是合同，而合同仅当买卖双方对其中的所有条款都达成共识时才成立。该合约中最后且仅有的一项未定条款就是期权的价格。

为了使前后保持一致，我们再来更密切地关注波动率，因为它对期权的影响实在太大了。所有期权产品会因价格波动而获得或丧失价格优势，而价格波动的成因则是千变万化的经济活动或变化无常的标的物产品（股票、期货、ETF、期权、黄金、利率、咖啡、房地产、飞机、船舶或任何其他东西）的供求关系。

小结

至此，您已经知道：

- 权利金、到期日以及行情走势等许多东西会影响期权的价格、收益率或风险，但对期权的价格、收益率或风险影响最大的莫过于波动率！整个股市、您购入股票的所属板块以及您购入股票的股价，其变动情况如何？波动率、波动率，还是波动率！撇开其他不谈，您应该捕捉一切所能获得的相关知识。了解历史波动率、真实波动率以及隐含波动率是最基本的。另外，理解期权的 vega 值，或 delta 值的影响也是至关重要的。在下一章中，我们将探讨更多的相关细节。
- 恐惧与贪婪会迅猛席卷交易所的交易大厅，其速度之快不会亚于世上最快的电脑执行委托指令之迅捷。恐惧与贪婪情绪往往会引发尤其是实物商品的供求关系的急剧变化。
- 交易所的差异也会引起在该交易所交易产品的价格变动上的很大差异。当前，不同于传统场内交易所的电子化或电脑化交易所已占据了交易平台的主导地位。关键是要了解各类交易所的运作方式及其规章制度。要记住，高科技交易系统的迅猛发展以超越了联邦证监机构对市场运作的监管能力，导致各大主要指数都发生了史无前例的剧烈波动——这也为进行期权交易并采用风险最低策略提供了极其充足的理由。

现在，我们要开始研究期权定价的关键因素——波动率。

测验

1. 确定期权价格的关键因素是什么？

   A. 供应　　B. 需求　　C. 波动率　　D. 分析师的建议

2. 下列哪项收益更好？

A. 在场外交易所交易的股票　　B. 在电子平台上交易的股票

C. 没有关系

3. 历史上看，哪类交易所的波动性更大？

A. ECN　　B. 场内交易所

C. 离岸交易所　　D. 场外交易所

E. 近来所有类型的交易所的波动性都很大。

4. 专家经纪人与做市商的职责相同。

A. 正确　　B. 错误

5. 当某个证券市场被暂停交易时，该市场上交易的股票期权也暂停交易吗？

A. 是　　B. 否

6. 内部市场这个术语指专家经纪人获得的内部消息。

A. 正确　　B. 错误

7. 可等量互换的合约指只有股票数量变化的合约。

A. 正确　　B. 错误

8. 宽客们相信：

A. 有一个公式可解释万物。　　B. 仅凭数学即可预测价格

C. 他们能够提前预测风险－收益比　　D. 所有上述各项

E. 上述各项都不对

9. 事实上，目前所有散户都听任其经纪公司来确定发送委托的路径。

A. 正确　　B. 错误

10. 针对同一个标的物而言，具有相同行使价及到期日的所有期权属于相同系列。

A. 正确　　B. 错误

第五章 击中移动目标

本章重点

- 波动率
- 概率
- 收益率

迄今为止，您应已了解了标的物及其交易环境（交易所、股票或股票板块）的价格变动（波动率）强度，才是驱动期权价格变动的主要引擎。我们来举一个某人买入看涨期权的简单例子。确切地说，该看涨期权是行使价为 90 美元的、IBM 股票的看涨期权。IBM 的当前股价是 80 美元，某位交易者买入了一张（即 100 股）每股 1 美元的上述看涨期权，共花了 100 美元。由于标的物的股价超过每股 35 美元，所以其对应期权的价格间距是 5 美元。如果标的物的股价低于每股 35 美元，则其对应期权的价格间距是 2. 50 美元。只有股价超过每股 5 美元的股票才能作为期权的标的物股票。以下列出相关看涨期权（对照图 5 - 1）：

- 行使价为 95 美元、IBM 股票的看涨期权：15 美元虚值；
- 行使价为 90 美元、IBM 股票的看涨期权：10 美元虚值；
- 行使价为 85 美元、IBM 股票的看涨期权：5 美元虚值；
- 行使价为 80 美元、IBM 股票的看涨期权：IBM 的当前股价是 80 美元，因此，该期权是平值期权；
- 行使价为 75 美元、IBM 股票的看涨期权：5 美元实值；

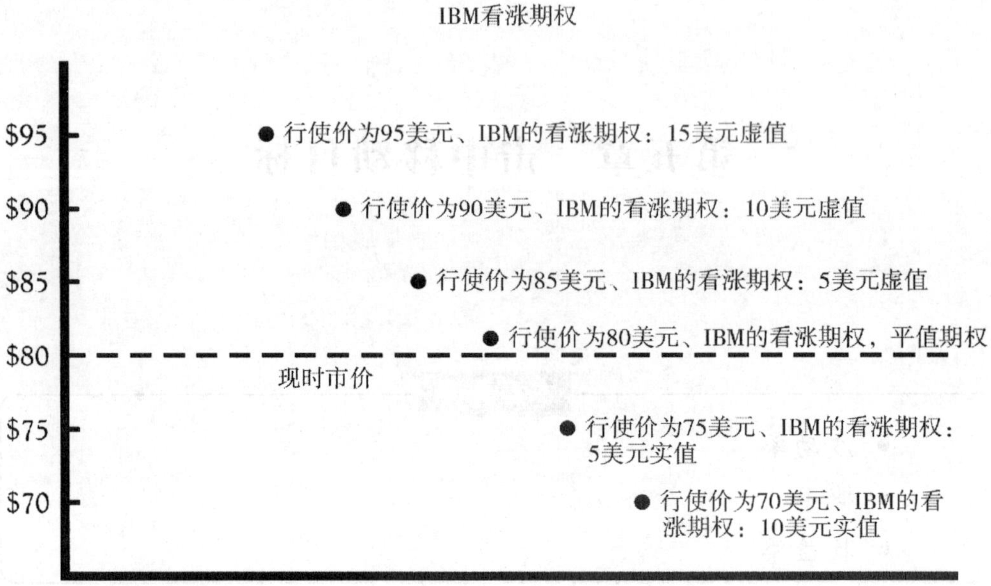

图 5 –1

IBM 的当前股价是 80 美元，行使价为 90 美元的该股看涨期权，与该股的市场价相比，超出了两个（期权）价格间距，或者说 10 美元价外（虚值），或高出 10 美元。期权交易费（含佣金与手续费）为单向每笔 15 美元，或者说每笔买入期权交易及每笔最终卖出期权交易各收 15 美元。如果该期权的持有者平仓或行使了该期权，那么他总共在该期权中投资了 130 美元。如果他任其虚值到期，那么他将损失 115 美元，其中只包括一笔交易佣金。为了实现盈亏平衡，IBM 股价必须涨到 91.30 美元，即每股 90 美元加 1.30 美元，从而分别补偿 100 美元的权利金，以及两笔各为 15 美元的交易佣金。第二笔交易佣金是获得收益并实际达到收支平衡所必须的。在该例中，我故意忽略了期权买入日至到期日期间持有期权（资金占用）的时间价值。此外，买入标的物股价已超出行使价两倍的虚值，看跌期权的胜算将是极低的，而这类期权会被某些交易所视为深度虚值（价外）期权。以下马上会更详细地解释期权交易的相关方法，之后以上两笔交易的思路就会更加明白易懂。尽管如此，上例中的这些数字，提供了言之有效的例证。

该交易者买入该期权之前，需要关注的主要事项之一即 IBM 股价上涨 11.30 美元的可能性，以便达到盈亏平衡。那将是约 12.5% 的涨幅。我不知道您的投资情况怎样，但是对我来说，只要我的部分股票在一年内达到这个涨幅，我就会知足常乐了，更不用说，期权的期限一般都少于 9 个月。然而，12.5% 的涨幅仅仅使交易者达到了盈亏平衡，他还没有任何盈利。诚然，130 美元的投资额相对来说数额较小，但如果股价未达到行使价，他仍然会遭受 100% 的投资损失。

IBM 股价一旦达到 90 美元，该期权就成为平值期权，并随着股价的继续上涨而成为实值期权。这意味着该期权具有了内在或真实价值。如果买入行使价为 90 美元的看涨期权的交易者决定行使期权，他则必须在其股票账户中买入 100 股 IBM 股票。（正股）股票的持有也随之带来了相关风险——股价易涨，同样易跌。如果 IBM 股价达到 91.30 美元，他就实现了盈亏平衡。IBM 股价到期前在 91.30 美元的基础上每涨 1 美元，期权拥有者就额外获得了 100 美元内在价值的收益。如果股价涨到了 96.30 美元，行使价为 90 美元的该看涨期权拥有者以该价格平仓后就获得了 500% 的收益。这样就成就了风险回报等式的赢家一方。

买入看涨期权的动机是：价格上涨时会有无限多的潜在收益，而价格下跌时则只有有限亏损。买入看跌期权时，最大的潜在收益是行使价与零之间的差价；而风险则与买入所有期权的风险一样，仅限于权利金及交易费。那么赢得最大收益或多少有点收益的可能性是多少呢？对期权能交易者而言，这是波动率与概率共同作用的结果。波动率揭示了价格变动可能达到的程度，而概率则表明了价格变动的可能性。首先，您必须要有价格波动（波动率）；第二，您需要知道价格变动的概率；第三，您必须知道价格变动的方向、趋势；第四，上述所有各项必须在期权到期日之前发生。一旦您对上述四项有了明确的认识，您就已做好期权交易的必要准备了。

必须认真考虑导致标的物价格上下变动的原因，以及您检测与衡量其变动程度及速度的方法。那就是期权交易者所称的 Delta 值。Delta 值量化地反映了标的价格变动对期权价格的影响。它也被称为对冲值，以后在讨论对冲策略的章节里，我们将继续探讨对冲值的相关问题。比如，如果某只股票价格上涨了 1 美元，而相应期权的价格上涨了 50 美分，那么 Delta 值就是 50 或 50%。如果该期权是平值期权，那么 Delta 值就是 100%，因为标的物股票的股价每涨 1 美分，该期权的内在价值也会涨 1 美分。Delta 值绝不会超过 100%，否则期权会比其标的物更有价值。

是什么才导致了价格变动的呢？最基本的答复是赢利。公司赢利越多，股票对投资者及投机者就越有价值。以后在讨论基本面的章节中，我将再探讨赢利以及经济、公司基础架构等所有其他主要相关因素。对商品而言，您将了解到供求关系制约着价格。这是因为，许多主要的期货合约的标的物是实物商品，比如玉米、糖、黄金、石油等等，而其供求关系会随着产量的变化而年复一年地变化。

而对于股票、期权以及金融期货而言，其供求关系则又是另外一回事了。期权以及金融期货的供应是无限制的。这些仅仅是合约，一旦卖家同意向买家售出一份合约，该合约即被“创设”出来了。只要有卖家，就会有供应，而且一直会有卖家，因为他们有定价能力。公司会发行股票，而且理论上股票供应也可以是无限的。然而，股票发行公司明白，如果其无限制地发行股票，该股票的股价即会跳水。股票数量增加后，每份股份所代表的对公司权益的占比即被降低，称为（被）稀释。由于公司业主及高管往往都是大股东，因此就不会这么做。以下两种情况下，供求关系会起到调节作用。其一，某些公司贪婪的管理层因过高地估计了公众对股票的需求而向公众发行了过多的股票；其二，买卖双方对未稀释的股票持续展开了供需的拉锯战。我们接下来简单地探讨一下这两种情况。

制约价格变动的基本准则相当简单，就是供求关系：

1. 需求增加，价格上涨。
2. 供应增加，价格下跌。
3. 需求降低，价格下跌。
4. 供应减低，价格上涨。
5. 供需平衡，价格保持不变。

要解释真实世界中的这些准则、揭示其实质并量化所需数据不能直截了当，也并非易事。

有人会以为，对股票而言，股票供应应该不成问题。就拿公开流通股票来说吧。公开流通股票指所有公开上市交易的股票的总和，也被称作已发行股票。一家公司可实际发行比其核准发行股票总数还要少的股票，并持有这两者差额部分的股票，将其作为库存股票，以供今后发行。公司有权核准并发行新股。发生这类行为时，需要向公众披露信息。在大多数情况下，这类行为会增加供应并降低股价。请记住，公司高管一般都是该公司的大股东，并拥有可买入更多公司股票的期权。因此，他们会对可能扰乱股价的行为非常敏感，除非能促使股价上涨。

不久之后，只要不发生公司二次发行证券等意外情况，其公开流通股票的总数应能保持不变，您可对此放心。当公司向员工提供期权激励计划时，会需要拥有公司股票，此时，他们可以在公开市场上买入股票。公司这样做是为了避免稀释控股权。比如，假如您拥有 1000 股该公司的股票，而该公司当时的公开流通股票为 100000 股，那么，您就拥有该公司 1% 的控股权。但是，如果该公司核准并增发了 50000 股股票，而且并没用部分增发股票对老股东按其持股比例补贴股票，那么您对该公司的控股权就降低到了 0.6%。这就是（控）股权稀释；这是合法的，但这对老股东而言有些不太公平。

在 20 世纪末的互联网泡沫期间，许多公司通过美妙动人的股票期权计划雇佣并留住了员工。当员工行使期权时，公司增发了股票，从而增加了其公开流通股票的总量，并稀释了（控）股权。当股票价格一片疯涨时，无人有暇顾及这些。在高科技迅速发展的鼎盛时期，许多贪婪的管理层获得的一揽子薪酬计划最终也得到了同样的结局。在安然公司办公大楼的顶层，曾经有多少位百万富翁在那里工作过？

您要意识到公司有多种股票。除了向市场发行股票之外，他们还可以把股票存入公司的金库，（在适当的时机）用于对员工的激励。这样就有可能增加这些公司的股票供应或公开流通股票的总量。经公司董事会核准发行的所有股票中，可能有成千上万份股票、或几十万甚至几百万份股票尚未进入公开流通股票的池子。这里存在着潜在的股权稀释问题。某些公司向高级管理层提供题字股票，高级管理层必须在一段时间内持有这类股票，之后才能在公开市场出售这类股票。该类股票被称为题字（股票）是因为它票面上确实有红墨水印制的题字，题字内容是该等股票不得出售且必须首先由公司的转让代理人进行相关处置。这类股票往往是作为给管理层提供的一揽子薪酬计划或者是“黄金降落伞”计划的一部分。员工可免费或者以大大低于市场价的价格获得这类股票。

流入市场的股票通常不会严重影响股价。美国证券交易监督委员会（Securities and Exchange Commission，英文简称SEC）要求公司以及公司负责人在发行新股之前必须预先发布相关公告；还有，持有10%或更多公司股票等大股东、对重要金融及销售信息有知情权的高级管理人员等公司内幕人员，必须在买卖公司股票之前事先通知SEC。在网上可查询到所有相关信息，某些财经网站会跟踪相关信息。

您还应该了解另外一个异常的股票供应情况。某家公司首次公开招股发行（IPO）时，只发行了占其核准发行股票总数一小部分的股票，企业的业主及主要员工持有其中未发行的股票。这类股票在IPO后的一段时间内（一般为180天）被锁定，这类人员在此期间内被限制出售这类股票。在该段锁定期结束时，他们才可自由卖出这些股票。在高科技迅速发展的鼎盛时期，许多贪婪的企业业主一等到股票被解禁，就抛售成千上万股限售股。有时，这类股票的解禁会一下子使公开流通股票的总量翻倍，并使股价一落千丈。精明的期权交易者此时会利用这个现象买入相关看跌期权。某个有特殊兴趣的网站专门跟踪这类限售期限，其后续的研究得出结论：这类股解禁后价格平均回调35%。您也许已经注意到，谷歌公司上市时，也有类似现象。

除了限售股之外，股票供应的增减很少会严重影响股价。例外情况会是公司回购其股票。公司这样做是为了显示其对自己公司的信心。一则微软公司要回购几百万股该公司股票的公告，往往会使其股价就如同被打了鸡血似地向上直窜。

然而，这更多是信心等精神方面的因素，而不是供求平衡的关系。

股票交易中，供应侧最有重要意义的因素是愿意在任一给定价格点位处卖出某只股票的卖家的数量。一般来说，某只股票的价格越低，躲在暗处冲出来抛售股票的卖家就会越多，而被抛售的股票也越多。因此，华尔街有句名言“熊市是被其自身的重量压垮坍塌的”。这样一来，抛压当然会使股价越来越低，从而进入恶性循环。造成这种结果的原因是交易或投资股票的大多数人是牛市思维，当他们预期股票会增值时才会买入股票。如果某只股票或某个指数不上涨，他们就会加以抛售。

相反，大多数市场参与方对卖空感到反感。某些共同基金等主要市场参与方按相关法律规定不得从事做空。卖空的方法就是先以某个价格将股票卖出，然后再以另外的价格将其买回，当然希望买回的价格比卖出时更低。为了做成这类交易，您预先从您的经纪人那里借入股票并将其卖出，然后，您再在低位买回股票并将其归还给您的经纪人。比如，假如某只股票的当前价格是每股 30 美元，而您认为该股股价将跌到 20 美元。您从您的经纪人那里借入一些股票（按这些股票的总价支付相应的利息），然后以每股 30 美元的价格卖出股票。当该股股价跌到 20 美元时，您买入股票并将其归还给您的经纪人。您的收益是 10 美元。做空与做多相反，但它在公众中从来就不得人心。其风险是，您的卖出价是 30 美元，但后来股价却涨到了 50 美元，而不是跌到 20 美元。这就要求这位卖空者到公开市场上以 50 美元的价格买入该股，以便归还经纪公司所借股票。其亏损是 20 美元外加利息以及交易费。期权交易中，如果您看跌后市，您可以买入看跌期权，那就容易得多并且风险更低。

卖方是向买方提供股票的供应者。有些股价点位被称为支撑点或阻力位，股票买卖双方在这些价格点位成交。如果您读过股价走势图，您会注意到股价始终在上涨或下跌——股价走势很少在横盘盘整。股价处于盘整走势时，表示处于平衡期，这意味着买卖双方人数相同。如果您查看大多数股价走势图的底部，您会看到在那个区域针对每个时点都有已成交的股票成交量记录。许多股票每天的成交量超过 1 千万或 2 千万，因此，股价走势很少处于横盘也就不足为奇了。

在预测未来股价走势时，需求侧应得到足够重视。IBM 股票期权的交易者必须答复下列问题：在 6 月份到期、行使价为 90 美元的该股看涨期权到期日之前，对 IBM 股票的需求量会产生怎样的变化，使得该股股价能涨到足够高于 90 美元，从而使您值得去冒险——花 130 美元买入看涨期权？光这笔钱并非大数目，但他可能总共买入了 10 张、20 张，或 100 张甚至更多的期权合约。不管他到底买了多少张，关键是要理清思路。

有成百上千个或然事件会促使 IBM 股价上涨到 15 美元。可能是发布了一个新产品，或是获得了一个特大的政府合同，或是重大的技术突破，或者是重组或收购。这些都是基本面的因素，属于基本面分析的领域。还可能是证券技术分析范畴的技术信号：主要支撑位被突破，反向头肩形态的形成，或是在一个重要的圆弧底形成之后某条趋势线被突破。在有关趋势预测的章节，将解释所有这些相关概念。关键是，对于蓝筹股而言，10%、15% 或 20% 的股价变动已属较大变动，而看涨期权产品会瞬间变成虚值，因此，交易者在投资买入该看涨期权之前，必须有充分可靠的理由确信股价会发生较大变动。其风险在于仅仅因为期权便宜就买入期权。

第一步是要评估 IBM 股票的波动率。该股的表现如何？股价是在上涨、下跌或横盘？股价走势的剧烈程度如何？IBM 股票期权的波动幅度是多少？换言之，要使该股股价在期权到期日前上涨 15 美元、20 美元或更多，是否有足够的动力？还有，要记住，波动率越高，相应的期权价格就越高。

现在，我们继续探讨在上市公司场内交易所大厅内以及场外交易的电脑屏幕上发生的、供求双方之间的真实拉锯战问题。每只股票背后都有三到四位主要参与者。其首要的参与者是大机构、保险公司、退休（金）计划基金、银行、共同基金等等，他们对每只相关股票的持仓量可达百万、千万。如果您的股票仓位中有巨量的某只股票，您在售出大量股票时，很难不使股价下跌而伤及自身。当市场上有成百上千、甚至几百万股股票的买入或抛售需求时，就会破坏市场的供求平衡，而使波动率上升。股票有巨量买入需求时，行情就会上涨；股票有巨量抛售需求时，行情后就会因供应过度而下跌。这当然是买方或卖方所不愿意发生的。当您想买入时，您总希望获得最低价；当您想抛售时，您总希望获得最高价。因此，超大型机构采取非常规的措施以掩盖其交易轨迹。他们会通过之前介绍过的 InstiNet 以及 ECN 电子交易平台，直接与另一家机构私下商定一笔大宗交易。该笔交易可能实际上在前一天晚上已完成，但直到第二天某个时点才在股票行情跑马灯上公示。到那时，该笔交易已成为历史交易，交易者一般更关心明天会发生的新闻。股民们会特别关注上述大宗交易的成交价，该价格未必接近市场价。然而，与在白天交易时间段完成上述大宗交易相比，这种做法对市场的冲击肯定更小。当天的波动率即使受到影响，影响也不会很大。

当一家机构必须在正常交易时段买入或卖出大宗股票时，可能会对波动率产生严重影响。同样，机构会尽量隐匿其真实交易动机。比如，如果他们想卖出一百万份高通公司（股票代码为 QCOM）的股票，他们会把该委托总额等额分配给 10 家经纪 - 交易商，每家经纪 - 交易商只需售出 10 万股。另外，他们会授予每家经纪 - 交易商 1 美元的自行酬处权，即每家经纪 - 交易商可以低于目标售价 1 美元的价格售出股票。如果机构的期望售价是每股 40 美元，那么每家经纪 - 交易商售出其委卖股票的平均价格必须为 39 美元。机构一般还设定了这类交易的期限，比如三天。

您从 QCOM 的股票代码中可以看出，该股票是场外交易股票，因其代码超过三个字母。如果股票代码只有三个或更少字母，那么该股票就是上市公司场内交易所股票。上述十家经纪 - 交易商在抛售股票时，彼此会展开竞争。由于 QCOM 股票的日均交易量约为 1000 万或 1500 万股，因此，即使对波动率有一定的影响，影响也会是轻微的。这确实是波动率的关键所在——它衡量了价格的变动范围及其频率，但它本身无法告诉您任何、哪怕丁点的价格走势相关信息。随着股价的上下波动，波动率会上升或下跌。

另一位主要参与者就是经纪 - 交易商群体。尽管他们几乎从不承认，但是波动率对他们而言，是有重大利害关系的。只要股价上涨，其散户客户就会买入；股价下跌时，同样的这批散户客户就会抛售股票。由于交易佣金是双向收费的，所以当波动率像热锅上的玉米一样爆棚时，他们的日子是非常滋润的。另外，他们的麾下有大批薪酬很高的员工在研究、大肆宣传其心仪的股票，而且，在绝大多数情况下，这些股票往往是其包销的股票。

证券包销指承揽使某只股票上市的所有相关工作，这是个非常耗时但又获利颇丰的过程。它包括下列步骤：

- 向拟上市公司宣传筹措长期资金的最佳方法
- 通过销售股票筹集资金
- 向发行股票公司购入股票然后转卖给散户及机构客户
- 将大宗股票批发个其他经纪－交易商，然后由其销售给公众

经营这类业务的经纪－交易商被称为投资银行家。该市场被称为IPO市场，是极其有利可图的市场，而且往往会产生巨大的波动。尽管新股是无法发行相应期权的，但是，大量新股的入市往往会加剧市场的总体波动。

而您，作为经纪人的散户客户，也有真正影响波动率的潜力。在上世纪90年代，白天交易的散户的日均交易量超过了机构。您也不能低估乔·均量先生所产生的总成交量。他的个人股票账户中有长线、短线及中线的买卖交易。他参与了IRA个人退休账户计划、401（k）养老金计划以及可变年金计划。其成交量大得惊人，是产生波动率的真正重要因素。

试想一下，所有这些市场参与者在股票市场互相争执的情况。所有的积极参与者在凶悍地推搡、挤撞，以期获得所欲买卖股票的最好价格。这使我想起了我小时候我妈带我到纽约市梅西百货商店的廉价商品地下展卖室的情景。成百上千的妇女，就像撒哈拉沙漠的秃鹫盯上了一头死骆驼一样，聚集在一个摆满枕头、床单、灯具和袜子的柜台旁。很明显，我肯定挤不进去。这些妇女推搡、挤撞、拌倒、殴打——真是竭其所能，她们这样做无非是为了想以最优惠的价格买到一双完美的袜子。

这就是波动率产生的根源，即供求平衡被打破了：

- 有限的供应 = 过多的需求——价格一飞冲天！
- 过多的供应 = 不足的需求——任何东西的价格都会清零！

就这样，上上下下，下下上上；从突变激增到泡沫破裂，从冷清到热火，从良好到糟糕，从阴到阳……每日的股价波动幅度越来越大，股价差异变得如此之大，导致在某个时点量能与股价超出了有序平稳交易的极限——接着就爆发了突变！突变既可能向上，也可能向下。

交易者受到恐惧及贪婪心理的影响。您可能已具有 10 张期权的仓位，期权价格正在飙涨而成为实值期权。您期望价格一涨再涨，您 10 张期权的价格确实已涨到了遥遥领先的价位。您现在正处在能赢 100 分的有利位置，您已欣喜若狂。而突然，在不到上趟厕所的时间内，您所有那些曾经无比光鲜、火热的赢钱东西瞬间变成了失事的 Andrea Doria 号远洋轮。恐惧立马就像裹尸布一样萦绕着您。您就像一位在炎热、潮湿的一天参加马拉松比赛的运动员，尽管已大汗淋漓，却才刚刚跑完了 15 英里。您真想吐啊！您必须做出决策，但您此刻头脑已无法清醒地思考了。砰！您猛力地关上了通向您曾经的美好未来之门，以只占权利金很小比例的价格割肉清仓了所有张数的期权。欢迎光临期权沙场。赢者得意洋洋，输家则在舔着伤口。然后，您还未喘过气来，却发现一切又重头开始了。

一旦您选择加入此行，那么您必须理解所有这些市场骚动背后的实质，学会预判大幅加剧的波动，并学会预测下一阶段标的物（及其期权）的行情走势。一开始，由于您还在积累经验阶段，我建议您只尝试买方期权，而不碰卖方期权，因为期权买方只面临已知且被锁定的风险因素，即权利金及交易费。对于裸卖看涨期权的卖出方而言，市场会对他冷酷得多；其所面临的风险，至少理论上是无穷大的。唯一的例外是卖出备兑看涨期权，这在以后有关交易策略的章节中会加以介绍。

接下来要介绍的是不同类型的波动率及其测算的问题。其中有历史波动率和隐含波动率。历史波动率即根据一个特定时间段内的实际价格数据而测算出来的波动率（见图5-2）。所选时间段可以是任意的：一段交易时间段、5个交易日、10天、20天、50天或100天……200个交易日大致对应于一年的周期。甚至还可计算相关股票或期权的整个生命周期内的波动率。

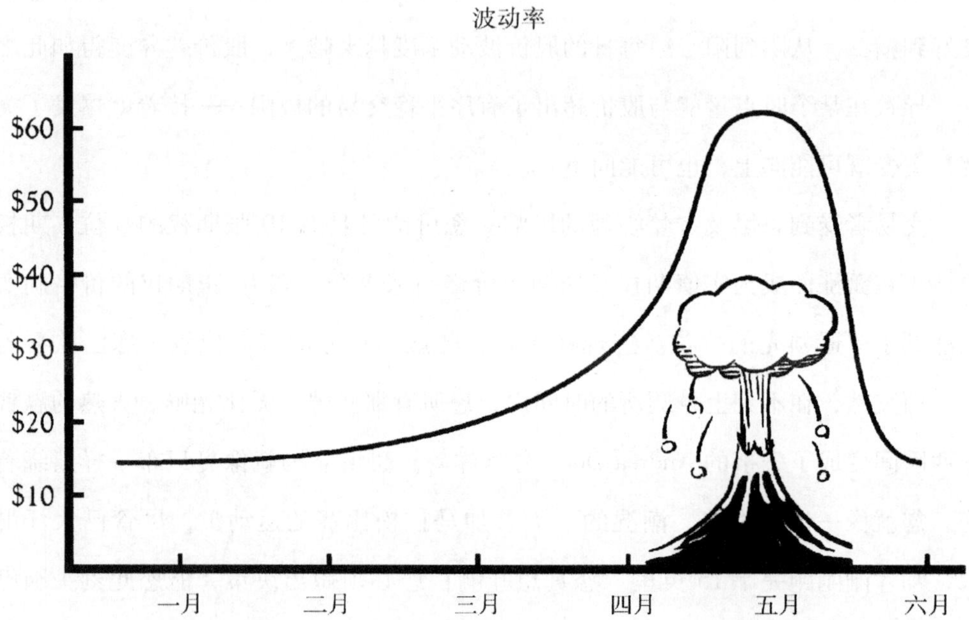

图5-2

将某个周期与其他周期相比较往往是很重要的。分析师或交易员经常会自问当前周期（交易时段、天、周、季、年、合约或标的物的生命周期）的波动率与前一周期相比是更大还是更小的问题。波动率是在加剧还是减小？分析师所感兴趣的特定周期视交易者的风格而定。不过夜交易者仅仅关心最眼前的时间周期。昨天的股市行情怎样？本周迄今为止的股市行情怎样？今天股市的开盘行情怎样？（在上市公司场内交易所交易的期权，开盘时间比股票晚。）相比整个股市以及该股票所属板块而言，该股票目前的表现如何？

期望在某个价格点位对其一揽子资产组合进行对冲的投资者，可能会考虑买入标的物股价已超出行使价一倍或两倍的虚值看跌期权。她可能会研究较长的时间周期。如果她认为下季度股价会下调，那么她可能会查询过去50天的波动率的历史数据，并将其与前两周的波动率相比。波动率是否有上涨的趋势？如果波动率仍旧很低，她可能会考虑买入标的物股价已超出行使价两倍的虚值看跌期权，因为股价急剧大幅度下跌的风险较低，股价在跌至行使价之前还有一定的变动空间，而且这类看跌期权价格较低。她的动机是为了保值，以提防股价突如其来的急剧下调。如果波动率在增大，而且股价趋势仍在上涨，那么她就可能选择行使价刚好低于股票市价的看跌期权，因为她认为股价走势存在反转的可能，并希望对其资产进行完全的保值。在前一案例中，她会仅仅买入与其一揽子资产股票同样数量（股数）的看跌期权；在后一个案例中，她会买入比其一揽子资产股票数量（股数）略微多一些的看跌期权，以期望获得额外的收益。

隐含波动率则是相当不同的。它不同于历史事实，而是猜测或估计。它是对某只期权将来的波动率或您正在考虑的期权策略将来的适用情况所做的预测。这里的将来可以指当前交易时段的较后一段时间，或可指一年之后。

既然它是个大致估计，那么它能告诉您什么呢？隐含波动率并非未来的波动率的可靠预测值。估计什么呢？除了诺查丹马斯之外，很少人凭精准预测而使自己扬名。尽管如此，交易者及所有其他人几乎每天都在试图做出各种猜测、估计。我们不是都在推测该上什么学校、是否换个工作、和谁成婚、如何养大孩子、在401（k）计划中投资什么、买什么房子或汽车？无论干啥事，我们都似乎永远在试图预测未来，并根据不牢靠的估计来做出决策。期权交易为何就不一样呢？

期权交易者总是期望历史波动率与隐含波动率能够趋近——就像标普500指数期货合约到期时趋近标普500指数现货合约一样，这两者也必须趋近，因为期货合约是以现货结算的。因此，当期货合约到期时，它也成为现货。对波动率而言，这种情况却不适用。隐含波动率对未来的真实波动率的预测很不准确。人们使用该预测值是因为目前关于波动率的预测值只有这个，并且波动率是价格背后的动能。

期权交易者的通用规则是：第一条，在隐含波动率降低时，期权卖方感到自信并且在操作上更为激进，而期权买方则赶紧为了保命而抛掉期权（除非他们买入期权的目的是对冲）；第二条，当隐含波动率上升时，期权卖方会提高期权卖出价格，而期权买方则在交易中更为激进；经验法则第三条，波动率越低的期权价格就越便宜，波动率越高的期权价格就越高。专业人员用来衡量（期权价格的）波动率变化对期权价格影响的术语为 vega 值。期权交易中使用了许多希腊字母术语，期权交易者会戏称自己为“希腊人”。

在历史波动率的计算方法中，将概率论引入期权定价模型。比如，根据一个特定时间段内、某只产品（股票、期货合约、或期权）的实际收盘价的平均值所计算出的标准差，反映了这些收盘价的离散度或其波动幅度。距离平均值有 1 个标准差之内的收盘价包含了该计算期内所有收盘价中 68.3% 的数值；距离平均值有 2 个标准差之内的收盘价包含了该计算期内所有收盘价中 95.4% 的数值；距离平均值有 3 个标准差之内的收盘价包含了该计算期内所有收盘价中 99.7% 的数值。一般只运用距离平均值有 1 个标准差之内的数据，因为它约包含了所有取值点的 70% 。

通常运用图示法来表示相关数据，即用著名的钟形曲线。钟形曲线的中点就是平均值或中间值。该钟形曲线中覆盖 70% 样本数据区域的曲线形态较宽阔或平坦，就表明被估量的产品的波动率较大。该钟形曲线形态若较狭窄，则表明波动率较低。我要再次提醒您，波动率与价格变动方向无关，即与您是否盈利或亏损无必然关系。高波动率仅仅意味着价格在疯狂地上窜下跳，低波动率则等同于有序的价格发现过程。

一旦计算出标准差之后，它就被转化换成百分数并用图表示。通常用范围及大约数值来讨论波动率，尤其是隐含波动率，比如说，“波动率在 30 与 50 之间徘徊”。如果您买入某只期权时，期望其标的物股票在期权到期前产生较大的价格变动，那么您最好选择其波动率有加大趋势的股票，或者有足够理由可确信会发生上述变动。更好的方法是，您应确保以下两个因素都对您有利，即您必须既要预测未来的波动率，又要预测标的物的价格变动方向。预测指对所预期发生的做出统计学上的合理估计。但愿这样做能使赢面朝着有利于您的方向发展，并使您处于有利地位，然而，任何事情都无法百分之百确保。

我要彻底讲清楚的是：您也可以计算出任何价格系列的波动率。波动率不仅仅适用于收盘价。您还可根据一天内某个特定的交易时段的所有价格数据，得出相应的波动率估值。由于收盘价是很重要的价格数据，因此，您平时看得到的常用技术形态图中都采用收盘价。交易员及分析师会针对他们从事交易的周期计算相关的波动率，即长期或短期的波动率。例如，通常要计算周平均移动波动率或日平均移动波动率，以确定波动率有上涨还是下降趋势。

历史波动率的计算中采用真实数据，而预测隐含波动率或未来波动率时您又将采用哪类数据呢？显然，您无法采用还不存在的偏离数据平均值的方差。在计算隐含波动率时，您得回过头来，采用一个公式来计算出所谓的一只期权的公允价值。这类公式有多个，它们大多基于布莱克－斯克尔斯公式或其变体。该公式使迈伦·斯克尔斯教授于 1997 年获得了诺贝尔奖，但是他获奖后不久，就卷入了长期资本管理公司的麻烦之中。该公式使用了下列参数：

1. 到期日之前的剩余时间
2. 标的物证券价格
3. 行使价
4. 持有费用，如股息、利息等等
5. 波动率

通过该公式计算隐含波动率时，您只要简单地输入上述前四项参数，对正在被研究的期权而言，这些参数应都是已知的。您还可以进行假设情况分析。如果标的物股票的价格上涨或下降了 10 点，结果又会怎么样呢？您也可以变动行使价，由此来发现哪些期权定价过高或过低。我个人总是根据我的分析所预测的结果，再至少进行一次假设情况分析。如果某只股票在到期日前的 4 周内会如我预测的那样每股上涨 10 美元，那么相关期权的价格届时将会怎样呢？然后，我还要问的是：“相对于卖方对该期权开出的权利金而言，其风险－收益比令人满意吗?”

您可能会对要学海量的数学知识感到头晕，其实您大可不必。您可以在互联网上免费访问历史波动率和隐含波动率数据，还可以找到可运行布莱克-斯克尔斯模型的软件程序。一句忠告：对证券行业中您所选择的任何公式或计算器（软件）而言，其有益用处仅限于能对某个证券产品未来可能发生的变化，提供一定的（辅助）指南或启示。市场是所有在任一时点进行交易或持有仓位的各类人的混合体。买入、持有或卖出证券的决定可以是理性，也可以是非理性的。这些决定或因纳税、离婚、死亡、房地产计划，以及其他与盈利或收益无关的原因。其中某些决定是理性的，其他的则是非理性的。这就是说，没有任何公式、电脑程序、计算器——没有任何东西——能够精准预测成千上万个个人、机构、专业人士、消息灵通及消息闭塞人士在做出交易决策时，其头脑中的真实画面。

您在计算波动率或公允市场价值时，您所做的是在某一证券产品的价格发现过程上的某个时点，为该疾速运动的产品拍摄一张快照，就如同在为一辆飞驰而过的纳斯卡赛车拍一张特写照一样。它并不能预示车赛的结局如何。当您做此项工作时，要避免在以下三方面出错。

首先，即使您采用了第 3 个标准差，下一个数据点超出该参数范围（即落入距离平均值有 4 个标准差之内的范围）的概率仍有 1/369。这类情况被称作“黑天鹅”或“肥尾”，即非常罕见的事件。但是，它们的确发生过，以后我会说明其中一个案例。

第二，您会预计可能发生正面的价格变动，也可能发生负面的价格变动。反恐战争、美国政府的巨额债务负担、全球对石油的依赖、或中国以及其他第三世界国家日益增强的经济实力，诸如此类，不一而足，没有任何事情是能确定的，必须把不可预料性视作当然。

第三，您可能采用了错误的波动率值。每当出现一个新的数据点时，波动率也会相应变动。如果新的数据点很接近平均值，那么实际上就无法衡量该波动率的变动值。然而，变动确实已发生过。正因这个原因，您只能把定价模型视作一个（辅助）指南。在相关期权到期之前，您还得继续在这个标的物的价格发现过程中拍摄特写照。请在过程一词下面划上底线，因价格发现过程的确是一个持续进行的过程。

如前所述，用于计算波动率的数据数量有所差异。比如，相关计算式中可输入一周、一月或一年的数据。同样，也可采用开盘价、最高价、最低价或收盘价等任何特定的价格数据。标准做法是采用收盘价或结算价，即期权结算公司按每个合约或每个合约结算成员之间所有账户的每日结算价。换言之，在选取收盘价时，应适当谨慎。在每日交易收盘的铃声响起之际，可能有成千上万笔交易正在以不同价格成交。在场内交易所大厅内，在收盘铃声时刻交易的交易员可能彼此相距甚远，最后时刻各笔成交交易的成交价会有细微差别。最典型的成交价将成为收盘价。

还有一种可能，对同一合约、同一周期而言，采用结算价计算出的波动率因子会不同于采用开盘价的相应计算值。同样，分别采用最近 5 天和最近 200 天的结算价的两位分析师也会算出不同的波动率。很明显，这两种波动率彼此不会相符。

您还必须认识到，事实上某个特定交易日内的价格变动或价格范围会超出标准差与平均值之和。您按照一个标准差计算某个期权合约，得出 50 美分的平均值。您对相应的波动率的计算也完全正确，然而，某些交易日的价格会超出均值。期权交易中需要运用许多基本生活常识和肯塔基风力修正法之类的经验技能——专家喜欢称之为经验。

您以后会意识到，您在预测价格趋势及挑选期权的过程中尝试越多，就越会体会到经验、直觉的重要性。如果能够编制出一个包治百病的完美公式，那么市场将不起作用，而某些人也该像克利萨斯王那样暴富了。

小结

至此，您已经知道：

- 期权交易中应选取的最重要的四个因素是：(1) 必须有充分的价格变动，能确保值得一搏；(2) 然后，您必须确定价格变动的可能性；(3) 接下来，是价格变动的方向，即向上或向下；(4) 最后，价格变动会在期权到期之前发生吗?
- 理解供应关系的法则可帮助您发现成功的期权交易所必须发现的波动率，并为您提供相关线索。您可站在期权交易者的主要参与者（大型机构、经纪－交易员群体、职业交易员以及散户）的立场上，想象一下他们在这供求关系的拉锯战中的处境。这往往会给您提供宝贵的真知灼见。
- 您应已认识到理解和运用布莱克－斯克尔斯公式之类的定价模型的价值——请记住某些更新的模型已被证明有更高的可靠性，但是它们没有一个能达到100%的准确率。
- 另外，您已经了解到，各种成功的交易者在其分析中使用不同的变量。某些使用长线的时间框架，如采用200日均值；某些人则采用短线的时间段。唯一正确的公式是使您盈利的公式。您必须培养或学会相关技能，从而成功选择最适合您的交易类型。

现在，我们开始研究期权交易的某些重要细节。

测验

1. 下列哪种情况下的期权，才是实值期权?

   A. 一旦您买入后

   B. 如果您卖出该期权后，您就能进入一家私营或更好的公司

C. 在到期日

D. 当行使价高于现时市价（CMV）时

2. 隐含波动率指：

A. 始终按照移动平均值编制的

B. 100% 准确而可靠

C. 至多是个估计值

D. 某样交易者可以将农田押注其上的东西

3. 您对波动率了解得越多，

A. 您的交易将越来越成功

B. 您的生活将越加幸福

C. 您在交易时的工作量就越少

D. 您越不容易在交易中亏钱

4. 运用期权定价模型：

A. 可确保交易成功

B. 总是影响交易业绩

C. 就像是在使用一笔预期交易的蓝图

D. 有助于您预测未来的价格变动

5. 一般来说，为了做好计划工作而阅读历史波动率相关数据时，以下哪些数据最为精确？有经验的开发商在匆忙中创设期权。

A. 当前交易日

B. 过去几周

C. 过去几月

D. 200 日子均价

6. 同一系列、具有最高波动率的一只期权预计会：

A. 收益最高

B. 发生最大的价格波动

C. 具有最大的成交量

D. 所有上述各项

E. 上述各项都不是

7. 供求平衡关系对下列哪类期权而言最为重要？

A. 货币

B. 股票

C. ETF

D. 商品

8. 公开流通股票指的是

A. 在场内交易所交易的股票数量
B. 使公司有偿债能力额的资金
C. 为满足交易要求而额外创设的期权
D. 股息的大量增加

9. IPO 指的是:

A. 国际钾肥公司
B. 实值看跌期权
C. 首次公开招股发行
D. 独立飞行员组织

10. 对持有看跌期权者而言，最糟糕的是什么?

A. 他或她的期权到期时一文不值
B. 他或她的期权的波动率降低到零
C. 相关标的物产品价格跌到零
D. 相关标的物产品价格大涨

第六章　开始正式交易

本章重点

- 经纪人
- 买入
- 卖出

上市公司的期权受联邦政府监管，下一章将讨论该议题。这就意味着，您必须到有牌照的经纪公司去开立股票或期货账户。您是否只顾上山去旅游或坐等经纪公司找上门来找你？守株待兔地等候经纪公司上门找你而不是主动会晤他们，这是潜在风险之一。我说这话是因为，许多把期权吹得天花乱坠的、咄咄逼人的期权经纪人迫不及待地向您兜售的期权，其变成实值期权的赢面不会高于美国国会成功平衡联邦预算的可能性。如果您主动进取的话，您将处于游戏的有利位置——研究相关经纪公司、与经纪人私下面谈、寻找满足您需求并且您信赖的经纪公司。

您到美林证券公司（Merrill Lynch）等综合经纪公司，还是史考特证券公司（Scottrade）等折扣经纪公司开户呢？在互联网的金融村，您可直接开立一个在线账户，而不必直接与其经纪人联系。这样做好还是不好呢？答案是非常因人而异的，并视以下情况而定：（1）您是否需要与经纪人直接接触，让他提供建议并教育您；（2）经纪人的诚信及素质；（3）除了最基本的结算与结账之外，您到底还需要经纪公司提供什么服务？您需要经纪公司提供交易建议及研究服务吗？

您付多少佣金，经纪公司就提供多少服务。综合经纪公司提供研究服务、交易建议并分享经验。折扣经纪公司将其研究成果对您开放，但您必须了解并会分析您所查询的相关专业知识。如果您在折扣经纪公司开户，您的交易费用将大大降低，并且您将对交易获得更大的直接控制权。为了获得这些更直接的控制权，您必须在相关理论教育及交易实践方面获得更多的教育。

如果您目前已在一家经纪公司开户，进行交易或投资，那么，那家经纪公司有没有期权交易的经验？您的经纪公司是否会诚实地承认缺乏这方面的经验并愿意承担失去您这位客户的风险，或者情愿与其他经纪公司分享您的佣金？您的经纪公司是否会指定另一经纪公司来处理您的期权交易业务？如果您目前的经纪公司对期权交易很懂行，那将是一大优点，尤其对您所喜欢并信赖的经纪公司而言。然而，如果您的经纪公司对期权缺乏了解，并试图说服您别做期权交易，那么，您应该考虑在别处开设第二个账户。经纪人接受过的基本培训都包含期权交易的基本内容，因此，他们即使毫无实际交易经验，也能夸夸其谈地说得头头是道。客户可能无法辨别该经纪公司是否真的有资质进行期权交易，直至发现时已经太晚——已经亏钱了。如果您有什么问题或疑问，就要打电话给经纪公司办公室，并要求与经理谈谈。经纪公司经理应该会给您一些直接答复，但请做好相关笔录或把谈话内容的录音录制下来，因为您将来可能会有什么麻烦，或者那位经理也可能屁股没坐热就被炒掉。有了这些笔录或录音后，您若遭受亏损，就可据此向该经纪公司提出申诉，并且还可能获得赔偿。

如果您觉得必须到另外一家经纪公司开设一个新的账户，也许是到一家擅长做期权交易的公司去开户，那也许会有些优势。比如，另外开设一个期权专用账户，便于您把您的股票交易与期权交易分隔开来，因为阅读并理解经纪人的声明从来就不容易。设定期权交易的盈利、止损目标并衡量目标是否达到，这是非常重要的。而有了独立的期权账号之后，这一切就会更加简单。然而，如果您现有账户上已有相关股票，而您打算备兑开仓，卖出相应期权，此时，使用第二个期权专用账号可能会有麻烦。另外，您不得在您的期权新账户中，使用老股票账户内的自由资金及融资额度进行期权交易。如果您唯一或首要的策略是备兑开仓，那还是继续在原有的股票账号中交易吧。与您原来的经纪公司维持开户关系，并不妨碍您在另外一家经纪公司开启第二个账户，可以使两个账户彼此隔离。许多经纪－交易商允许客户把股票、期权、期货账户彼此关联起来。这使您在转移资金时有更大的自由，并使资金利用率得以提高。

准确判断经纪公司是否诚信与正直并不容易。经纪公司必须同时应付多方面的激烈竞争。许多综合经纪公司的唯一收入来源，就是其售出产品的交易佣金。如果他们不积极地销售产品，而仅仅靠守株待兔，那么所有被动获得的成交委托将不足以他们赖以生存。为了生存，经纪公司必须主动开拓新开账户、交易以及其他金融服务的客源。综合经纪公司每年花几百万、几千万美元进行相关研究，以说服客户买入相关产品，比如他们推荐的特定期权产品。如果他们未能成功地卖出这些产品，那么这些产品即成为历史。有的经纪公司也往往会不准经纪人亲自进行任何研究、分析之类的工作。我工作过的第一家经纪公司，不允许经纪人接触股价报价设备，因为这会干扰销售程序。大多数经纪公司的存在理由是开户及其卖方交易。这是与公众做生意的经纪公司首要利润增长点，但这并不意味着他们不可开展有益的研究并且取得值得信赖的交易成绩（记录）。您必须绕开各方的目标冲突，根据您的需求来评估经纪公司。您的目标是找到最佳的交易服务，而经纪人的目标则是反复宣传并推销他们上午销售会议上被要求完成的任务。买主购物时自行小心！

让我们再回到折扣经纪公司。经纪人可能靠薪水谋生，但是他们一般会凭其销售额而获得佣金（提成）及年终奖。如果该公司的客户不买入该司售出的金融产品，那么该公司的收入、盈利都会下降。折扣经纪公司为其客户买入、原创或提供许多研究成果，然而，他们一般不提出交易建议。就像任何其他行业一样，综合或折扣经纪公司，都直接或间接地依赖于购买其产品的客户。这也意味着这两类经纪公司面临同样的利益冲突，只是程度不同而已。

查询期权经纪公司的最佳之处是巴伦网站，该网站每年对期权经纪公司进行评级。该网站还将期权经纪公司按其交易经历、技术、可用性、供货范围、研究便利设施、投资组合分析、通道及成本进行单独细分。该网站对这些分类范畴进行汇总、分级。其次，您可直接在谷歌中输入“期权一只比较”的关键词，之后，您将发觉该关键词的通常点击次数高达6百万次。您只要查看该网站的首页就够了。您还可多查询几家类似的网站，以便更好地了解可查到哪些相关信息。如果您还未正式进行期权交易，您可找到提供交易模拟器的经纪人，这样，您就可在模拟器上进行无风险的模拟交易。许多经纪公司还提供网上在线研讨会以及有交易所及期权委员会主持的研讨会的相关视频——许多这类视频都是免费的（请参照本书附录4中的网址清单）。

发现合适的经纪人的关键是认识到您自身的弱项，以及其优势正好能弥补您弱项的相关经纪人。您可能需要获得相关教育、在同一账户中进行股票与期货交易、或获得特定的交易建议。也许“瑞克精选”之类的网站更适合您，这类网站对特定的交易系统进行教学示范，提供交易建议，并能在白天交易时间内在线指导相关交易。但是，该类公司本身并非经纪人。您只能采用您经纪人的交易软件，在该交易系统内交易该类公司的精选产品。

底线是您不可不通过任何经纪公司而直接交易任何证券，因为经纪公司是连通结算公司的必经之路。结算公司处理所有参与者（包括散户、机构客户、对冲基金、专业交易员等等）成交的交易。每位进行交易的交易者具有一个经纪公司的账号。经纪公司与结算公司签订过合约，将对每笔买入或卖出交易与另一笔卖出或买入交易进行撮合。只消一夜功夫，成百万、上千万笔交易被撮合，资金被转移，所有权被转手；第二天天亮时，相关结算工作已经完成。第二天早晨，所有结算结果已通过电脑传输到您的经纪公司，以供您查询。您可打开电脑，找到您的账户，并查到您账户的所有下列相关信息：所有已成交交易、您目前的资产组合、盈亏、交易历史情况、盈余资金、购买力，以及您是否还欠您经纪公司额外的资金。该项结算工作每晚都发生，风雨无阻，而您每天早晨应总能获得您资金和资产的精确核算结果。在很罕见的情况下，会出现账务结算问题，或者您对您账户有不明白之处。碰到这种情况时，首先要打电话给您的客户代表，同时要暂停所有相关业务，尤其是交易。换言之，您必须定期检查您的账户，尤其在您进行过交易之后。有些较好的网络经纪公司提供更好的后台软件。比如，您可对您任何期间的交易进行盈亏分析研究，检索相关财务报表，核对交易记录，以电子表格的形式下载交易记录以供分析，进行现金流量分析，检索 1099 报税单或其他纳税单据，并能进行几乎所有与跟踪交易进程和纳税相关的会计核算。

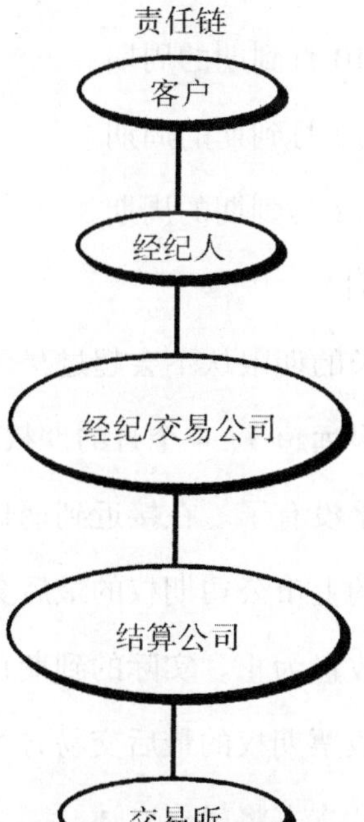

我认为对综合经纪公司或折扣/网上经纪公司的需求完全是因人而异的。如果您觉得您需要一家综合经纪公司，那么您应可能是要进行期权交易。我认为如果您真的想成为一名任何一类的交易员，您就必须承诺去亲自花时间做完所有必须的家庭作业。房地产规划、长期资产配置、可自由支配的资金管理等等——这些是综合经纪公司的业务领域。如果您从事期权交易的所有目的只是对冲您的资产组合的下跌风险，或者是采取备兑开仓的策略，那您只需委托经纪人代办即可。依我看，更积极进取的期权交易，应是需要您本人亲自做的事情。

再谈谈一些基本原理——一张期权合约使您拥有了对100股标的物股票行使期权的选择权。股票凭证是可等量互换的，指它们的最基本单位数量都彼此相等并可自由转让，这点与标的物股票对应的期权一样。这是任何交易所正常运作的必须条件。如果期权合约或股票凭证不完全可等量互换，那么结算公司每晚将无法完成成百万、上千万的交易撮合。

期权交易的到期日是由期权交易公司通过电脑自动生成并加以公布的。期权到期日一般处于下列三类周期之一：

1. 1月、4月、7月以及10月到期的周期

2. 2月、5月、8月以及11月到期的周期

3. 3月、6月、9月以及12月到期的周期

4. 最接近到期月的两个月

对一般的期权而言，最长的期限从不会超过9个月。这就是说，期权的正常周期是3到4个月，因为期限远超3、4个月的期权相对期限为3、4个月的期权而言，其交易量一般少得几乎没有了。在接近到期日时，交投会增加，并引起波动率增大。所有交易所交易的上市公司期权的最后交易日是到期月的第三个周五那个交易日全天，直至该日收盘为止。实际的到期日是上述最后交易日之后的周六中午。有些交易所交易的股票期权的最后交易日可能在几年之后到期。这类期权被称为长期权益期望证券，本书将另作专述。

股价的波动就像大洋的波涛一样大起大落。期权的价格是期权合约唯一遗留的、需要商定的要素。为了便于说明，我以股票代码为WIX的美股为例，并假设该股的现时交易价格为25美元，或每股25美元（见图6-1）。最高价为40美元，最低价为18美元，两者之差（的绝对值）是22美元。由于WIX股票的股价低于35美元，那么其对应期权的行权价格间距是2.5美元。对于股价超过35美元的股票而言，其对应期权的行权价格间距是5美元。所有交易所交易的期权的所有基本条款，都是由期权结算公司负责制订。大众在交易所可以随时交易的具体期权产品（已具有确定的到期月份以及行使价格），则是根据交易所成员公

司的需求、以及公众交投的积极、活跃程度而确定的。我将采用下列低于 WIX 现时股价的期权行使价：22.5 美元、20 美元以及 17.5 美元；并采用下列高于 WIX 现时股价的期权行使价：27.5 美元、30 美元以及 32.5 美元。

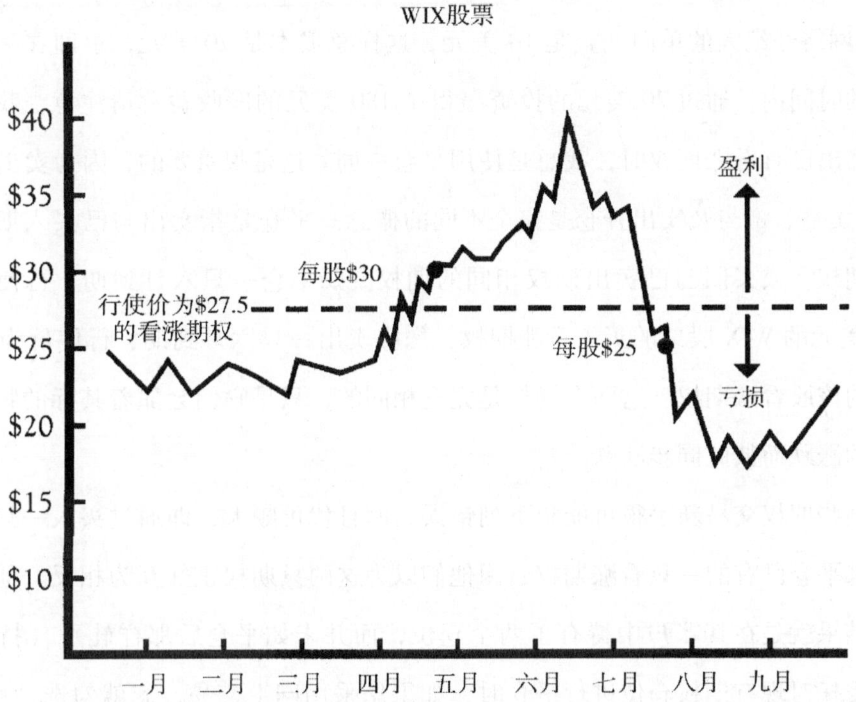

图 6－1

行使价是某只期权行权时，其标的物转让或卖给期权持有人的价格。因此，如果 WIX 的股价涨到了 30 美元，那么，六月到期、行使价为 27.5 美元的看涨期权的持有人就可行使期权，即以 27.50 美元的价格而买入现时市价为 30 美元的该股股票。如果 WIX 股票继续上涨而这位交易者继续持有该股，那么他就会赢得额外收益。如果 WIX 股价下跌到 25 美元，那位交易者每股就将亏损 2.5 美元。买入看涨期权的持有人一旦行使了该期权，就持有了该股票的买入仓位。如果期权持有人行使了买入看跌期权，那么他就持有了卖出仓位。一旦行使了某只期权之后，交易者必须使所建立仓位在标的物股票的股价以及已行使期权的数量方面，满足融资融券的相关要求。

期权交易者的另一个选择是对持有期权进行平仓，从而将 250 美元收入囊中。应将权利金和两笔佣金（一笔用于买入期权，另一笔用于将其平仓）以及交易费（通常是微乎其微的）从这 250 美元中扣除掉。某些交易者偏爱这种方法，因其需要更少的资金。比如，权利金的成本可能是 50 美元（每股期权 50 美分），网络经纪人的单向佣金是 10 美元，这样总成本是 70 美元，也即在一相对较短的时间内，通过 70 美元的投资赢得了 180 美元的净收益。请注意，我每次讨论卖出已有看涨期权时，我总是使用平仓一词。这是很重要的，因为卖出（平仓）、卖空、赠与及卖出开仓是完全不同的概念。平仓是指卖出与已买入期权相同的期权，或买回与已卖出期权相同的期权。要平仓一只六月到期、行使价为 27.5 美元的 WIX 股票的买入看涨期权，您应卖出一只六月到期、行使价为 27.5 美元的该股看涨期权。这两个期权是完全相同的，只是它们会随着其标的物股票股价的涨跌而彼此同步涨跌。

某些期权交易新手很可能犯下列错误，而且代价颇大，即通过买入一只看跌期权来平仓已有的一只看涨期权，因他们以为这两只期权正好互为相反。他们的悲催结果就是在其账户中持有了两个仓位，而并未如平仓后那样轧平（持平）。当您委托对现有期权仓位进行平仓时，如果您采用网上交易，您就勾选“平仓”的选项；如果您通过经纪人进行交易，您应该一开始就跟他讲清楚，您要对现有期权仓位进行平仓。这样就不会产生混淆。如果您仅仅说您想卖出一只六月到期、行使价为 27.5 美元的 WIX 股票的看涨期权，那么，经纪公司可能误以为您想卖出开仓该看涨期权。您不久将会明白，这两者是有很大的区别的。

综上所述，看涨期权给予您在到期日前、以行使价买入标的物的权利——但非义务；看跌期权给予您在到期日前、以行使价卖出标的物的权利——但非义务。

- 买入看涨期权 = 买入看涨仓位的权利
- 买入看跌期权 = 买入看跌仓位的权利
- 卖出看涨期权 = 卖出看涨仓位的权利

- 卖出看跌期权＝卖出看跌仓位的权利

回到前面的例子：当您的期权趋近于平值时，您下一步该怎么做呢？假如WIX的股价现在是24美元，而您现在持有一张六月到期、行使价为25美元的WIX股票的看涨期权，仅仅1美元价外。如果您平仓，那么，由于该期权目前已虚值而仅剩一些时间价值，而且平仓时会产生另一笔佣金费用，您的平仓交易将无法实现盈亏平衡。首先要做的是核实期权的价格，这点是可以肯定的。您买入期权时付了50美分。其价格是否已因某些原因而已经上涨？除了内在价值以外，期权所具有的任何价值都是时间价值。是否因为波动率已经平息了，迫使行情走低，所以市场已抛弃了这只期权？假如现在是5月15日，在该期权到期前，您大概还有约6周时间。当前，WIX股票的股价、WIX股票所在板块的股价、整个大市以及波动率的趋势如何？市场趋势处于强势，或者后市行情趋弱？您当初买入该看涨期权时，您对WIX股票的前景看好。您现在的看法是否还没变？您对WIX股票的前景是略微、适度还是极其乐观呢？行情是否已发生了变化，令您想要摆脱困境并保平止损，或者只求割肉逃命而保留住一部分权利金？

最关键的因素是标的物及期权本身的波动率变动。您可查阅波动率指数（VIX指数）。VIX指数代表标准普尔500指数的一揽子大宗交易期权的隐含波动性。期权交易者运用这些期权来帮助他们确定行情的发展趋势。较低的VIX指数（20～25之间的范围内）表明交易者对行情已经没什么兴趣，而且这往往是折价抛售的前兆。行情下跌时VIX指数上涨；行情上涨时VIX指数下跌。换言之，它的变动趋向与市场走势相反。正因如此，该指数的图形被倒印在某些证券技术分析图形上。它的变动方向与市场走势相反，是因为标的物股票的风险越大，该股票对应的期权的隐含波动率也越高。期权的隐含波动率越高，期权的价格也就越高。这对于看跌期权尤其适用。我们之前已探讨过波动率，您从中应已了解到，隐含波动率与风险的关系更密切，而与今后价格变动的幅度或方向则关系不大。因此，如果现在您手头有一只平值期权，而VIX指数目前正在上涨，那么，您知道您应该牢牢拿好该期权筹码。

另外一个需要核实的关键统计数据是下列期权的成交量统计数据，即成交量等于、刚好超出及刚好低于您手中持有期权的成交量的期权。比如，如果 WIX 股票期权的日成交量总额正在增加，那就是个正面的好兆头；相反情况也同样适用——较低的成交量往往是负面的征兆。另外，如果相关标的物股票的看涨或看跌期权的总数突然暴增，您也应加以核实（您可能需要打电话给您的经纪人或您经纪公司的服务柜台才能核实）。把它与最活跃的期权的行使价对比，它们往往是行情走牛或走熊的很好标志。

如果期权到期日已经临近，而您的期权却还是虚值期权，您还必须考虑的是——您是否将其转仓（或称换仓）？如果您持有一只六月份到期的期权，您可以先按其现时市价对其平仓，然后再买入一只八月份到期的同类期权。如果您坚信您的相关分析仍然正确，而只是因为您手中的期权很快就要到期，那您就可以这样做。

您总共具有下列的 4 个选项：

1. 持有期权，直至到期；
2. 行使期权并持有标的物的仓位；
3. 按期权的现时市价对其平仓，结果可能盈利，也可能亏损；
4. 对手中期权进行转仓，换成到期月更远的期权。

现在，我想介绍一下卖出（平仓）、卖出开仓或赠与期权的人员，他们是期权的卖方。

期权买方只有行使相关期权（看涨期权或看跌期权）的权利而非义务；而对期权卖方而言，自从其卖出相关期权之日起，直至该期权到期月第三个周六中午，而不是该周六前一天的收盘时间，该卖方在此时间段内必须随时准备买入或卖出相应的标的物股票。在上述周六，相关经纪公司将结算完所有相关行权账户。由于这些经纪公司的结算业务生意太清淡，因此，他们常常不得不处理许多刚刚勉强价内（实值）的期权的业务。

为了给期权卖方的工作添加趣味，大多数交易所在作行权指派时，是按随机原则、而不是按先进先出原则实施的。您可能刚刚卖出开仓一只期权，就被指派行权；甚至有可能某人在上周六刚行权，而到本周一时您卖出开仓的一只期权业已到期，但周一您还是被指派行权了。尽管上述情况很罕见，但还是可能发生的。行权指派指示某一方（权利方或买方）行使一只期权时，另一方（义务方或卖方；公司或个人）必须履行义务并买入或卖出相应仓位的标的物。如果行权指派是针对一只看涨期权的，那就必须卖出相应数量的标的物；如果行权指派是针对一只看跌期权的，那就必须买入相应数量的标的物。

理解买入和卖出期权之差别的最佳方法是考虑相关风险参数。（您可能需要复习前面第三章中的图 3－2“基本看跌期权”的相关内容。）您已知道，期权买方的风险仅仅限制于权利金及交易费。而另一方面，期权卖方则面临着大得多的风险。对一只看跌期权而言，其标的物股票股价的极端低位是多少呢？答案当然是零。如果卖方卖出开仓一张行使价为 20（美元）的看跌期权，而标的物股票的股价已变得一文不名，您就可以打赌所有的上述看跌期权将被行权。该案例中，卖方每卖出开仓一张该等看跌期权的最大损失将是 2000 美元（100 股 ×20 美元），外加交易费，再扣除掉已支付给卖方的权利金。其公式是：（行使价/行权价－权利金＋每只期权合约的交易费）×期货张数 ×100。

看涨期权的情况又怎么样呢？仍以相同行使价即 20 美元的看涨期权为例，相应标的物证券的价格（理论上）可能涨到无限高。（请参照第三章中的图 3－1“基本看涨期权”的相关内容。）该证券的极端低位零及其极端高位无穷大都是其理论极限值。尽管如此，股价在一天内 10 美元、15 美元或甚至 25 美元的变动幅度还是经常会发生的，这对卖方卖出开仓的每张看涨期权合约而言，就会分别导致 1000 美元、1500 美元或 2500 美元的亏损。在以后的章节中，您将会了解到，期货交易市场中，对每日商品交易中每个交易时段的涨跌幅度有限制要求。一旦触及上述涨跌幅限制（值），交易即被中止。比如，生猪商品期货合约的每日价格最大波动限制为每张合约 800 美元。我曾经见过生猪期货价格在连续几天内连续 6 次触及上述最大波动限制，这对卖出开仓一张相关期权的卖方而言就是

4，800美元的亏损。当交易因上述原因被中止时，期权卖方无权行使期权，而无法将相关期权仓位卖给期权买方，或从后者买入相关期权仓位。权利在买方手中——在因涨跌停而中止交易期间没有发生任何交易。值得指出的是，专业期权交易者同时交易成千上万只期权合约。

许多卖方通过多样化投资来帮助他们管理风险。我要指出的是：谁具有更大的风险？更重要的是，谁具有更大的盈利潜力？买方买入看涨期权后的潜在回报（范围）是从行使价一直到无穷大；买方买入看跌期权后的潜在回报（范围）是从零至行使价。上述两种情况下，买方的风险仅限于权利金。卖方的风险刚才已经说明过了，而卖方的收益从不会超过权利金。冒最大风险的人（可能）获得的收益却最少。这对我来说，听上去有点违背常理；您觉得是不是？讽刺的是，正如我在前面某个章节中所提到过的一样，卖方却通常是期权业务中最赚钱的。

为了应对所有这些风险，交易者只有一种防守反击的方法——这点对期权交易新手而言尤其重要——那就是仅仅承受较小的亏损。设想一下，任何投资活动或交易中一般只有五种结局。您要么大赢或小赢，要么保平，要么大输或小输。资金（风险）管理的精髓是要避免在市场竞争中被踢出局，这样，您以后还能参与游戏。您的目标是在正确的时机、正确的地方出击，从而获得净收益上的巨大成功。而另一方面，您的陷阱挖得越深，您就越难以从陷阱中攀爬出来。我把这种现象称为西西弗斯综合症（见表6-1）。

表6-1　西西弗斯综合症

%保平相对于	%亏损
$5^{1/4}$	5
25	20
43	30
67	40
100	50
233	70
900	90
你没戏啦!	100

专业期权投资者会避免被踢出局。您只要处于上述五种结局中（大输之外）的四种情况，您就能活着并生存下去。但是，如果您账面上亏损巨大，您就会面临极大的压力。在受惊吓的情况下从来就无法赢钱，因为交易者压力太大。已经没有任何腾挪的（时间、空间）余地。交易者必须在瞬间赢钱才能生存，而您陷得越深，瞬间赢钱的赢面就越来越低。期权交易的输赢机会同时存在，然而，管理不善往往是阻碍成功的最重要因素。请记住西西弗斯综合症的寓意。西西弗斯试图攀爬过山丘时，希腊诸神总是在他刚要到达山顶之前就把他抛入深谷。这是对他的永久惩罚——希望您别遭此恶运。

亏损管控的理念一直是期权交易的关键之一。但是，该理念经常被误用和滥用。我的意思是，您买入一只期权时，您知道下跌时您的（最大）风险，即权利金及交易费用。只要您不行权，您从来也不会收到任何追加保证金的通知，而且您的风险是被锁定的。期权必须采用融资账户买入，但是期权交易中不得进行融资。在您的期权交易账户中，买入期权是现金科目。在您委托成交的当天，您必须用现金全额支付买入期权的权利金。这在证券行业业内被称为“T+1”。其中，“T”指美国财政部，该部门负责制订融资的限制规定及其他相关规制。

因已了解其最大风险所以就可买入期权，这话（或这个理念）并不能体现期权业务的最大魅力。我这么讲是因为许多缺乏专业操守的期权交易商，已滥用、歪曲了上述理念而大量卖出毫无价值的期权——成为实值期权的机会极其渺茫、哪怕一次也极难的期权。经纪人通过夸大期权交易的潜在收益来撩拨起客户的贪欲，然后又反复强调其风险已被锁定的特点。“该公司目前正在推出一款新品，肯定会使该公司股票每股上涨 20 美元或更多。买入一张（看涨）期权就有2000美元的收益，而权利金只需每股 1.50 美元。我可以以 1.50 美元的价格替您买入 100 张合约，使您成为一名严肃的该股股票的投资者。投入成本是 15000 美元，而您将获得 200000 美元或更多的收益！请记住，您只要投入这些——您不会收到任何追加保证金的通知，也无需任何追加投资。”经纪人在编绘该故事前景时恰恰忽略了以下两点：相关股票要上涨 20 美元，这是极其渺茫的事；而且，如果经纪人已经获悉上述新款产品的事宜，那么当您也获悉此事时，该股股价早已体现或提前透支了这个利好。

更糟糕的是，有的客户可能只有5000美元可用于投资，他们会如实告诉经纪人并试图退出，可经纪人却转而向他们兜售深度虚值的、每股只要50美分的期权。前述的第一个期权已经是深度价外，这第二个期权则价外得更加离谱。这两个期权的赢钱的机会同样渺茫。尽管如此，但是，由于可能支付给经纪人的潜在佣金高得诱人，使得经纪人在兜售这类期权时往往不择手段、超越底线，所以即使是这么烂的期权也不乏买家。有一批经纪人经常积极忙于兜售此类深度虚值期权，市面上有许多这类宣传手册，上面列出了这些人的联络电话和邮寄地址。那些没专业操守的经纪人会分享、买卖及传播这些小册子。请一个也不要去拿这类小册子。

您进入了期权市场后需要了解的另一件事是美式期权与欧式期权的区别。美式期权可在到期日前的任何一天行权，欧式期权只能在到期日那天行权，而不得提前。美国某些交易所也出售欧式期权，因此，请保持警惕。

小结

至此，您已经知道：

- 选择经纪人的第一步是要明确您究竟打算从事哪种类型的期权交易。有的经纪人激进地从事投机交易，而有的则只求通过备兑开仓而榨出一丁点额外收益，这两类经纪人差别巨大。大多数激进的期权交易者会选择专业从事期权交易的折价经纪公司。
- 期权投资个人（散户）始终要对其博弈买入（开仓）或博弈卖出（开仓）的仓位（资金意义上及物理意义上的仓位）进行负责。整个资本市场的完善度是由从散户至交易所的责任链加以保护的。
- 期权持有者对手中所持期权可以平仓、持有、听任其到期清零，或进行转仓，以换成到期月更远的期权。能否连续正确地买入恰当的看涨期权是决定输赢的关键。如果您无法实现盈利，那么，接下来最好的结局应该是尽量降低亏损。

现在，我们来了解一下曾被《华尔街日报》称为没有牙齿的看家狗的联邦监管部门。

测验

1. 进行期权交易时，您必须选择只做期权业务的经纪公司？

   A. 正确　　B. 错误

2. 查找合适经纪人的最佳方式之一是：

   A. 响应吹捧期权交易的容易（性）及收益的电台广告

   B. 查询巴伦网站证券经纪业务网页中的相关年报

   C. 研究互联网上的其他对比网站

   D. 在与您沟通过的首家经纪公司那里开立一个账户

3. 综合经纪公司比专业从事期权交易的经纪公司更好。

   A. 正确　　B. 错误　　C. 视具体情况而定

4. 你还没在一家有牌照的经纪公司开设账户时，就可在互联网上进行期权交易。

   A. 正确　　B. 错误　　C. 视具体情况而定

5. 某只特定期权的大多数交易于下列哪段时间内发生？

   A. 该期权首次在交易所交易的当月

   B. 该期权到期并退出交易所的当月

   C. 在交易所为兜售期权而积极做广告之时

   D. 通常视市场上的相关新闻而定

6. 您买入的某只期权在其最后交易日之后，仍有可能向您行使看跌期权。

A. 正确　　　　　　B. 错误　　　　　　C. 视具体情况而定

7. 一旦买入了一只交易所上市的期权后，您有下列哪些选择？

A. 行使期权并买入或卖出相关标的物（仓位）

B. 听任期权到期清零

C. 于该期权到期日之前，在盈利或亏损的情况下对其进行平仓

D. 对将要到期的期权进行转仓，换成一只仍在交易的新期权

E. 所有上述情况

F. 所有上述情况都不适用

8. 买入看涨期权的最大收益是：

A. 5000 美元

B. 3 倍的权利金

C. 相关标的物价格达到多高就有多高

D. 行使价与零之差

9. 裸卖卖出（开仓）看跌期权的风险是：

A. 权利金与行使价之差

B. 无限

C. 仅限于我开仓时账户中的现金余额

D. 视到期日之前还剩余多少天数而定

10. 我作为看涨期权的买方的义务是：

A. 支付权利金

B. 在标的物价格达到行使价时拥有标的物

C. 在该期权被行权时，买入或卖出相应仓位的标的物

D. 根据做市商的要求将该看涨期权回卖给市场

第七章　谁是您的生意伙伴

本章重点

- 监管机构
- 经纪公司
- 仲裁机构
- 后台办公室

在上一章，我们探讨了如何与经纪公司进行合作以及如何开立交易账户的相关事宜。现在，我想向您介绍整个证券行业的运作方式，以便让您了解到，您作为一个散户期权投资者，该怎样适应证券行业的大系统。这样，您也将了解您作为期权交易者的相关权益。

1929 年经济大萧条之后，美国联邦政府承担了对证券业务进行监管的职责（见图 7－1）。一般人都感觉投机者应对上述大萧条承担部分责任，而且当时美国的全国上下洋溢着无法克制的交易狂热，进而导致过度杠杆，期权产品遭受了猛烈抨击。直至 1973 年之后，散户才重新被允许买入上市期权。

首个颁布的相关法律是《1933 年证券交易法》。这是个包罗万象的法案，适用于对所有证券的监管。它要求所有证券的发行都必须充分披露相关信息，使得投资者能如实了解买入证券的相关情况。另外，与证券发行相关的所有重要材料都须经政府官员审核，在招股说明书中加以公布，并在相关政府部门那里做好相关注册。在以前章节中介绍投行时所提到的证券包销工作中，以及将私有公司上市或 IPO（首次公开募股）的过程中所发生的任何欺诈行为都将被该条法案判为非法。IPO 市场是一级市场，而二级市场则是已上市交易的股票市场。

当时还察觉到另一个存在的弊端是，商业银行与股票经纪业务混业经营，尤其在证券包销业务流程中。为此，美国通过了《1933 年格拉斯 - 斯蒂格尔法》(Glass - Steagall Act of 1933)，也称作《格拉斯法》（Glass Act）或《银行法》(Banking Act)。该条法案禁止商业银行从事证券包销业务，同时也禁止投行及经纪公司开立存款账户并从事贷款业务。近年来，上述法案被废除了，从而在某种程度上导致了 2008 年的金融危机。

由于《1933 年证券交易法》规定政府必须监管证券业务。因此，一年之后，当选的官员逐渐意识到，可能应该创立一个机构来履行该项职责。《1934 年证券交易法》促成了美国证券交易委员会的成立，即闻名遐迩或声名狼藉的 SEC。该条法案最重要的规定就是 SEC 也将监管二级市场的证券交易。

继《1933 年证券交易法》之后，美国又通过了《马洛尼法案》。后者为证券自律性组织（SRO）提供了相关法律准备，以协助其对证券行业进行监管。最高的证券监管机构当然是 SEC。后来，又成立了美国商品期货委员会（CFTC），该机构是 SEC 的对应部门，负责商品与期货交易的监管。纽约证券交易所成为经纪公司的 SRO，其员工为其注册会员。所有其他未在纽交所进行会员注册的经纪 - 交易商及其代理（经纪人及其他员工），都由全美证券交易商协会（NASD）负责监管。期货交易商及公司在全美期货协会（NFA）进行会员注册。从事证券业务的公司及个人必须在上述机构中的某一家进行注册。

所有这些法案跟您及您的期权交易账户又有什么关系呢？请记住，在过去的几十年期间，除了上述这些最初的法案之外，还颁布了成千上万条附加的法律、法规、法律先例以及修正案。在本书付印期间，美国国会正在制订纠正及避免 2008 年金融危机再现的新法案。一旦这些新法案被颁布之后，您必须及时跟进、了解最新法案。

如前所述，在您进行首笔交易之前，您必须填写相关的开户文件。上述法案对您的最初影响就是这些文件的填写内容。您必须在这些文件中填写经纪公司所

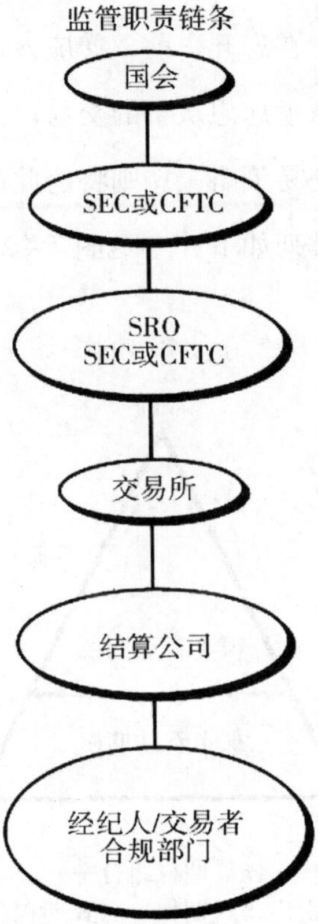

图7－1

需信息。上述法案要求经纪人必须了解其客户，否则，经纪人轻则将被罚款，重则将被禁止从事证券业。当然，经纪人必须了解他或她的客户并非是为了谈恋爱，而是为了了解其财务目标、其财务稳健度（是否足以应对所选交易类型）以及其打算采用的投资策略。我相信这些原则性的内容不会随着法案的更新、修正而有所改动。

因此，经纪公司会请您填写您投资目标的声明。您的投资目标是长期或短期的？这些目标是否是投机，或只是寻求对资金或收入进行保值？经纪公司有责任确保您的投资或交易符合您的投资目标。您所能从事的期权交易类型将受到限制。比如，如果您在开户表格上声明，您只要求采取保守的投资策略，那么，您就不会被允许从事裸卖期权的交易，因为那是高风险的投资（机）策略。您将被许可进行备兑开仓，卖出看涨期权，并在已有备兑资产的前提下实现收益。该策略适合于保守投资的目标。在您开户前，您应该认真考虑您究竟要从事哪类交易。否则，您可能会被禁止从事您想从事的交易。另一方面，如果您一路招摇撞骗并获准采用超越您能力的交易策略，您则将为此而后悔。期权策略按其风险程度的大小，先小后大，依次排列如下（参见图 7－2）：

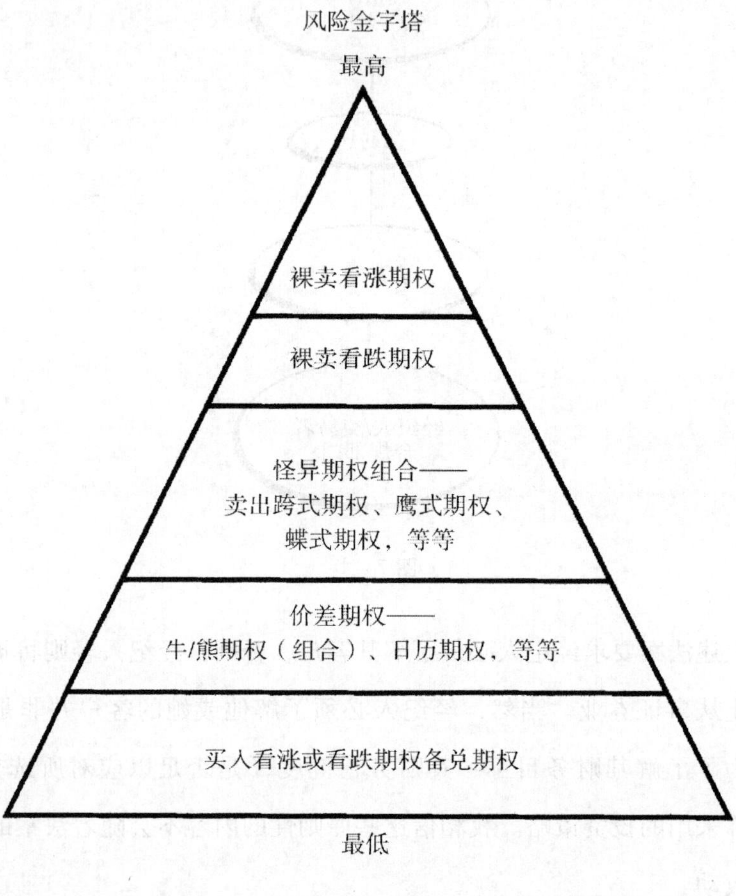

图 7－2

1. 买入看涨期权、买入看跌期权或备兑开仓、卖出看涨期权
2. 诸如简单价差期权、跨式期权（或称鞍式期权）等期权组合交易
3. 诸如蝶式期权、鹰式期权、跨式期权以及复杂价差期权等复式期权交易
4. 裸买入或裸卖出期权仓位

风险因素越大，就要求您拥有越高净市值的证券资产。有些人往往会做了超越其知识、技能和资金实力的交易而不能自拔，经纪公司很清楚由此会导致的麻烦。如这些人无法成功纾困，则将拖累经纪公司，因此，经纪公司会不惜成本地避免此类情况的发生。

正因为此，经纪公司需要详细了解您的相关财务情况。您是否打算进行并能承受重仓投机？重仓是个相对概念。对于某家经纪公司而言，10 张期权的仓位就是重仓了；而对于其他经纪公司而言，100 张期权的仓位才算重仓。如果您表明您将进行重仓交易，那么，您必须投入初始资金以证明您成为一名严肃投资者的意图。经纪公司对您的购买力下了赌注，因为它将作为您的买入和卖出（交易行为）的后盾。如果您在收到追加保证金通知后未能按时追加保证金，经纪公司就必须代您将您所欠的保证金支付给相关的结算公司，后者将转而向您的交易对手方代为履行您的义务。这样就既保障了您交易的完善性，又保护了您交易的对手方。如果您卖出平仓了 10 张期权合约，您会期望相关现金将于第二天在您的账户里到账。您肯定不希望收到一份欠条或一个电子邮件，说由于您的合约买入方未能付钱，所以相关期权又被退回入您的期权账户。您希望所有交易都能无缝地成交。一旦市场的完善性受到威胁时，证券业产业链中的所有参与者（包括经纪公司、结算公司、交易所等等）都会积极介入，以全力维护该市场的完善性。如果您是拖欠款项的一方，那么，您的经纪公司将代您偿付欠款，然后再来找您要回欠款。您该项交易的对手方不会意识到是否发生过任何麻烦。如果某一方对您的某笔交易有拖欠行为，这不就是您希望的解决方式吗？

如果拖欠款项金额太大，以至于您的经纪公司破产或者您的交易对手方的经纪公司破产，那么会发生什么呢？您将处于什么境地呢？此时，被视为证券业“第七骑兵团”的美国证券投资保障公司（以下简称 SIPC）就会及时拍马杀到，以扭住大局。SIPC 的职责是，每当其会员公司（所有从事常规交易的经纪公司都必须是 SIPC 的会员公司）遇到财务麻烦时，就会尽快赶来救火。SIPC 负责管理其会员公司，使所有交易轧平、结清，并负责向客户退钱还款。该公司每年负责对其会员公司进行评估，而凭此获得相关资助；它还有权向美国财政部借入额外的资金。

所有经纪公司每月都必须将其月度财务报表提交给其证券自律组织（以下简称 SRO）备案，并必须确保其资金余额足以满足其从事交易的类型及规模的相关需求。一旦某个经纪公司的资金余额接近或低于最低的资金限额，其 SRO 将通知 SIPC 以及 SEC 或 CFTC。从那时起，该经纪公司将受到密切监控，甚至可能不得不每天公布其资金净（余）额。

如果您的账户被 SIPC 接管了，那么您的账户所能获得的资产补偿将限于 500，000 美元，其中现金的补偿额不得超过 100，000 美元。除了上述补偿额之外，许多经纪公司或其结算公司还提供了额外的保险，通常每个账户有 1 千万或 2 千万美元的额外保险额。真正给力的信息则是，迄今为止，（美国）证券业内尚无一则散户因经纪公司破产而亏钱的案例。

除了上述提及的您的收入、净资产以及职业等相关信息，经纪公司还必须按您所在州的相关法律，了解您是否已到了开立账户的合法年龄，一般会是 18 岁或 21 岁；并在假定您已有或将有个人退休账户的前提下，了解您何时才能从该账户取得退休金。为此，它需要询问您的出生日期。此外，按照业内行规，经纪公司还须了解您是否已婚及是否有受赡养者。如果您在该经纪公司交易期间不幸过世或离异了，经纪公司就会有必要调用上述信息。

接下来，经纪公司还会需要了解您过往交易历史的相关情况。经纪公司大致上需要了解您从事交易的专业程度，以便决定准许您采取什么交易策略。一旦该公司了解了您从事期权交易的意图以及您的相关交易经历，它将告诉您该公司准许您在该公司所采取的交易策略。如果您对上述获准采用的策略不满意，您可以向该公司的高级注册期权总监（下称 SROP）或合规及高级注册期权总监（下称 CROP）提出异议，这是两个每家经纪公司都设有的期权监管的高管职位。除非您能说服这两位都准许您采用您所想要的交易策略，否则，只要他（或她）俩中的任何一位未被说服，您的异议即被否决。通常经纪公司会要求您先交易几个月，然后再审核您的交易情况；如果该公司确信您的确很有经验，就会升级您获准采用的交易策略。您必须接受该经纪公司的相关评估，因为毕竟该公司的资金将与您的资金一同承担风险。当然，您始终有试用另一家经纪公司的选择权。

在您开立期权账户的过程中，您会收到一本名为《标准化期权的特点及风险》的手册。该手册介绍了期权及其风险。您必须通读该手册，并在您本人已阅读并理解该手册的书面声明上签字。如果您未能在 15 天内交还经签署的上述内容声明，那么，经纪公司将会对您的账户作清算处理。这意味着该公司可将您账户中的证券卖光清空，并暂时扣留您的账户，直至您将签署后的声明交还给该公司为止。这是 SRO 的规定，而不是经纪公司随意规定要做到的。上述手册中的信息旨在保护您的权益。它向您介绍了期权（交易）的运作形式，以及您进行期权交易时所面临的所有风险。请认真阅读并将其内容铭记于心。

经纪公司会要求您做的另外一件事就是，让您选择您打算开户交易的账户类型。它是否是个人账户、联名账户、公司账户或某个其他类型的账户？如果您选择了涉及其他个人的账户，这些人也必须提供其资产及其交易经历的详细信息。此外，该账户的所有涉及方都必须签署相关文件，并承诺一旦其相关情况发生任何变动即会通知经纪公司更新相关信息。代未成年儿童（如您儿子或女儿）开启的账户被称作监护账户，因为该类账户受益人之外的某人对该受益人具有监护权。如果您正在开立这类账户，那么对该等账户究竟能否交易期权还存在一些问题。其原因是，监护账户中的任何资产都必须列入该账户受益人（如您儿子或女儿）的名下吗；而且期权都是以街名注册的，因为期权都会到期清零而不是永久性资产。街名即指您开户那家经纪公司的公司名。您对联名账户要格外小心，因为该账户中的所有关联人都可以交易，而不仅仅是您一个人。对于公司账户而言，您要确保指定一名授权交易人。

街名尤其适用于只持有股票很短时间的交易账户。以您个人的名义，而非以街名持有股票凭证，要求您在股票过户代理人的记录簿中登记您的名字。目前，已普遍采用电子交易，交易结算一般都能在三天内完成（T+3），上述股票的拥有及转让形式显得已经明显过时了。期权合约没有任何书面凭证。之前您已经了解到，期权买卖是投机交易而不是投资。期权以及期货合约会在某预定时间到期，因此，它们根本不适合发行其证券凭证。

尽管上述繁琐的监管法规制度如同云山雾罩，但乌云后面却有缕缕阳光。首先，让您提供您财务状况以及交易经历的所需信息，这对于您的经纪公司，尤其是对于您的经纪人、他或她的主管总监，以及经纪公司的合规高管而言是必不可少的，它将据此来确定您是否有资格从事您想从事的交易类型。再说，如果您操作过于激进而无法支付您（委托或有义务）买入的证券，那么，经纪公司将在资金支付上对其结算公司及相关交易所负责，充当后盾。

同样，如果经纪公司允许您从事某些超出您能力范围的交易而导致了您亏损，那就可能会产生合规问题。比如，假定您在账户开户申请中声明您几乎没有或根本没有任何买卖期权的经验，然而，您还是请求获准裸卖期权。然后，您开仓卖出（裸卖）5 张看涨期权合约，该期权的行权价为 15 美元。之后，您外出度假一周，回来后发现该期权的标的物股票（下称正股）的股价已涨到 40 美元。您的语音邮箱、（普通）邮件邮箱以及电邮邮箱里此时已塞满了要您追加保证金的催款请求。您开户时入账了 2000 美元，现在您（裸卖出的看涨期权）已被行权，而您（账户中）已有 10500 美元的欠款［（正股股价高出行权价的价差）25（美元/份）×（每张期权合约的份数）100（份/张）×（您购入期权合约的张数）5（张）–（您最初入账的）2000（美元）］。

您拿不出那笔钱款，您正在靠刷爆信用卡度日。一位民权律师找到了您，并询问有关方面是否警告过您裸卖期权的策略风险极大，您当然说没有。该律师就对该经纪公司提出投诉。然后，案件进展到仲裁阶段，最终您赢了。仲裁委员会最可能会做出对经纪公司不利的裁决，因为之前该公司不该准许您采用该等高风险策略进行交易。结果，该公司赔偿了上述的 10500 美元，外加几千美元的仲裁听证会相关费用。

一个忠告：您有责任始终让您的经纪公司知悉，在发生交易紧急状况时如何才能找到您。您应该尽量避免、杜绝在行情走坏时导致令人惧怕的后果的可能，而这也是防守策略的组成部分。作为适用于交易账户的惯例，您如果要去度假或要到别人无法联系到您的地方去办事，那么就请您在出发前把所有持仓全部平仓。这样，您跟您的经纪人将睡得更好，而您的假期也必定会更加令人愉悦。

上述仲裁或合规听证会上可能经常被忽视的事实是，经纪公司的确已反复提醒客户提防风险。每位客户获得人手一份期权交易手册，上面以非常生动的语言说明了期权交易的风险，而且客户必须在表明客户已阅读并理解该本手册的声明上签字。此外，在各种其他客户签署的账户文件上，都有附加的风险警示。换言之，如果客户最终还是未能意识到其面临的金融风险的话，这是不能找借口的。

既然经纪公司已向客户提供了那么多的风险警示，那么它在相关仲裁中为何败北呢？这是个关键问题，涉及到如何理解 NASD 以及 NFA 的合规指南中成千上万页的规定所提供的（权益）保护。经纪公司在仲裁中输了官司，是因为其未能执行 NASD 的相关规定。它不该准许一名新手采用该等高风险的交易策略，该位客户在财务状况上也不具备从事该类交易的合格条件。

我个人认为，该位客户自身也有责任。他的交易行为过于鲁莽。这位朋友从未从事过期权裸卖空的交易（业务），也不花时间去了解其正在参与的交易的（风险）实质。他懒惰粗心、鲁莽草率。他很可能是因朋友或生意上老相识的大力推荐才采取了鲁莽行动。他的那位老相识很可能通过撩拨他的贪欲来推销裸卖空（期权）交易的（新）理念，并使他确信该笔交易是靠谱的买卖。该公司让他开立该类账户，是出于对佣金的贪婪，或者是因其合规部门粗枝大叶或根本没有设立合规部门。

如果那位客户是有经验的交易者，情况又会怎样呢？我们假设她从事期权交易达 5 年，并已具备相当大的资产净值。在该案例中，情况很可能不至于发展到如此失控的地步。首先，经验老道的交易者在开仓后，就从不会与其经纪人失去联络。一旦那位看涨期权的买入方行使期权，该期权卖出方将会收到一个追加保证金的通知，该通知要求追加买入 5 张标的物股票的买入仓位。如果经纪公司多次催缴保证金之后，该期权卖出方仍未追加保证金，那么经纪公司就会对该卖方的账户作清算处理，将其账户中的证券资产卖光清空。然后，经纪公司将以该卖方的名义（从市场上）买入如数股标的物股票，然后再将这些股票转卖给看涨期权的买方。您在签署相关账户资料时，您已将实施上述事项的权限授予了您的经纪公司。因此，您必须仔细阅读账户相关资料。如果您账户中的资产不足以满足追加保证金的要求，那么，经纪公司将会催促你用其他资产追加保证金。如果追加保证金的义务未被兑现，经纪公司将自行决定如何采取下一步行动。它是否要起诉？它是否会将该难题移交给律师或讨债公司？它是否会不采取任何行动？这都由该经纪公司来决定。经纪公司最无奈之举莫过于在讨债无果的情况下，不得不将该客户的姓名列入一个特定的花名册，该花名册记录的是赖账者以及曾经指控过其经纪人的相关信息。许多经纪公司在给客户开户之前会查询该花名册，上述交易者今后如想在另一家知名经纪公司开立另一个账户的话，将会有较大的难度。

如果双方在某种程度上都有错，并且投诉已进行到仲裁阶段，情况又会怎样呢？比如，某位交易者的账户资料显示他是没经验的新手，而经纪公司已为他开立了相关账户。该位交易者在交易中未能履行相关义务，并已出现大额亏损。在应付仲裁的相关准备工作中，该经纪公司发现该交易者实际上是位有着超过十年交易经历的老手，而且期间他还从事过 3 年的期权交易。

仲裁委员会又会如何裁定这类案例呢？顺便说一下，有三名成员的仲裁委员会由证券业内的专家所组成，他们包括已退休的经纪公司高管，以及仍在执业或已退休的证券法律师。他们都是熟谙证券法以及相关合规规定的行家。事实上，双方都有错在身——经纪公司基于该交易者账户资料的事实（假定情况属实），根本不应该准许其开户；该位交易者在提交给经纪公司的资料中伪造了虚假信息，而实际上他是名裸卖期权的老手。因此，该仲裁委员会可裁定其中一方负有责任，或裁定双方分担相应责任。

仲裁委员会在进行裁定时，会具有一定的随意性。约束诉讼的法规比约束开庭审理的法规要宽松、灵活得多。双方都可依法申述，但这并非必须。与正式开庭审理的情况相比，涉及取证的法规也略微随意一些。一般而言，仲裁席上的业内行家倾向于对仲裁席前的业内从业人员从严处置；散户的赢面较大，而如果散户真的是无辜的，那么其赢面就很大。然而，不能仅仅因为输钱就追索补偿——这是期权交易者的人生准则。

对于（经纪公司）在某些合规方面的违规行为，散户事实上一定能告赢。比如，未经散户授权的擅自交易，只要客户能明确地加以证明，那么客户就能轻易取胜。这是指经纪人在未经其客户许可的前提下，为了增加佣金的目的而擅自交易客户的账户。

另一个与上述类似的违规就是过度频繁的交易。这是指经纪公司在已经获得客户许可的前提下过度地交易客户的账户。在上述案例中，客户通常已给予经纪人交易其账户的自由裁定权。自由裁定权指客户已签署了一份有限代理权的委托书，授权经纪人代理客户进行交易。但是，经纪人为了赚取佣金而绞尽脑汁，滥用了上述权力。至于多少数量的交易才算过度交易，这往往难以界定。这是因为，经纪人通常会将某类书面交易计划提供给客户，这类计划会描述非常激进的交易策略，比如在期权交易日当天或之前的几天内的日内（不过夜）期权交易，在此期间流动性以及波动率都会达到最高。通常情况下，将由仲裁委员会以及一个专家证人小组来确定多少数量的交易才算过度交易，哪个时段的交易才算过度频繁的交易。这听来容易，然而，当一个房间内有两位律师同时在场时，就不会总是那么容易了。您还应该意识到，您在签署大多数账户文件时，其中包含了一份《争议前仲裁协议》。当您要投诉您的经纪人时，该协议会将您的投诉限定于仲裁阶段。

如果您不服仲裁委员会的裁定，或者如果您的投诉比通常只求助于仲裁的案例更重要，情况又怎样呢？还可选择哪些解决争议的场所呢？您始终可以起诉。大多数老练的律师能绕开上述仲裁限定协议的限制。由于这已牵涉到联邦政府的层面，因此，应在州立法院系统内提起诉讼。针对与期权及期货相关的重大诉讼，NASD 与 NFA 都能提供更多已形成体系和正式的争议解决场所；NASD 适用于解决股票期权的争议，NFA 适用于解决期货期权的争议。您首先要做的是，查询及研究适用的 SRO 的相关网址及其诉讼程序的详细说明。也有相关的书面资料，比如由 NASD 发布的《客户投诉的仲裁指南》。

比如，NFA 提供了三个层面的投诉解决方案。其中，自愿解决方案适用于低于 10000 美元的索赔案；当场解决方案适用于超出 10000 美元的投诉案；正式解决方案适用于重大投诉案。以上三个层面层层递进，后者比前者更加正式，其中最正式的程序则类似于完全意义上的开庭审理。如果有关方面对此阶段的投诉解决结果仍不满意，则可向 CFTC 或适用法院上诉。

您最容易输掉的官司是在您完全清楚您所从事的交易中输了钱的官司。输钱是交易或投资正常业务中的一部分。您在进入证券市场之前必须接受这个现实。另一方面，针对肆无忌惮的经纪人和经纪公司，也已有许多相应的规章制度可保护您的相关权益。

针对保证金协议，您可能首先要问为什么需要它呢？您只打算在您的账户中买入一些看涨或看跌期权。您知道对于买入的期权仓位而言，是不得使用保证金的。这是因为期权是消耗性资产，如其未被平仓或被行权就会最终到期清零。因此，买入期权仓位基本上都采用现金交易。设置保证金账户的理由是，期权的持有方有权行使该期权。当（如果）他或她行使期权之后，其账户就会买入一定数量的标的物股票（下称正股）仓位。此时，行权方的账户中可能没有足够的现金可供其支付正股的买入价。因此，这些正股就被转入了保证金账户，并且该行权方将收到追加保证金的相关通知。由于您开启了保证金账户，因此，你必须事先存入 2000 美元的最低额度。

保证金交易会有点棘手，尤其是期权的保证金交易。因此，让我来先给您介绍些快速入门的相关知识。您知道，您有两种基本的账户类型：现金账户和保证金账户。并非所有的证券都可采用现金买入，也并非所有的证券都可采用保证金交易。您刚才已了解到，不得采用现金账户买入期权；而且，下列证券也不得在保证金账户中交易：

- 非美联储（FRB）指定的普通股及优先股
- 已持有相关股票的投资者按其原有持股比例购入新增发股票的权利（这样就可避免其股权被稀释；这类股票可以上市买卖，但很明显不得在保证金账户中交易）
- 保险合约
- IPO 上市后 30 天内的新股

美国财政部就保证金（交易）对美联储有相关限制规定，该规定被称为 T 规定。不过，下列证券可免受 T 规定的约束：

- 美国短期、中期和长期国债
- 政府机构有价证券
- 市政有价证券
- 公司直接债（不可转换成股票的）有价证券

上述证券可免受 T 规定的约束，并非指它们不可以在保证金账户中交易，而是指它们可以在保证金账户中交易，但是 T 规定中目前关于保证金 50% 的占比规定对这些证券不具备约束力。凡是卖方可接受的任何保证金约定比例都是准许的。如果卖方是 NASD 或 NYSE 的会员，则其保证金约定比例不得超过被称作维持保证金的比例，该比例低于 50%。

迄今为止，您已知道，为了进行期权交易，您必须开设保证金账户。但是，买入的看涨及看跌期权都不得在保证金账户中交易。那么，什么才能在保证金账户中交易呢？下列就是其基本规则：

1. 可采用保证金账户进行交易的股票最多只能占 50%。只有在您行使期权时，您才能这样使用您的保证金账户。该 50% 的限制比例会随美联储的最新规定而相应变动。

2. 买入期权不得采用保证金账户进行交易。

3. 卖出（方）仓位：

a. 对于备兑开仓、卖出的看涨期权而言，可供买入正股的保证金额度为零。您在备兑开仓、卖出期权时，已经持有、准备好相应的正股股票，因此，您已经100%地规避了风险。

b. 对于没有备兑或裸卖出的股票期权而言，可供买入正股的保证金额度为：[正股现时市值（CMV）×20% - 权利金]×实值或虚值期权合约的数量。

c. 对于没有备兑或裸卖出的非股票期权而言，可供买入正股的保证金额度为：[（正股现时市值（CMV）×15% - 权利金]×实值或虚值期权合约的数量。

d. 对于深入实值的期权而言，可供选择的买入正股的保证金额度为：[（正股现时市值（CMV）×10% - 权利金]×深度实值期权合约的数量。

在上述（行权）交易中要求设置保证金账户的目的，与缔结任何其他类型的合约时要求某方提供担保函的目的如出一辙。它使（正股）买入方有能力承担相关协议的义务。在行情变坏时，它也为经纪人提供了一些缓冲余地。

我已多次使用了保证金一词。更准确的说法应该是初始保证金，即某人想买入一定数量的股票时必须筹足的50%的钱款。如果相关股票贬值了怎么办？经纪公司要求追加保证金，但是，维持对相关股票的保留权所需的保证金比例不必再达到50%。此时，保证金比例只需达到被称为维持保证金的水平，或保留保证金账户所需的最低额度；对买入的股票仓位而言，这个保证金比例为25%。我提这些仅仅因为如果您行使期权，您就会经历类似情况。

保证金的作用是双向的。如果您的保证金账户中的股票总市值为10000美元，您有50%，或者5000美元可进行交易。这意味着您可再买入10000美元的股票，而使您证券资产组合的总市值达到20000美元。

您可能要思考：人们为什么要这样做呢？答案是杠杆。这就是尽快使您的财富加倍增长——或者也会使您的财富加倍缩水的关键。在以上给出的例子中，您的保证金账户中的股票总市值为10000美元。如果该股票的股价上涨了10%，您账户中的股票总市值将达到11000美元。如果该股票的股价下跌了10%，您账户中则只留下了9000美元的市值。

如果您决定采用10000美元的杠杆或保证金再买入10000美元的股票，您将控股20000美元的股票。如果该股票的股价上涨了10%，您账户中的CMV价值将达到22000美元。该账户的现金或清算价值将为12000美元。该价值是将您卖出股票所得的22000美元减去您以保证金形式从经纪公司借入的10000美元后得出的。您将从您10000美元的自有资金投资（成本）中获得2000美元、或20%的收益。

如果该股票的股价下跌了10%，您账户的清算价值将为18000美元。您保证金账户中的现金价值将只有8000美元，因为您必须将10000美元的保证金归还给您的经纪人。您将亏损2000美元，或您10000美元的初始投资的20%。在以上两种情况下，您还需向经纪公司支付贷款、佣金及交易手续费等附加的相关费用或利息。

以后我谈到期货时，您就会发现这个杠杆的概念极其重要，因为期货的杠杆率可达到20:1，甚至更高，而股票的杠杆率则只有2:1。进行期权交易时，您的杠杆率甚至会比股票还要高，而且，有人会说，这甚至是无风险的。下面我们举例来加以说明。比如，您买入了1张看涨期权，其标的物股票的股价是每股50美元。100股该股股票的市值为5000美元（50美元/股×100股）。期权的成本（权利金）可能很便宜，每股只有1美元，或总共100美元。其杠杆率是多少呢？50:1！哇！50比1的杠杆率而只承担100美元的风险，而且即使股价跌到归零也没有追加保证金的恐惧或担忧。

乍听上去，这似乎是投资梦想成真了。但是，该期权的行使价是多么深度虚值啊？而且它要有多么巨大的涨幅才能保平啊？请千万不要忘记，大多数期权都因太多的理由而到期归零。要盈亏平衡，这类标的物股票必须在该期权到期前获得了巨大的收益。即使相关期权到期前还有好几个月，但这么巨大的涨幅相对于正常情况下几个月内所能达到的涨幅而言，还是太大、太为夸张了。正因为这个原因，其杠杆率才会这么高，达到50:1，表明这是赢面很小的事。而且，把期权卖给您的人绝不会是傻子。赔率为50比1的赌马您赢得了吗？即使您曾交好运赢过，您还记得住那是哪年的事儿吗？可能性极小的事也确实有赢的可能，就像猪也可能学会飞一样，可能正因如此，人们才经常去买深度虚值的期权。

重要的是要记住，每当有人向您推销高杠杆产品时，您应预料到以下两点：首先，会涉及很多风险；其次，投资成功仅有非常渺茫的可能性。对于所有人都热衷于买入的投资产品，其背后还有一位卖家，他很可能知晓买家所不知的内幕或专业信息。这就是牵涉到基本面或技术面的分析，那也是我们接下来所要探讨的议题。

此外，对智者的最后忠告：过去的几年内，证券、金融行业发生了多起破产、倒闭、银行无力支付等事件，此后，证券业饱受诟病；许多相关的规章制度也因此受到政客们的炮轰。这意味着相关规章制度会不断变更，并且大量律师会受聘解决相关的法律问题。因此，您必须时刻关注随时会出现的相关变更。

小结

至此，您已经知道：

- 在1929年经济大萧条以及2008年的金融危机之后，美国国会不断对证券法进行小修小补。国会处于监管职责链的顶层，以下依次是SEC及CFTC、SRO、交易所、结算公司，最底层则是您的经纪公司。作为证券市场的参与者，您应对您个人的投资行为负责。每笔交易背后，所有其他参与者都积极充当着坚强的后盾，以确保证券市场的完善性。
- 所有交易者必须通过经纪公司进行交易，即使其交易并不在交易所成交。经纪公司是您与结算公司的中介环节，结算公司负责管理买卖双方之间的股票、期权或期货合约的交易。
- 联邦政府以及各州的证券法案保护了您作为投资者的权益。如果您认为您受到了不公正的待遇，您有权向您的经纪人及其公司的行为提出质疑和挑战。您有多种正式和非正式的渠道可伸张您的权益，包括向相关的合规官员投诉以及正式的仲裁和起诉。

- 您的经纪公司的“后台办公室”负责维护您账户的余额。视您所进行的交易类型及成交量的必要，您应经常审核您账户的相关情况。

现在，我们来了解专业人员是如何做多或做空的。

测验

1. 证券公司为何要您提供您的出身日期——年、月、日？

   A. 为了确定您是否已到了法定许可的开户年龄

   B. 为了确定您开始从 IRA 账户中提取现金的时间

   C. 因为这是联邦政府的监管部门所要求的

   D. 因为这是州政府的监管部门所要求的

2. 美国证券法案的重大变更通常何时发生？

   A. 选出民主党总统之后

   B. 选出共和党总统之后

   C. 证券市场重大崩盘之后

   D. 联邦政府相关法律规定：每隔 10 年须对证券法案进行审核与更新

3. 在何种情况下，散户投资者可对其账户中的损失不负责任？

   A. 该位投资者的经纪人提供了误导人的交易建议

   B. 该位投资者期间正在旅行因而无法跟踪市场行情

   C. 该位投资者是因为交易顾问的劝说而对某只 IPO 进行冒险交易

   D. 该位投资者的经纪人未经许可而擅自在该投资者的账户中进行交易，尽管据说是对该投资者有益的交易

4. 您买卖股票时，实际上是在与谁直接交易（交割）？

   A. 结算公司　　B. 您的经纪公司

   C. 您的对手方　　D. 交易所

5. 针对您所执行的每笔交易，有多家机构/实体对您交易的完善性或多或少地负有相关责任。请按优先级顺序、由低到高重新排列下列机构：

A. 结算公司
B. 经纪－交易商
C. 交易所
D. 推广证券产品的经纪人
E. 客户

6. 下列哪个机构/部门有权对股票交易所的保证金需求规定做出调整？

A. 国会
B. SRO
C. 美国财政部
D. 交易所

7. 以下哪本是期权交易的必读书本或手册？

A. 《一位股票操盘手的忏悔录》
B. 《股票和期权交易的圣经》
C. 《期权交易手册》
D. 《标准化期权的特点和风险》

8. 在您的保证金账户中，某些股票已经贬值。在某个时候，您会被要求追加下列哪种类型的保证金？

A. 维持（保证金）
B. 初始（保证金）
C. 永久（保证金）
D. 经纪人（保证金）

9. 如果您对您的经纪人提起法律诉讼，您应采取下列哪种方法？

A. 去适应它
B. 更换经纪公司
C. 与经纪人的监管官员或经纪公司的合规部门联系
D. 向经纪公司的 SRO 提起诉讼
E. 起诉

10. 如果您想买入一只非常昂贵的股票，比如每股 500 美元以上的谷歌公司的股票，但是您没有足够的现金。下列哪个期权策略将为您建立合成现货多头的仓位？

A. 买入股票＋卖出看涨期权
B. 卖出看涨期权＋买入看跌期权
C. 买入看涨期权＋卖出看跌期权
D. 卖出股票＋买入看涨期权

第八章　算命测字

本章重点

- 基本面分析
- 技术分析

您可能会对本章的标题感到奇怪。本章采用此标题，并非贬低那些分析和预测即将发生的经济周期、趋势或各种证券的预期价格的技术和学科。相反，我宁愿提醒您：在挑选赢钱的买卖时，最重要且可能是唯一的真理就是，没有人能连续成功地赢钱而从不亏损。我不行，您不行，电视、有线电视、互联网、《华尔街日报》以及顶级经纪公司的分析师也不行——任何人都不行！

其原因是，在许多情况下，任何分析师都无法事先预测的意外新闻事件，往往会打击证券交易市场。这就像某个初夏的一天，您在爱荷华州一帆风顺地驾车一样。当您沿着一个平缓的斜坡抵达坡顶时，突然遇到了龙卷风袭击。您立刻惊慌失措——您竭力抗争，产生或战或逃的反应——此时，您只会在第一时间做出反应，而来不及去想脑中第一时间出现的想法会有多么愚蠢。此类情况同样会发生在交易者身上。他们头脑中本来已设想好相关的市场前景、交易计划、完备的策略，以及交易会如何进展的图景。然而，突然之间，一份就业报告向交易所袭来，殃及半数市场上交易的产品。交易所内立马一片混乱，每位投资者都竭力于同一时间以相同价格卖出其持有的部位（仓位）。如果人们都能克服人的本性弱点，那么，每位交易者都会过得像乔治·索罗斯那样舒坦。

在证券分析的机关被泄露之前，请考虑一下您的生活哲学问题。您如何看待或应对您周围的世界？您怎样管理您的职业生涯、处理人际关系以及与您家人的关系？您有宗教信仰吗？您相信有来世吗？您有自己的人生计划吗啊？您对自己一生中的重大事件有或您认为有多大的掌控力呢？请花一些时间思考一下这些问题。

您对上述问题的看法会影响您使用、诠释、接受以及应用各种证券分析工具的方法。更重要的是，它们将决定您将来成为一名期权交易者的成功程度。针对价格发现过程如何奏效的问题，有两个截然不同的思想流派。其中一个大多由学者组成的流派相信，任何人都无法在市场中取得竞争优势。他们认为市场是随机性的、有效的。

如果市场是完全随机且无任何态势规律可循，那么相关分析也都是虚假的。伯顿·麦基尔（Burton G. Malkiel）在《漫步华尔街》一书中明确表达了上述观点。他为市场的随机性辩护，认为随机选择的大量股票组合的收益将与由业内顶级分析师精选的股票组合的收益同样出色。他通过强有力的论据证明，应该只买入指数基金，而其余的就只需听任命运摆布了。

另外，尤金·法玛（Eugene Fama）持有的观点是：市场是有效的。该观点认为，在任何给定的时间里，市场上都能获得某只个股的所有相关信息，而且该特定时间的股价已反映了这些信息对该个股的影响。由于单个交易者或投资者在该特定时间内无法获得所有相关信息，因此，他就无法在市场获得交易优势，也就不可能持续地跑赢市场。您想想，所有随时都可能发生的新闻、政治事件、经济新闻、社会动乱，以及恐怖袭击等完全非理性的行为，都会对市场产生剧烈且无法预计的影响。更有甚者，还有政府对就业、收入、消费者信心等问题的报导、成千上万更为普通的生活事件，每天都在左右市场行情。需要补充的是，这些信息往往被误读或曲解（或者是完全错误的）。各个政治党派往往试图影响公众对国家经济形势的看法，因此，上述的大部分信息会很容易被他们操控。

上述两位教授以及其他多位智者得出结论，试图战胜市场是徒劳的。如果您接收这些观点，那么您的人生哲学就倾向于宿命论。您很快就会从本章中了解到以下两门基本的分析学科——基本面分析以及技术分析。这两种观点都认为您可以在市场中处于优势地位，并且您对自己能获得的市场份额有一定的掌控力。那些积极交易或投资的人或多或少相信其自主决定的能力。当然，现实生活中有太多扫荡市场的（意外、突发）事件，诸如因蛮族侵犯罗马而破坏了布局合理的贸易、战争、大萧条、疾病、自然灾害等等。

还有，其他时候，我们似乎对我们的生活具有更多的掌控力，比如，对职业生涯、婚姻、选择或放弃宗教信仰、消磨闲暇时光等的相关计划。此外，我相信您对自己的投资及交易也有一定的掌控力，并非完全或绝对掌控，但还是有一定的掌控力。许多沃伦·巴菲特（Warren Buffett）之类的著名投资家依赖于基本面分析。有些散户运用技术分析定期跑赢市场从而进入了交易者名人榜。由杰克·施瓦格（Jack Schager）撰写的《市场奇才》系列丛书中，可查询到许多位这类明星交易员的交易账户记录。

我的观点是，基本面分析帮助您弄懂关键的财务数据，从而使您在交易中处于竞争优势地位，并使您成为一名价值投资者或交易者。技术分析揭示了人们在交易时重复形成的技术形态。这两种方法都有助于交易者解读人的本性，即令人难以原谅的一再重复（犯错）。是什么因素使得分析这么有趣且富有挑战性呢——分析也能解释投资者及交易者所承受的损失——答案是人们多次反复地干相同事情所采用的各种不同的方法。您若想成为一名期权交易者，您就必须相信，您对您的环境及人们的行为有一定的掌控能力，因此，价格趋势也应是多次反复的。您接着就必须开发或改编能预测未来（价格）趋势的交易系统，该系统至少偶尔能保证预测的准确率。第一步就是要了解基本面分析与技术分析的利与弊，从而帮助您进行深入研读。

当您严肃思考驱动股票和商品价格上下波动的原因时，交易的谜团甚至变得一团雾水。其波动的原因是股票的收益，以及商品的供求关系——或至少是对这些力量变化强弱的看法。任何公司，不管经济状况是好是坏，其每年每季的盈利都能保持增长，那么，该公司的股价也会同样稳定地增长。如果某个商品始终短缺或始终有很大的需求，那么，以该商品为标的物的商品期货合约将会创出新高。几乎没有任何标的物能在任何时间段内都能表现出色，也正因为这样才使分析预测行业如此令人兴奋或具有挑战性。另外，有许多成功的交易者或投资者，或运用基本面分析和技术分析的两者之一，或两者兼而有之，他们做得都不错。证券界有许多成功高手，但他们大多数都低调行事，生怕引起别人过多的关注。此外，自吹自擂的交易者往往会招来坏运气。

为了避免您对商品和期货合约这两个用词产生过多的混淆，请允许我暂时岔开一下话题，先澄清一下这两者的区别。商品是贸易的物理实体，即玉米、石油、黄金、白银、白糖、五花肉、大米等等。它们是您吃、穿、加热房屋或下雨天放在床垫下的真实的、物理实物。最初的期货合约的标的物就是这些食物。在以国库券、标普指数、保险费率、利率、其他指数、其他债券等等为标的物的新的合约问世之后，金融期货以及普通期货合约的术语也出现了。期货合约是比商品（期货）范围更广的概念，因为前者既包括金融期货又包括物理实物商品（期货）。因此，当您看到商品（期货）或期货合约时，它们指的是期货市场，而不是股票市场。在之后介绍期货期权交易的章节中，我将做更为深入的探讨。

您对所有这些市场已确切了解的是哪些？哪些是您尚需解决的难题？首先能够确定的是，价格在大多数情况下上下波动，而偶尔才会横向盘整。其次，某个公司的盈利越多，其股票价格就越高；某件商品越稀少，其价格就越昂贵。如您想通过买卖期权赚钱，您就必须掌握预测相关价格变动速度及方向的方法，以便对其加以利用。如果您已对此课题进行过研究，那您就会知道已有多得无法计数的相关系统、策略、权威专家、书籍、交易培训学校、软件程序、简讯、网址、报纸、广播剧、有线电视评论员、电邮服务、经纪公司、经纪人、朋友、合伙人、同事，以及其他现成的信息来源与交易参考建议。所有这些看来都想告诉那些愿意为其买单或聆听的人：如何既不费力又无风险地成功发大财。

噢——您对上述这些人怎么看呢？他们是否在胡说八道呢？我的看法是，如果他们能这样做到，那为什么事实上却没有做到呢？据我所知，证券行业内真正赚钱的人都是闷声大发财的。如果您知道美国皮米里科赛马场第五场比赛中哪匹马注定会赢，您会把该消息公布于您的网站上吗？您希望成千上万的赌马者和您下同样的赌注进而降低您的赢面吗？答案明显是否定的。

成功的交易者通常与上述成功人士相似。如您正在从事某项交易，那么，向某某人提供有关该项交易的操作建议则会带来坏运气。大多数交易者对分享特定交易的相关信息都非常迷信。一旦其他人知道了，那就不灵了。现实中经常发生的是，某某人因听了他们的某个操作建议而亏了钱，他们会感到不爽，因此会避免提供这类建议。最重要的是，交易是非常个人化的行为。任何两位交易者的交易方式都不会完全相同；他俩阅读相同的价格图表或解读相同数据时，也不会关注完全相同的重点。某位很有能力的期权交易者可能已向您透露了相关的操作建议；你们俩可能同时开始交易。即便如此，你们俩中很可能有一个已赚得盆满钵满，而另一位却输得惨不忍睹。

对预测价格走势而言，共有两个半学术流派。其中，一个是基本面分析（流派），另一个则是技术分析（流派）。此外，许多投资者和交易者将以上两者加以综合，形成了一种混合的分析流派。让我们来研究一下上述前两种流派以及最后一种混合的分析流派。

基本面分析

基本面分析主要指试图理性地估计哪些事情或事件会影响公司盈利等事项的未来趋势，进而推断两个月之后该公司的股价及相关期权的价格将会怎样。（实际上）人们天天都要做许多基本面分析。您是否常常要思考和分析您的职业生涯如何发展下去？您是否要寻找另一份工作？您雇主的未来情况怎样？您雇主公司的产品是否有强大的竞争力？其资产负债表是否靓丽？您认为其管理层水平一流吗？您是否会改动工作、行业或职业？哪种工作、行业或职业最有前途？哪些学校是您孩子的最佳学校？哪些学校最适合孩子们的才能和个性发展？哪些学校具有最多的博士生、最好的设施、最雄厚的经费或最强悍的足球队？哪些学校最适合您的孩子以及您为孩子所规划的未来？要获得上述问题的答案，需要进行大量的阅读、研究、搞关系，以及询问值得信任的人士——所有这些都属于基本面分析的范畴。

在交易中运用基本面分析与上述情况事实上毫无差别。交易者阅读感兴趣公司的相关文章；研究相关的财务报表；与分析师、交易员、经纪人以及业内的其他参与者搞好关系。某些共同基金（经常）访问它们投资的公司、采访其管理层，并非常引以为豪。其目的是查明所有可能查到的、目标公司的相关情况，包括哪家经纪公司在为该公司做市。如果您在一家综合经纪公司开户，您可以查询到该经纪公司（针对相关上市公司的）的详细研究报告。这些报告含有（相关上市公司）今后 10 年的现金流量预测、对这些公司所处行业的深入探讨，以及对该行业中所有主要角色的比较。这些经纪公司搜集了（相关上市公司的）所有关键的财务信息，以及其今后 10 年的预测股价。以下是沃伦·巴菲特投资某个公司的基本准则：

- 容易理解的业务。他情愿拥有冰雪女王公司而不是思科公司。
- 较低的负债水平。负债会消耗公司的能量。
- 利润率和股权收益率。公司必须盈利。
- 管理层经验。管理层必须很有经验。
- 内在价值、安全边际以及估值。稳健的公司能经受住市场风暴的考验。
- 经济堡垒。公司需要有能确保自己领先其他竞争对手一定距离的优势条件。
- 自由现金流与业主盈余。公司必须具备不受外界干扰下经营业务所需的充足资金。

巴菲特的秘密在于他买股票就如同将买入、经营整个公司，并将依赖其盈利生活。这一切听上去多么简单——然而，为何不是所有人都能登上《财富》杂志的美国最富有富翁的排行榜呢？

如果您认为投资和交易是轻而易举之事，那么您就错了。您所得到的、分析师认真编制的详细报告只是相关研究部门在特定时间和特定地点所能提供的最佳预测。对运用基本面分析的期权投资者而言，它们充其量只是些好想法，即专家所认为的关键相关因素。

上述报告中的历史数据、资料部分往往是最为有用的。您在研究这些报告时，要牢记投资的第一准则：过去的业绩并不能（必然）预示将来的结果。尽管如此，一旦您确定某个公司的盈利是在增长，并且其困难是可控的，那么您就可以预测该趋势会向上走。而这反过来会促使该股的股价上涨。一家公司的表现越好，想拥有它的人就越多。对该股的需求又促使该股的股价上涨。相反的情况也可运用相同原理进行分析：表现差劲的公司的股票是不值得拥有的。股民们抛出该股票，从而在市场上增加了该股的股票供应。该股股价就下跌。作为期权交易者，您的职责就是辨别后起之秀与陨落之星——买入“明星类”公司股票的看涨期权以及“瘦狗类”公司股票的看跌期权。

由于基本面分析是相当简单的概念，并且在我们日常生活的每个阶段都派得上用场，因此，它已成为人们生活行为的组成部分。世界首家证券交易所——费城证券交易所创立于1790年，比纽约证券交易所早一年成立。基本面分析法在18世纪晚期理所当然地被普遍使用。当然了，起初只有教授以及最专业的股票交易者才会运用此法。随着时间的推移以及财经报刊业的繁荣，普通投资者也开始获得做基本面分析所需的相关信息。

在本章中，我仅限于探讨股票市场的基本面分析，我将在期货的章节中从不同角度再次探讨期货的基本面分析。这是因为影响期货合约的因素与影响股票的因素截然不同。

如上所述，每股盈利通常是驱动因素，但是，驱动每股盈利的背后因素又是什么呢？请考虑一下，哪些因素使得某家公司比其竞争对手更为高效，或使某个产品更受欢迎。有时，差异是真实和可衡量的；其他时候，差异则是虚幻且难以找到的。

引起价格变动的基本面因素与可能导致收入实质性增长的所有一般原因以及可能导致利润实质性增长的所有特殊原因都有关。还要记住，对交易者而言，谣言与事实同样有利用价值。老练的交易者在谣言传播时买入，并在事实澄清时卖出。此话是指当有利于股价上涨的谣言传播到证券市场时，股价就会应声上涨，从而导致交易者踊跃买入。当澄清该谣言的事实发布时，交易老手就会卖出股票，兑现盈利。谣言往往会放大事实。交易老手会合理利用谣言，而大众则在等待谣言被澄清的过程中错失良机。经验老到的期权交易者会等待其持有的看涨期权的价格随着谣言的传播而上涨，并在真相被澄清时，跟随卖出股票的交易老手一起卖出期权。即使那位期权交易者由于预期未兑现的某个特定原因而需要中、长期持有该期权，他也知道他仍可在第二天以更低的价格重新买入该期权。

谣言的本质是惊恐，这是证券业最鄙视的事情。是的，经纪人、专辑、做市商等都厌恶惊恐。但是，专业交易者喜欢惊恐的出现。许多人以为证券行业充斥着冒险家，这是完全错误的。该行业竭尽全力管控市场，降低风险。如果他们能如愿以偿，业内人士将实现收益最大化。业内有句老话："发现黄金时，去卖凿子、铲子。"换言之，当证券市场火热时，散户及机构交易者支付的佣金会使业内人士的日子过得挺滋润的。

对宏观经济形势的准确把握是极其重要的。所有船只都会随波逐流、上下起伏，因此，了解当前经济是处于牛市、熊市还是不确定阶段始终是交易准备工作的首要步骤。经济是按周期运行的，从扩张期至紧缩期，然后又周而复始。您必须清楚当前经济是处于哪个阶段，这样，您就可在牛市中更激进地买入看涨期权，或在熊市中买入看跌期权。您必须关注几乎影响到所有股票的财务基本面因素。以下是部分可供跟踪的这类因素：

1. 每股收益或 EPS（该数值会高于或低于"咬耳朵数字"。前者是向公众发布的数字，即全美广播公司财经频道（下称 CNBC 频道）上能定期收听到的数字；后者则是华尔街真正预期的数字，也即交易所内经纪人之间低声耳语的数字。)

2. 市盈率

3. 预计的收益增长

4. 股价与销售额比率

5. 股价净值比（P/B 值）

6. 股息支付率

7. 股息收益率

8. 账面价值变动

9. 股权收益

10. 企业兼并和收购活动

11. 产品——新产品或难题

12. 高管人事变动

13. 内部买卖交易

14. 与该板块中其他成员公司相比之下的股价

以上绝非是一个详尽的清单，不过它揭示了基本面交易者一般会查询哪些类型的数据。跟影响宏观经济的基本面因素相比，影响某只股票、某个行业或某个股票板块的基本面因素往往更加常用。

让我们来快速浏览一下医药板块的一个股票案例。交易者会关注哪些特定的基本面或令人惊恐的因素呢？

1. 公司基本药品系列的销售

   a. 竞争优势

   b. 盈利能力

   c. 对公司总体医疗费用的捐助

   d. 竞争对手

   e. 相关专利剩余的有效期

   f. 专利到期时保护市场（份额）的计划

2. 流水线上的药品或产品

3. 待定的药品或产品

   a. 有待美国食品与医药管理局的批准

   b. 有待实测结果揭晓

   c. 竞争对手

   d. 市场状况——销售渗透及潜在收益

4. 分销

5. 信誉

6. 法律问题，如诉讼等等

同样，以上也并非详尽清单，且该清单将随着被评估及跟踪公司的体量及类型变化。比如，期权交易者会更多地关注小型、单一产品的医药公司，因为这些公司经营着风险更高的业务。普通投资者对这类公司的股票避而远之，因为这类股票要么暴涨，要么暴跌。普通股票的每日交易量一般也较低。大市疲弱时，也会出现引起轰动的机会，换言之，这些风险高类别的股票在成交量很低的情况下也有大幅变动的潜力。您可想象一下分别在一个小水坑以及大海里投入一块石头的情景——前者会水花飞溅，而后者则波澜不惊。从事风险高、成功率低的交易的期权投资者喜欢在这类股票上下注，从而将风险锁定在其支付的权利金上。如果他们无法确定该医药公司能否使其产品获批，他们则可同时买入看涨和看跌期权，从而进行双向交易。如果该公司产品成功获批，该股股价就会暴涨，其相应看涨期权也会跳高并迅速变为实值。如果该公司产品获批未果，该股股价就会暴跌，此时其相应看跌期权就成了良方。这类交易被称为跨式期权组合。

如您所见，在进行基本面分析时，您必须同时查看所有方面。我常常在想，如果基本面分析师在用燔祭祭祀神灵时，其选中的神灵应该是罗马两面门神雅努斯。他一头有两面，能同时查看两个方向。分析师一方面要确定供应量，另一方面要估计需求量。

基本面分析的长处在于它迫使交易者进行大量的研究工作，这样他就真正了解了其所交易的标的物。对股票而言，基本面交易者知道该公司制造什么产品或从事什么业务、它在同类公司中的排名、其主要高管是谁、其与客户及其竞争者的关系如何，以及其详细的财务历史数据及相关前景资料。这些对公司的深入了解和知识有时反而会成为交易的不利因素。某些交易者，更多情况下则是投资者，会迷恋上标的公司的资产。他们会成为公司的忠实粉丝。有时候，当这些公司变得墨守成规、缺乏竞争力时，他们因太忠于这些公司而不抛售其股票。当您花了多时研究、赞扬并拥有某公司的股票之后，即使目前它已失去了其实用性，您往往也会难以割舍。保持您的客观立场是取得成功的基础。

基本面分析的另一个长处是，与大多数技术分析方法等其他分析系统相比，它往往能提前很长时间成功预测一波重大变动。这就使交易者或投资者随着交易的进展变得越来越激进。比如，某个行业或某家公司可能在某些年份期间已步入下坡，但是，其股价并未及时反映该公司所面临的困境。后来其困境才真相大白于公众，CNBC 频道也对此进行了相关报道。但细心的基本面分析师就能提前发现上述问题，并提前有序地建立大量的仓位。

基本面分析的短处在于交易的时机选择。如果该类分析师过早买入期权，那么该期权会在价格大波动出现之前已到期。该交易员必须进行转仓，在付出额外佣金后再买入更远期限的期权。您以后就会知道，在这方面技术分析就能帮上忙。

以下是一个实例。几年前，我的一位相信基本面分析的朋友确信美元将向下作大幅度调整。他做了相关的市场调研，并选出了 10 家多数属于金融板块的大公司；他认为只要美元贬值 20% 或以上，这些公司都会受到（负面）影响。在接下来的几月内，他开始买入这些公司的看跌期权，一次买入 100 张，直至建立了大量的仓位。后来，日本和中国因试图增加其对美国的出口而人为地使美元升值，导致美元在几个月之后才贬值。中、日两国人为地促使美元相对（人民币与日元）升值，与此同时，大量倾销商品到美国市场以保证两国的就业。在美元贬值前，上述看跌期权中的某些期权不得不被平仓，并转换成较后月份的新期权。

交易目标是买入只有几美元实值的看跌期权，权利金是平均每股5美元。对于几千股这类期权而言，风险－收益比还是不错的，而且期权的权利金相当便宜。

当然，他的风险是：在建立了如此大量的仓位之后，预期中的美元贬值并未发生。所有期权都到期归零或不得不割肉平仓，这些都始终可能发生。交易者必须消除心中的两个恶魔。首先，交易者会沉迷于其对相关个股的绝佳分析，而不知何时应割肉离场并尽量保存实力。我们把这个恶魔称为狂妄自大之鬼。另一个恶魔则是绝望之鬼。该恶魔使交易者太容易或太早地放弃。进行所有这些详尽的技术分析的长处是，它使您充分了解标的物股票的所有相关信息，使得您能战胜恶魔，坚持到底。至此，你也许已开始得出结论：交易是与其他挑战一样的智力游戏。如是，那么您完全正确！

基本面分析的最后一个优点是，您对某只首选个股的研究，会有助于您了解该股所属股票板块的整体特性。这会有助于您进行某些极佳的、辅助性交易。这类交易有时被称为同类股交易。比如，您的首选目标个股是英特尔。某个好消息意外来袭，英特尔股价暴涨。您因某些原因错过了低价买入英特尔股票的机会，您很清楚芯片板块的其他股票也会在板块协同效应下一同启动。您就立即买入这些股票的一些看涨期权，从而在英特尔股价上涨中间接获利，而事实上您是在该板块中英特尔同类技术股票的上涨中直接获利。

由于有上述交易并且基本面交易者必须备妥所有专业信息，因此，这类交易者通常被称为牧羊人。牧羊人指那些密切关注可控数量股票的交易者。选择恰当的股票数量需要经验和技能。这些交易者了解相关行业、相关板块的所有个股以及特定的目标个股的、所有可找到的相关资料和信息。

在话题转移到技术分析之前，让我再提醒您几个注意事项。在基本面分析中，要避免短视。您必须全面了解您的目标个股，而不应因一孔之见而遭受损失。您必须分析整个经济形势，这是您专业分析中的主要组成部分。比如，您的分析数据显示，某只个股已蓄势待发，接下来该股必有一波大涨的行情，但同期的标普指数大幅下跌并仍在继续下行。各股的盈利报告令人沮丧。利率在创新高。新屋开工率在下降。您看清整个经济形势了吗？熊市正在进行中。这一切并不意味着您的股票不会强劲地上涨，不过它的确强烈地提醒您要提高警惕。任何交易都不是在真空中完成的。请您始终从宏观经济形势的视角来进行相关分析。

您的视角还必须面对、考虑实际情况，这点也至关重要。我们以房地产为例。您已确信许多公屋建造类股票即将大涨。接着该类股票真的大涨！后来您又看到一条消息，其标题为预计新屋开工率会下降10%。最后这个消息会不会使您打退堂鼓呢？如果您意识到即使新屋开工率会下降10%，该数据仍旧接近新高，那么您就不必打退堂鼓。凡是能引起您注意的每个新的实际情况，都应被纳入您的总体视角之中，而之后，且只有这样之后，才可采取行动。

当您的分析结果显示您的目标个股将大跌时，您会犹豫不决，因为该股的当前股价已接近其净资产值，所以您认为该股下跌的空间非常有限。您的结论是，该股股价不可能跌破其净资产值。我的答复是："太阳会从西边出来！"有一位名为D. W. 甘（D. W. Gann）的著名交易者兼交易系统开发者说过："先生们，一切东西始终都有可能归零。"许多股票最终跌破了其净资产值或其他所谓不可能跌破的价位。如果您的分析结果告诉您股价会如此下跌，您还是相信您的分析结果吧。当然，您可能只是想轻仓操作，严格止损，或者分批、逐步建仓。

宁愿错过，不得做错，尤其在您刚开始试图准确地理解和解读相关数据时。广大交易者往往无法很好地理解某些行业中相关数据含义的细微差别。初看上去不错的数据事实上未必很好。如果您的分析基于疲软的就业数据，而相关的月度就业报告显示就业数据与上月持平。而实际上的就业情况可能比就业报告初看上去还要糟糕，因为当月的就业报告统计数据中并未包括那些同期放弃寻找工作的群体。我的观点是您需要完全理解相关数据以及所有可能的相关解读，之后才能得出结论。

您还要考虑季节性因素。某个关键的统计数据可能低于或高于您的预期值。但是，您在农业方面进行投资之前，应查询以前年份的同期有可比性的相关数据。比如，某些零售商 70% 以上的收益是在圣诞节期间实现的。还有，如果您还缺少某项关键信息，则不必仓促交易。请等待，直至您足够自信时才重新开始交易。请记住，每过 15 分钟就会有巴士经过街角——好的交易机会始终会出现；耐心的交易者才能赢。

技术分析

现在来探讨一些真正的黑魔术——基本面分析（FA）之外供选择的方法就是技术分析（以下简称 TA）。它有些不太光彩的历史。您可能会听到某些传统分析师将其比作炼金术（许多技术分析流派的交易者的确尝试将基本价格图形变成黄金——某些人实际上确实取得了成功）。TA 的重点在于内部，而基本面分析的重点则在于外部。基本面分析研究宏观经济和公司的生存能力等外部因素，技术分析则试图仅凭标的物股票的历史价格预测未来。技术分析研究历史价格与形态以预测未来，而基本面分析则试图揭示导致未来结果的预兆及原因。

本部分探讨的技术分析内容，同时适用于股票和期货合约。与基本面分析不同，技术分析采用类似或通常相同的技术工具，不管是被分析的标的物是期权还是其他产品。您学到的技能和系统方法将普遍适用。TA 所涉及的领域实在太广泛，我只能作一个概述。我的目的是向您简单介绍一下 TA，以便您了解相关的基础知识。

对于不熟悉财务分析的新手而言，理解基本面分析如何起作用从某种程度上看还算容易。如果一家公司盈利，它就更有价值。高收益就等同于高股价。要理解导致较高收益的其他基本面因素也较简单。产品较好就能赢得更多的市场份额。较好的管理团队就能做出更佳的决策——如此循环往复，以至无穷。起因及结果的变动是透明的。无论对有经验的还是没经验的分析师而言，FA 看上去都像普通常识。

当涉及到技术分析时，新手见到下列情景时往往会被难倒——技术分析流派的分析师会看着某个价格图形并绝对自信地说，当前正在运行的牛市行情将在某个价位中止；或者他们在该图形上画上几条线或做上几个标记，然后说："看来卖空的时机到了。"

令新手困惑的另一件事就是多得令人不可思议的、不同种类的技术分析方法（见图 8－1）。为了便于说明，我常常向学生们介绍詹姆斯·E. ·希尔金（James E. Schildgen）的书《成功投机的分析方法》。这本 275 页的平装书采用基本面分析和技术分析这两种方法，对 1975 年至 1985 年期间的黄金行情作了研究。该书适用于交易新手的部分是其以图文并茂的形式介绍的各种不同的技术分析方法。希尔金首先采用了相关性分析的方法。如果油价或美元上涨，这对黄金会有什么影响？除了石油、黄金之外，希尔金还将黄金与银行储备金、预算赤字、商品价格指数、消费者/生产者价格指数、公司利润、黄金股票、工业生产、世界货币通胀、贸易赤字等相关联。然后，他采用 36 种不同的 TA 工具来分析黄金。以下是其中部分工具的清单：

- 集/散量指标价格分析
- 柱状图分析
- 顺势指标分析
- 相反意见分析
- 艾略特波浪分析
- 风扇线分析
- 斐波那契数列分析
- 50% 回调（分析）
- 甘 W. D. 分析
- 赫勒赫斯五面分析法
- 移动平均分析

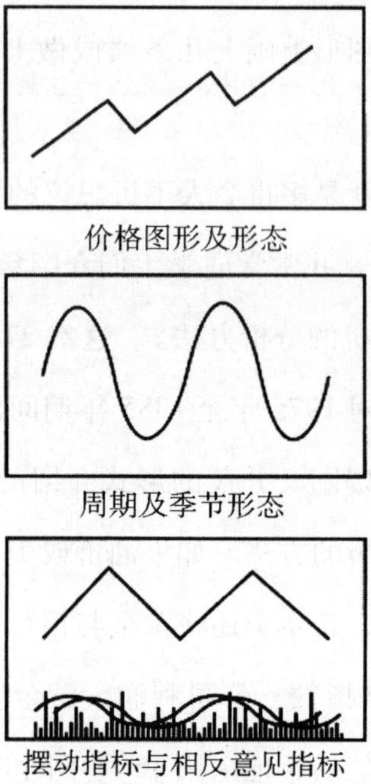

图 8－1　技术分析

- 摆动指标分析
- 抛物线分析
- 点数图分析
- 心理人群轮廓分析
- 速度阻力线分析
- 随机指标分析
- 三维及四维图分析
- 成交量及未平仓量分析

如果这些还不够，还有其他几十种、几百种技术分析方法——为了好玩，您可在谷歌中输入“技术分析”的关键词，之后您可收到三千六百万条检索结果。TA 研究方法及系统的数量及其复杂性简直令人望而生畏。您初学技术分析时，您必须以可控的方式进行，否则就会晕头转向。要避免无计划地频繁更换分析方法。

我要探讨的是一些应用最广泛的技术分析方法，以便您了解它们奏效的原因及其分析方式。其中最重要的问题之一是为什么有如此多的 TA 方法？人们如何选择最适合自己的方法？哪种或哪些方法真正奏效？您还必须记住有些单独的研究方法可为技术分析师提供特定的信息，譬如，某只股票的股价跌破了一条上涨趋势线；另外还有由多个单独但协同运作的研究方法所组成的综合交易系统，它们会及时提醒交易者相关交易机会，并确定开仓、兑现盈利或止损的价位。许多时候，连哪跟哪都会搞不清楚。

技术分析的应用如此广泛，往往使其成为自我应验的预言。比如，上、下趋势线以及移动均线已经被普遍应用。上升趋势线是由股票、期权或期货价格的一连串上升高点位与上升低点位的连续点连接线；下降趋势线是由股票、期权或期货价格的一连串下降高点位与下降低点位的连续点连接线。在价格变动的作用下，如果一条上升趋势线被（向下）突破，则是卖出的信号；如果一条下降趋势线被（向上）突破，则是买入的信号。换言之，相应的趋势被反转了。

移动平均线则是将一系列价格的均值（5 天、30 天、100 天、200 天均值）画在一个图表上。每经过一段时间（分、时、日、周、月或其他时间段），最末（最左侧）的一个数据被移除，（最右侧的）一个新数据加入，然后加总再取平均值。如果一幅价格图表中既画了一条股价的上升趋势线，又画了一条上升的移动平均线，而且该条移动平均线开始下探并最终下穿了上升趋势线，这就发出了卖出或卖空的信号。相反的情况也类似——一条下行的移动平均线扭转跌势并上穿了股价的下降趋势线，这就提醒交易者买入机会的来临。200 天移动均线对于交易者而言尤其重要，因为其大致对应了一年的交易日。您能从 CNBC 频道等公众论坛平台上听到他们提及 200 天移动均线。作为一条通用的拇指规则，移动均线的时间周期间隔越长，其可靠性就越强。因此，许多交易者跟踪关键的 TA 指标信号，一旦发现关键信号就协同行动，从而使预言兑现。

TA 分析师假定您所需要了解的股票、期权或期货的所有相关信息都存在于其价格历史情况中。通过研究相关的价格历史并将其转换成各种其他形式，该分析师预测出将来的价格或趋势将会怎样。如本章开头所述，为了实现此目标，相关价格的变动形态必须有一定的、可被发现的重复性。

周期及季节形态

在性质上遵循一定图形形态是人类社会最基本规律之一。在此基础上，古代和现代的每个社会都认可能被诠释为技术分析的某些明显的图形形态。其中，最明显的莫过于一年的四个季节。春天过渡到夏天，然后引出秋天，后面紧跟着冬天——既简单又可预测。所有的农业社会都知道干旱－水灾以及播种－丰收的周期。古人还了解在《圣经・旧约》中所记录的更长的时间周期。在《创世记》第41章的第30首赞美诗中，约瑟将丰收与饥荒的七年周期告诉了伊姆霍特普法老。研究过玛雅文明的人会发现该种文明在探寻经济周期的方面做了大量的工作。他们已经认识到：了解周期（的客观规律）并欣然接受它们——主动应对它们而不是跟它们较劲——这样才能降低其负面效应。

有一本更近代的相关著作，是由尼古拉・康德拉季耶夫（Nikolai Kondratieff，1892－1938）撰写的一部关于经济周期的著作。他研究了工资、利率、商品、外贸、个人收入、银行业以及许多其他经济因素的价格特性。他的研究成果就是著名的康德拉季耶夫波，或称长波。康德拉季耶夫波预示了长达50～54年的长期经济周期。该理论的支持者相信，该长波预测了经济的重大起落周期，该周期包括25～30年的上升阶段，以及25～30年的下降阶段。下降阶段对应通缩－紧缩阶段，上升阶段对应通胀－膨胀阶段。长波对应于不同年代的人。某一代人在金融、财务上毫无畏惧，以至于到了鲁莽行事的地步。这代人最终引发了经济崩溃，并导致下一代人在对债务以及经济紧缩的恐惧中成长。婴儿潮人口在私人与国家层面上都借入了足够的资金，并让其下一代在今后30年内背负他们欠下的债务。一个很难回答的重大问题是：他们会不会把经济带入大萧条？康德拉季耶夫波能否预测下一代的命运，还要留待时间检验。

现代版的周期理论是艾略特的波浪理论。他是由R. N. 艾略特（R. N. Elliot）于1920年创立、并得到罗伯特・普利策（Robert Preacher）支持的理论

（www. elliotwave. com）。该理论声称，市场在以五个波为周期进行波动。对于一个上涨波动周期而言，其第一波向上。该波一直运行到交易者认为估值过高的价位。第一波适度回调后，第二波接踵而至；不过，第一波的回调最低点仍高于第一波的初始最低点，使得在第一波的最低点买入的多头仍能获益。第三波又将标的物的股价推向新高，超越了第一波的最高点。该波通常是整个上涨波动周期中最长久、最强劲的一波。随着更多的获利盘兑现收益，第四波又进行回调，但其力度减弱。第五波终结了整个上涨波动周期。它一直通向熄火（或泄气）的顶部，不幸的是，这时大量被蒙在鼓里的投资者往往就会遭殃。你是否还记得2001年（互联网泡沫破裂时）的情景？在形成阶段性顶部之后，另一个波动周期又将自行形成。也可能形成一个下降的波动周期，那基本上就是个颠倒了的上涨波动周期。期货交易者可能会阅读杰克·伯恩斯坦（Jake Bernstein）的相关著作。他是一名心理学家、期权交易者以及基金管理人。他对期货合约周期做了广泛的研究，并有充分理由可证实其研究的可靠性。

对于期权交易者而言，周期理论的价值在于它们能帮助您从心理上了解市场所处的情况。大多数交易者是否都是激进的买方？是否已到了他们考虑兑现收益的价位？此时是否应该袖手旁观或先平仓，然后再建立相反的仓位？周期反映了市场以及特定股票、期权或期货合约（交易者）的情绪。有些人在交易这些产品，而另外一些人则可利用这些交易线索来了解市场的情绪。

了解当前市场的另一个方法是通过图表分析。这可能是最常用的TA方法。图表反映了在特定时刻买入或卖出特定股票、期货合约或期权的所有人的信心。对任何期权交易者而言，学会读懂分析图表是必不可少的。同样，这是件复杂的技术活儿，需要花许多年才能掌握。以上仅仅是一个图表分析方法的简介。

柱状图

我在本章开头之处提到过分析图形的问题，它应引起我们更多的重视。价格图形是以图形化的方式表示特定时点的价格活动情况。您可把它们设想成特定股票、期货合约或期权的历史价格运行情况的照片。涉及的时间周期可以是几分钟，也可以是好几年。如果采用最前沿的交易软件平台，即可获得实时的价格图形。如果您没有任何高精尖的交易软件，则可以访问能够为您提供所有图表的网站。您可尝试 www. bigchart. com 网站。您所要做的只是填写您的相关信息，比如相关股票的代码、相关期货合约的代码以及查询周期。一瞬间，您就可以获得您所需要的价格分析图。

摄影师需要从多个角度拍摄景物，从而扑捉到对象的本质特性。同样，技术图形分析师也常常先查看长期的图形，如包含一年数据的图形；然后再把目标放大、聚焦到最近的 90 天、30 天、10 天和 5 天；最后，分析师才查看昨天的行情数据，以及当前交易时段的价格图形（如果可获得实时行情数据的话）。实时价格是某只个股逐笔交易的实时价格记录。由于交易所要收取实时行情数据的费用，因此，实时数据比历史数据更为昂贵。大多数网站不免费提供实时行情数据。但是，如果您的账户余额足够大，或者您的交易次数足够多，那么有些经纪公司可能会免收您的实时行情数据费用。

价格柱状图的基本单位是每个价格（竹节）标记（见图 8 - 2，又称竹节图）。该图中的水平轴代表时间（分、时、日、周、月、或其他时间单位）。比如，在一个覆盖好几年的长期图形中，每个标记代表一个月。纵轴代表价格。对某个交易时段的实时动态图形而言，您会设定适合的最小时间单位，比如五分钟或一分钟。在每个最小时间单位结束时，一个价格标记即会在图形中生成。这样，图形就给出了正在观察、研究中的交易期间的股价变动范围。对于一个覆盖完整的交易时段（比如一天）的（竹节）标记而言，标记左侧的短线段（假设您面对着图 8 - 2）表示看盘价，其右侧的短线段表示收盘价。不是所有的竹节（标记）都包含开盘价的，而大多数竹节（标记）都包含收盘价。非交易日、周末、或假日略去当天的（竹节）标记，因此，竹节图中的竹节（标记）是连续的。

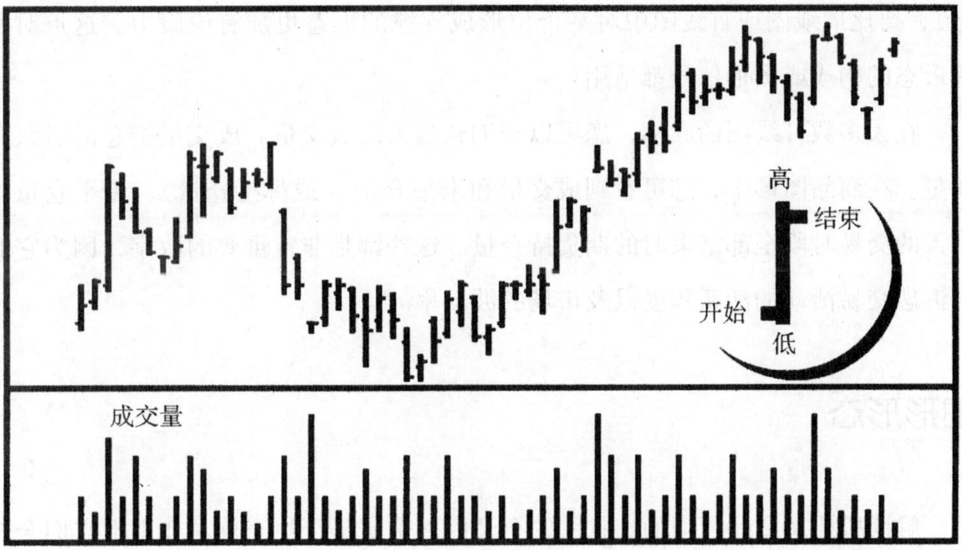

图 8－2　柱状图

商品交易的长期图形有月线和年线价格图，它们定期地反映了价格上行或下行缺口。这些长期图形仅仅记录邻近（最接近到期月的）月份的价格。仔细分析后可发现，当期货合约从某个合约月份转仓到下一个合约月份时，图形中有价格缺口。比如，6 月期白银合约已到期时，图形中继续保留 6 月期白银合约的价格图，并新加入了 12 月期白银合约的价格图。这种情况下，已到期合约的到期月份的收盘价与下一个合约到期月份的开盘价之间，可能会形成价格缺口。其理由是，当 6 月期白银合约接近到期日或交割日时，交易量会大增，从而导致价格上涨或下跌。而较远到期的合约的到期月份是 12 月，该合约的波动率较小，价格也较稳定。当期货合约从某个合约月份转仓到下一个合约月份时，图形中往往会有价格缺口，具体要视不同交割月份的因素而定。这类长期图形通常被称为“连续”图形。股票图形中当然不会有这种异常现象。

作为惯例，图形覆盖的期限越长，价格形态就越平滑。换言之，周线图中的价格形态要比日线图中的价格形态更加光滑；月线图中的价格形态要比周线图中的价格形态更加光滑。而且，图形覆盖的期限越长，图形形态也越可靠。比如，人们一般预期，月线图中对某价位形成支撑的形态（我会探讨特定的价格形态），要比周线图或日线图中对某价位形成支撑的形态更加有说服力。这点对所有形态的构成或图形信号都适用。

在大多数日线图的底部，您可以查询到当天的成交量。成交量指总的股票交易量。在商品图形中，您可看到成交量和未平仓量（或称持仓量）。未平仓量指当天的交易时段全部结束时的期货持仓量。这些都是非常重要的数字，因为它们告诉您交易活动的活跃程度以及市场的波动率。

图形形态

解读股票及商品行情的柱状图的全套巨著确实是汗牛充栋。如果把它们全部搬到美国国会图书馆，那么可以把该图书馆的房间全部塞满。其中，较好的几本书在本书附录4 中已有引用。下面我要做的只能是重点介绍其中某些更常用的形态（见图 8－3），以便您深入了解基于图形分析的交易系统是如何运作的。

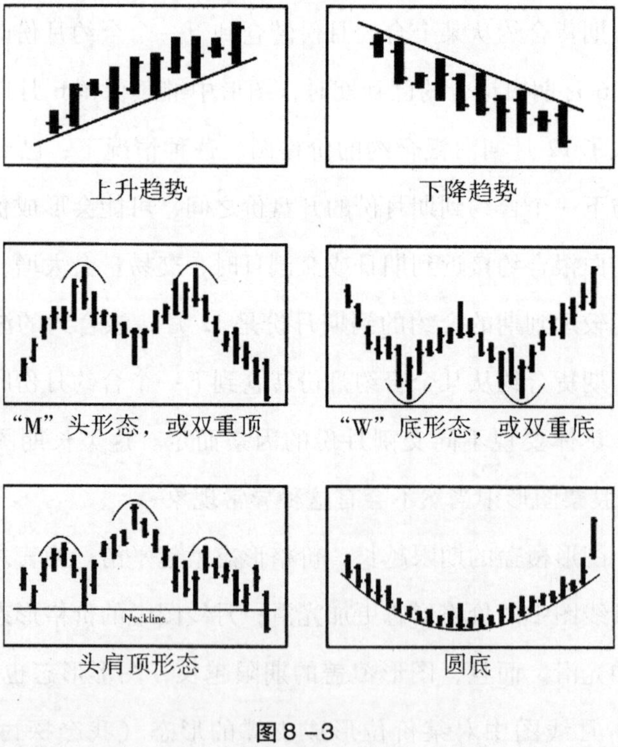

图 8－3

正如我以前所提到的，最常用的技术工具之一，就是趋势线。它代表标的物价格的上升或下降趋势。趋势线必须连接至少两点，连接的点数越多，其可靠性就越高。而且，趋势线越接近45度角，其可靠性也越高。上升趋势线画在价格（竹节）标记之下，而下降趋势线画在价格（竹节）标记之上（见图8－4及图8－5）。趋势线越陡，就越可能被打破，并使趋势出现反转。在上升趋势线上方与其保持平行的直线与上升趋势线一起，构成了股价上升通道（或称上升交易区间）；在下降趋势线下方与其保持平行的直线与下降趋势线一起，构成了股价下降通道（或称下降交易区间）。

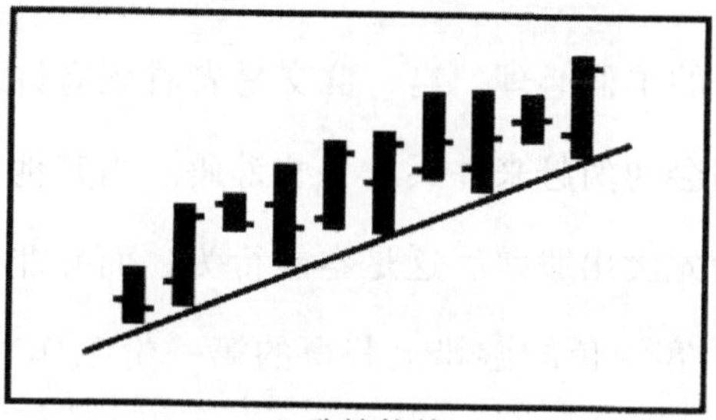

上升趋势线

图8－4

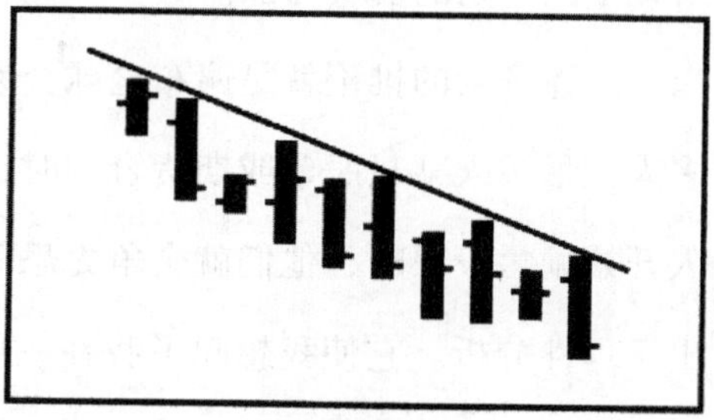

下降趋势线

图8－5

所有技术分析都必须接受以下前提：价格运行的历史会重演。持有这个观点的理由是：人们在遭受恐慌、贪婪以及始终在交易场所内出没的两个恶魔的袭扰时，总会采取类似的行动。趋势线被建立之后，技术分析流派的交易者会期望该趋势延续下去。趋势线变得太陡时，他们就希望趋势线被打破，并使趋势出现反转。这些心态是确保技术分析能够奏效的原因之一——也使其成为自行应验的预言。

设想一下，在市场中积极交易的人们的头脑中究竟发生了什么。某只股票或期货合约的价格开始上涨。它从20美元涨到20.25美元，然后又涨到20.50美元。您稍一不留神，它已涨到了20.75美元。成交量越来越大。本来在旁观的交易者开始注意该股。他们也变得贪婪了，也想参与到这场盛宴中来。

这又使股价上涨了几美元。该股股价突然上涨了20%。这是相当大的涨幅了。某些较早建仓的买方认为是时候兑现盈利了，于是就卖出了一些股票。股价上涨的势头被暂缓。其他交易者开始出现恐慌，生怕如果该股崩盘，他们将丧失浮盈的收益。这些交易者也卖出股票，估计下穿了上升趋势线。哎呀，天啊！该股真的开始崩溃了！其他一些投资者看到该股这么下跌，就决定进行卖空。现在该股已处于下跌趋势中。该股下跌了 7 美元，卖空者（补仓后）兑现盈利；与此同时，新加入的交易者视此时的该股为廉价筹码而开始买入。这样，该股股价又重新稳定下来，并进而启动了新的上升趋势。这是对牛－熊－牛－熊循环的典型特征的剖析。这个过程周而复始，循环往复。这也是积极、激进型交易者头脑中所发生的一切的真实写照。

上述场景的推论就是遍布全球交易场所的羊群心理。当一群交易者看到有许多人大量买入某只股票或期货合约时，他们会匆匆赶来并买入一些筹码。当其他人开始抛售股票时，他们就会争先恐后地抢先卖出股票。这是本能行为，而并非出于理性分析。它使我想起了我在一艘供游客钓鱼的游船上获得的第一份工作。一旦进入了钓鱼场所，周末垂钓者们就散开并布下了钓鱼线。一旦某人钓到了一条鱼，许多人便会在第一时间蜂拥到游船的该侧。一旦某人在另一侧钓到了什么，他们又涌回到那一侧。从右舷到左舷、从左舷又到右舷……他们差点把那艘倒霉的游船给掀翻。这样做毫无意义，但这是人的本性，跟交易者非常相似。

上述业务垂钓者与上述业余技术图形分析员具有以上奇怪行为的部分原因是，无人知道未来会怎么样。因此，因预期股票会涨而冒险买入股票的交易者，现在却因无把握而感到不自在。结果如何完全是未知数。当人们心神不定时，他们就喜欢聚集在一起。他们都在观望谁会带头采取下一步行动。某人开始抛售股票，羊群效应中的交易者便得出结论，那位卖出方比其他人更明白事理。结果，他们都盲目地仿效他的操作，生怕被拉下而破财。这类行为会诱发人类的基本需求，也导致历史老是不断重复。正如现实生活中的许多平常事物一样，没有任何分析可做到百分之百理性。但是，当除了技术信号之外没有任何其他东西可参照时，他们情愿遵循技术信号进行操作，这样才感到更自在一些。

另外一个很可靠的技术形态就是支撑线和阻力线（见图 8 -6），它们的心理学解释显得更为合理。当股价下跌过程不断稳定下来，或股价上涨过程趋向于暂缓，股价会处于相对稳定的阶段和水平。比如，当行情出现反弹后，就回落到反弹启动价位；之后又启动了第二次反弹，结果又跌回到原先的初始价位。这个初始价位就构成了一条支撑线。相反，股价虽反复多次反弹，但每次都受阻于某一价位水平。此时，该价位水平就构成了一条阻力线。

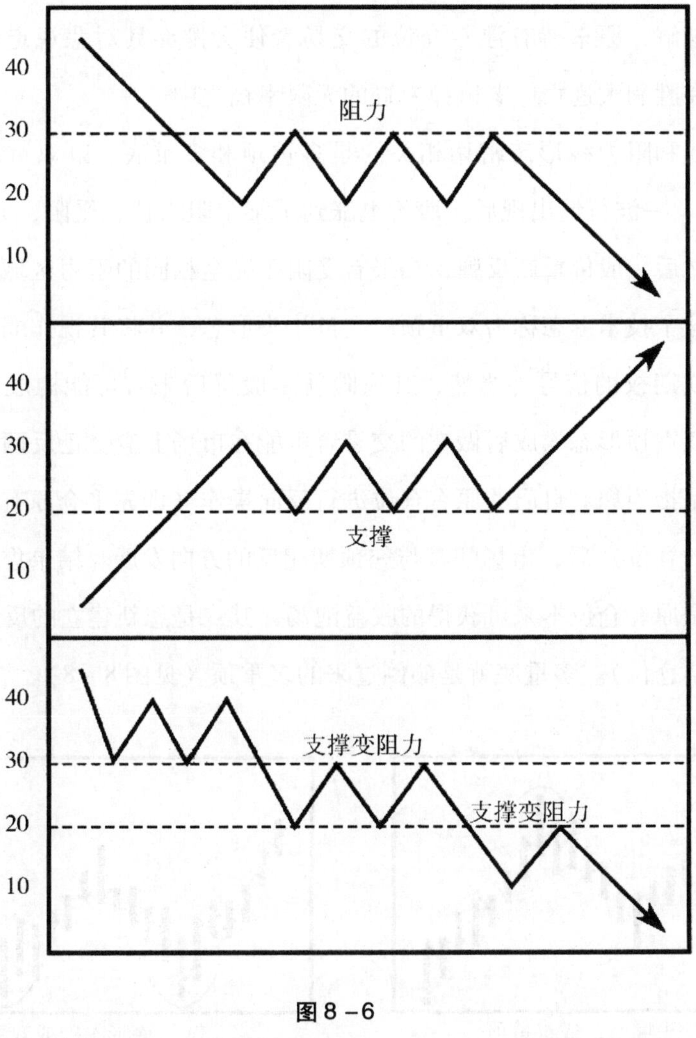

图 8 -6

支撑区及阻力区是“舒适区域”，或称中立区域。买卖双方达成一致，认为该区域的价格是公平的，尽管这种一致也许只能维持很短暂的时间。一旦支撑区域被跌破，该支撑线就变为股价反弹回该处时的阻力线。这是因为，在支撑线区域的价位买入股票的交易者，本来以为下跌的走势会被逆转，结果却发现股价越走越低。由于目前他们的仓位已出现了浮亏，所以他们将乐意以保平止损价，或原来的支撑价价位卖出离场。这些交易者会卖出其浮亏仓位，从而使上升趋势受阻，并使原来的支撑线变为阻力线。相反方向的情况也类似。一旦股价上涨并突破了原阻力线，原阻力线即变为股价或其他标的物价格回调至该处时的支撑线。此时，不难理解，原来持有浮亏仓位的交易者便会抛弃其对悲观走势的原有分析，而沉浸在胜利大逃亡、老鼠掉米缸的无限幸福之中。

与支撑线和阻力线形态密切相关的是多重顶和多重底。以双重顶形态为例（见图8－7）。一波行情出现后，股价上涨到了某个阻力位，受阻，并开始下跌。经短暂回调之后，股价重新反弹，结果有受阻于完全相同的阻力区域。技术图形分析师会把这个技术形态称为双重顶或“M”头形态，并将其视作弱市特征。那将是买入看跌期权的信号。当然，其风险就是股价后来有可能构成三重顶的形态。那位在双重顶形态构成后做空的交易者可能在市场上遭受正反两记耳光的双重损失。这是指当您对自己的原有仓位进行反向操作（即先平仓原有仓位，然后再建立相反的仓位）后，市场朝着与您预期相反的方向发展。结果您遭受了双重损失，其一是原有仓位本来可获得的收益泡汤，其二是您新建立的反向仓位（看跌期权或卖空仓位）。多重底就是颠倒过来的多重顶（见图8－8）。

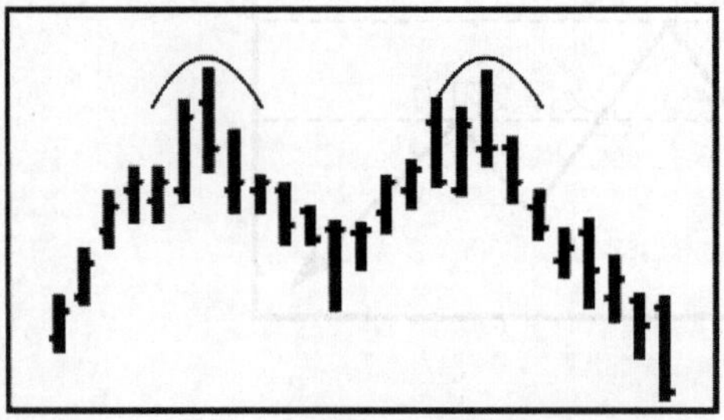

“M”头形态，或双重顶

图8－7

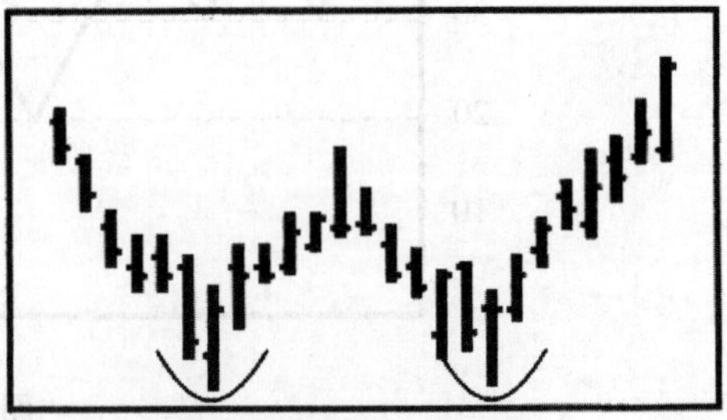

“W”底形态，或双重底

图8－8

一种更复杂的多重顶或多重底的形态就是头肩顶和头肩底形态（见图8-9）。这些形态与人体的体形非常相似，而且由于下列原因而成为非常重要的技术形态。首先，它们被专业技术图形分析师普遍视为非常可靠的某些股票及期货合约的技术形态。其次，它们可预测下一波重大的反转趋势，并能预测下一波反转行情的持续时间。

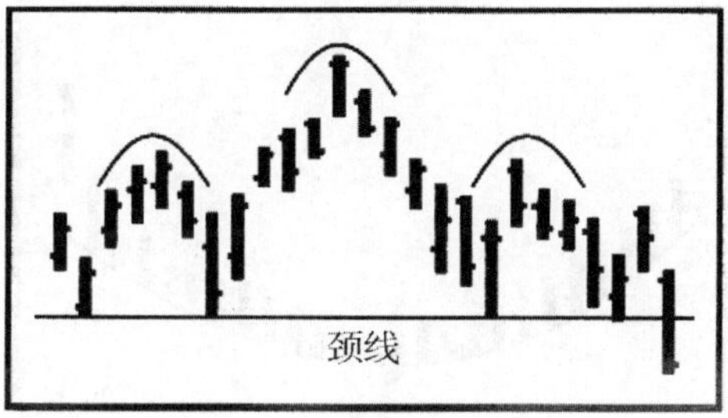

"W"头肩顶形态重底

图8-9

一个头肩形态通常包括以下四个阶段：

1. 左肩

2. 头部

3. 右肩

4. 颈线

价格往往会突破颈线，然后直奔第一目标价格。这时出现了卖空股票或期货合约的第二次机会。

第一目标价格可以这样测算：从头部的顶端直至颈线，有时股价跌破颈线后还会从颈线位置继续下探。根据股价到达第一目标价格时行情的速度，可预期股价会在等间隔距离处运行至第二目标价格甚至运行至第三目标价格。颠倒了的头肩形态其走势则正好相反。

我个人觉得特别靠谱的技术形态是圆底形态（见图8-10）。这是个要花好几个月才能成形的拉长了的技术形态。它们常常因其形状的缘故而被称为"碟形"底。一个圆底的成形预示着长期的上涨趋势。您是否还记得之前在本章的基本面分析小节中，我曾经说明过在某个底部以明显成形后，该于何时买入看涨期权呢？如果您过早买入，期权很可能因要到期而不得不转仓成其他期权。相信基本面分析但又稍懂技术分析的交易者会在圆底形态时才买入期权。当股价启动并突破圆底，那将是开始下注买入看涨期权的绝佳时机。这是 TA 与 FA 双方可共同合作的方式之一。

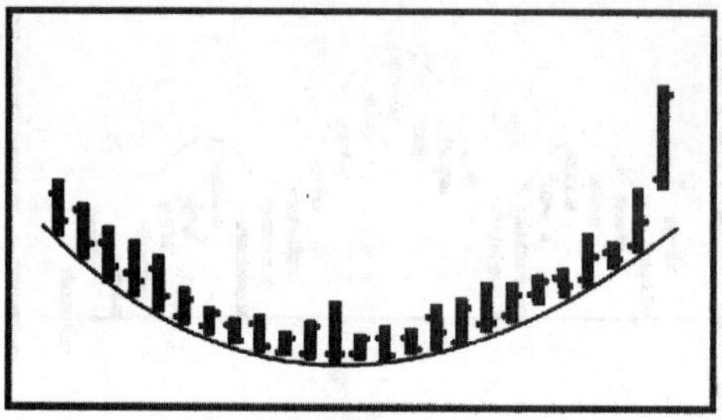
圆底形态

图 8 – 10

长期上涨趋势会紧随圆底之后的原因是，圆底在成形期间，相关股票和商品的价格相对较低。相关价格在其最低价格区间徘徊、盘整了很长时间。在这期间，如果有某些问题导致股价急跌到此底部区域的话，那么相关公司还将有充足时间进行整改、纠正错误；对于商品期货而言，相关公司也将有充足时间开发新的用途，从而增加相应的需求。1986 年至 1987 年期间，玉米期货就在形成圆底；与此同时，相关公司开发出了乙醇汽油及玉米糖精等玉米的新用途。当玉米价格最终开始上涨时，它已经具有强烈的需求，从而启动了一大波长期牛市。还有，在高通胀期间，某只被长期打入冷宫的股票或商品也会显得相当便宜。

还有成百上千种其他类型的柱状图技术形态，比如三角形、箱形、关键反转日等形态。这些我无法一一介绍。如果您想成为严肃的交易员，您需要花时间研究所有这些形态——这样您至少知道其他交易对手可能做些什么。

在本章开头，我提到过有两个半研究预测股价趋势最佳方法的思想流派。前两个当然是 FA 和 TA。还有半个流派就是这两者的结合。FA 有个重大的缺陷：它没有教您退出亏损交易的好办法。如果根据 FA 的分析，以 10 美元买入某只个股，或者以每蒲式耳 2.5 美元买入玉米，都是合算的买卖的话，那么，只要基本面分析没错，则以 5 美元买入某只个股，或者以每蒲式耳 1.25 美元买入玉米，将是更为划算的买卖。只可惜，仅仅懂 FA 的交易者无法准确预判短线形势。他们在上述标的短期下跌之前未能及时抛出，从而丧失了这个高抛低吸、摊销成本的机会。而相反，TA 则有一套自行修正的机制。比如，如果股价中长期处于上升趋势，但短期内股价下调，跌破了上涨趋势线，则给出了短期立马退出交易的明确信号。

TA 的另一个长处是能为您提供进场交易或退出交易的明确信号。圆底是个很好的实例；支撑位与阻力位告诉交易者股价何时被高估或被低估；头肩形态的颈线被突破又是一个采取相应行动的可靠信号。许多交易者在大势判断上遵循基本面分析，而在把握操作时机上遵从技术分析。将这两者结合起来综合运用，要比任何单一的方法要强得多。

这就需要把交易技能与理性思维相结合。您深入学习了本书的知识之后，您就会认识到交易就像培训和训练一样，需要直观方面的知识和能力。直觉随着教育与经验的结合而得以强化。直觉、培训和训练就像挤奶凳的三条腿，三者相辅相成，缺一不可。

最后还要提一点：我在本章讨论基本面分析及技术分析的工具与信号时，曾多次强调可靠性一词。请牢牢记住可靠的与可靠性这两个词。基本面分析及技术分析背后的基本原则就是可靠性的程度。成千上万个研究项目都旨在找到出股票、期货以及期权定价的最可靠指标。您可能已经在猜测还没找到 100% 可靠的指标。如果真的有这么完美的指标的话，那么某人将会将银行所有的钱都赢光，而所有市场都将关闭。那将关闭我们所理解的金融市场，我们从业人员都卷铺盖滚蛋回老家。不必惊慌。这是肯定不会发生的事。相比之下，比较实用、有效的说法应该是“可靠性程度”，而非“故障保险的系统”。

小结

至此，您已经知道：

- 基本面分析解读股票或期货合约的所有相关实际情况及数字，以便预测其未来的价格变动。在高科技层面，计量经济学模型，试图囊括并解读能够预测未来价格的所有事实或趋势；超级计算机正在没完没了、大批量、高速地运转这些模型并处理相关信息数据。另一方面，普通交易者则根据每股收益的预测以及农作物报告来买入看涨或看跌期权。
- 技术分析师认为您只需要了解股票的价格就足够了。他们就像我的爱尔兰祖母检查茶叶那样查看股价图形。针对关键的技术图形形态、斐波那契数列、周期以及各种价格变动的可靠性，已进行了无数的研究。
- 最重要的是，FA、TA 中的任何一个都不是 100% 可靠的。只要其中一个如此的话，将无法进行任何市场交易了。您在首次从事交易之前，必须选择某个分析系统或某个使您确信行情将上涨或下跌的分析方法——哪怕仅仅是股友的一个操作建议、（电视台评论）、从交易培训学校学到的一个系统。有成千上万种这类系统和书籍，充满了许多新颖的观点和想法。最终将由您个人来选择其中的哪一（几）种。

我们现在要揭示交易的真谛了——真正讨论如何启动您的交易生涯，以及从事哪种交易。

测验

1. 市场价格分析的基本类型是？

   A. 量化分析　　　　B. 基本面分析

   C. 移动平均分析　　D. 技术分析

2. 期权交易者需要：

A. 对 TA 与 FA 有一般了解

B. 开发或采用一个能舒适地进行交易的系统

C. 确保相关系统提供进入及退出点

D. 所有上述各项

E. 上述各项都不是

3. 以下哪一项属于 FA?

A. 随机指标

B. 甘线

C. 每股收益

D. 艾略特波浪理论

4. FA 更加有道理并且比 TA 更管用?

A. 正确

B. 错误

5. TA 在下列方面比 FA 更具有优势：

A. 理解

B. 简洁

C. 时机的选择

D. 业绩记录

6. 遵循 TA 就能保护交易者免除：

A. 遭受严重损失

B. 过早地退出有利可图的交易

C. 错过一次交易机会

D. 以上各项都不是

7. FA 可保护您免遭：

A. 持有期权时间太长

B. 忽视标的物股票的资产负债表中的一个而明显缺点

C. 买入过多的看涨期权和看跌期权

D. 以上各项都不是

8. TA 或 FA，哪个更依赖电脑?

A. TA

B. FA

C. 两个都不是

D. 两个都是

9. 大多数期权者因综合应用 TA 与 FA，所以更为成功。

A. 正确

B. 错误

C. 成功所来的大大超过任何一个系统

D. TA 单独使用 FA 更加奏效

10. 对任何特定交易而言，FA 在确定期权数量方面比 FA 更好。

A. 正确

B. 错误

第九章　交易正式开始

本章重点

- 买入看涨期权
- 买入看跌期权
- 价差交易
- 评估
- 收益
- 亏损
- 盈亏平衡

您仅凭读书、看杂志、观看网络直播、参观世界高尔夫名人堂，或者定期去咨询运动心理医生，就能成为一名零差点的高尔夫球员了吗？设想一下，在成为一名职业高尔夫球员并通过资格赛之前需要过多少关？一位高尔夫新手需要经过无数个小时的训练，以及成百上千场练球及锦标赛，才能赢得他或她的首场职业锦标赛，要赢得更大型赛事的话，则还要付出更多。

您开立交易账户并发出首个委托指令时，请千万不要忘记，您的交易对手是所有从事该只特定个股、期货合约或期权合约的专业交易员以及业余高手，您是在与所有这些人的智慧和经验抗衡。这有点类似参与美国高尔夫公开锦标赛（下称美国公开赛）。每个人都可以参加，您只要付出相关费用即可。如果您在本地胜出，您就会升级到本区以及更大地区的锦标赛。然后，您一级一级地晋级，直至通过资格赛。在通往美国公开赛的道路上，您必须打败最强的业余高手、顶级的俱乐部职业球员，以及所有的本地及地区的冠军。经过了所有这些努力和竞争，最后您终于成功晋级到美国公开赛。但是，您后来还是败给了更老辣的对手，而他们则最终赢得了这项职业赛事并获得了巨额奖金。赔率工作者为你晋级到美国公开赛而开出的赔率是 1，000 分之一，为你赢得美国公开赛而开出的赔率是 10，000 分之一。

这些跟期权交易又有什么关系呢？首先，在学会如何交易之前，您必须从事交易，这跟您成为职业高尔夫手之前必须打高尔夫球的道理一样。您仅凭读书或上课，就无法成为一名能力超强的交易员。交易实践极为重要，它们能使您了解交易的实际概况。它们会让您适应别人已经适应的交易系统以及学会交易的技术细节。不过，这些还仅仅是个开端。其次，要成为一名称职的交易者，您必须练习所有必需的技能，并且努力学习如何应对异常情况、意外情况以及压力。在实习阶段，我建议您采用互联网上的免费程序进行模拟交易，或纸上交易。您正式做第一笔交易时，很可能表现得很糟糕、很紧张，您在今后相当长的时间内还会如此。因此，假如您是新手，那么您做第一笔交易时千万要小心。

证券市场就像在奥古斯塔国家高尔夫球场打一场高尔夫球一样，那里到处是几乎无法处理的球位、障碍沙坑，以及会有许多高尔夫球在上面快如闪电地滚动的草坪。绝不能低估竞争的难度及其激烈程度。您在与之抗衡的是：掌管着几十亿美元资金、麾下招募了天才级 MBA 雇员的资金管理机构；哈佛毕业并曾获芝加哥大学金融博士学位的维克多·尼德霍夫之类的专业交易员；成百上千名做市商及专家；沃伦·巴菲特或乔治·索罗斯之类的专业投资大师；成千上万名业余投资高手。这是激动人心的竞赛，您必须全方位地应战。如果说所有上述这些还不算棘手的话，那么，证券行业会尽一切可能、用不太正当的手段来操纵市场，使其朝着对其有利的方向发展。您在纽约证券交易所交易的每一分钟，都绝非如在平坦的赛道上打高球那么轻松。

声明一下，某些生来就具备的天赋以及正常的心理倾向并非坏事。正如玩高球，您一旦学会了基本打法，接下来的游戏主要就是心理素质上的较量了。我以后再深入探讨交易的心理素质层面。现在，我将探讨您可能要开始采用的一些交易策略。这并非是一个详尽的探讨。这只是一个关于某些基本策略的简介，以便能让您对这种游戏有些感觉，并使您找到首场比赛中的发球位置。

正如之前所提到过的，最基本的期权策略是买入看涨期权和买入看跌期权。这两个策略是刚开始交易期权者的较好选项，因其风险仅限于权利金和交易成本（佣金及交易费），而其收益可能会相当大。负面的情况则是，海量地买入期权会到期归零；这是因为从历史上看，期权卖方比买方更能适应和把握市场，而且卖方是制定价格的一方。他们知道人们期待什么价格的期权，因而就知道该如何确定价格。当然，他们的判断并非绝对正确，这意味着每位期权交易者的心中都可能突然燃起希望。

如果您打算买入一个看涨期权，您通过什么方法来选定该买入的看涨期权呢？听取吹嘘从未输过钱的电话推销经纪人的某个交易建议？在选定首笔交易的期权产品之前，绞尽脑汁地进行研究？首先，正如您已在上一章中所学到的，第一步就是要做些基本面或技术面的分析，以期找到某只已处于启动一波大行情的准备状态、且与市场的总体走势保持方向一致的标的物产品（股票或期货合约）。如果您需要在选股方面获得帮助，那么目前已有许多很好的股票筛选软件，您可考虑采用其中某个软件。您可根据下列三个指标选股：股价已创新高、高出成交量长期均值20%的成交量、很高的波动率——三个条件都满足的股票就是正在上涨的大热门股。

其次，您挑选什么样的看涨期权呢？是实值、平值、虚值还是深度虚值看涨期权（该深度虚值看涨期权的行使价约等于另一接近平值期权的行使价的三倍）？要通过下注买入期权而持续获得成功，这是最难的期权策略之一了，因为它既需要准确预测（股价）又需要精准地把握市场的时机——精确地预测标的物价格的变动方向（牛或熊）及其变动幅值（精确到多少美元、美分），以及精准地把握时机以确保该波行情必须在该期权到期前发生。尽管如此，它仍然由于其杠杆率而成为非常诱人的策略，因为您只需投入与某只看涨期权或某只看跌期权绑定的几百美元，但却可能获得几千美元的收益。200%或500%的收益率确实很稀罕，但的确有可能发生。如果您是一位期权交易新手，那么您将有机会参与、跟踪强度比长绒粗呢交易强得多的市场交易。这就像两人在看一场足球赛，其中一人下了100美元的注，而另一位则没有下注。其中哪位会更强烈地关注比赛结果呢？哪位情绪上更投入呢？哪位不愿意为了拿一杯冷饮而离开电视屏幕？哪位恨不得用嘴去咬钱？

下一步是考虑各种现有期权的风险因素，并将其与您对标的物的预测价格趋势的可信度进行比较。很明显，已经实值的期权到期归零的可能性更低，因为它已有内在价值。一般规则是，风险越低，其权利金就越高。只要有一个较小的价格变动，就能补偿权利金及交易费用。请记住，期权卖方在打赌：该期权到期前不会出现哪怕是较小的价格波动；或者说一旦出现了价格波动，将使期权价格朝着不利于期权卖方预计的方向变动。您看好行情后市，而卖方则预料行情会回调。

如果您确信某只股票已处于启动一波大行情的准备状态，比如 10 美元或 20 美元的涨幅，那您就该研究实值或刚好稍微虚值的期权的价格关系。哪个才是最好的买卖呢？一般要通过 Option Vue、Trade Station 或您的经纪公司提供的软件程序来评估，它们会评估期权是否已被高估或低估。这些程序基本上类似布莱克 - 斯克尔斯期权定价模型，它们会运行期权定价程序，以确定公允市价。如果期权的 CMV 价格（现时市价）高于其公允市价，就视其为被高估；如果期权的 CMV 价格（现时市价）低于其公允市价，就视其为被低估。其他方面的考虑都相同，很明显正确的选择应该是买入被低估的期权。

您应该改用软件测算出相关的风险 - 收益比，并发现哪个期权可使您每 1 美元的风险投入能获得最大的回报。比如，您预计被低估的期权中有一只期权，其标的物的股价会产生偏离其行使价 10 美元的价格变动，而您也会因此而获得 10 美元的收益；而您买入期权的总成本是 500 美元（包括权利金及交易费用）。每股期权收益 10 美元，100 股期权的总收益就是 1，000 美元，或者说是 100% 的收益率。与上述行使价不同的另一只被低估的期权，可能只要您花费 300 美元的买入成本，但是，您预计该期权只能带来 500 美元的收益，即其收益率低于 100%。相比之下，收益率更高的选择将更有吸引力。然而如果上述第二个期权的买入成本只要 200 美元，那么该期权则会是更佳的选择，因为您能使您的收益超过一倍（500 美元/200 美元 = 2.5 倍）。如果您关注收益的总量，您就可增加您仓位的规模。您可买入 5 张或 10 张期权，而不仅仅是 1 张期权。但是，请您不要在期权交易的首日这样做。等到您积累了足够的交易经验，并建立起足够的自信之后再这样做。

您建仓前必须考虑的另一个关键因素就是您的盈亏平衡点（见图 9 – 1）。比如，您完全确信，联合百货这只零售股已处于启动一波大行情的准备状态。您以 220 美元的价格买入了该股票的平值期权，其中权利金为每股 2 美元，外加 20 美元的交易费用。而下周五公布的失业数据比预期的要低。就业机会减少，百货店的销售量就会降低，此时，您对您之前的预测分析的自信心就会降低。股价达到什么水平时，您才能把期权脱手并做到盈亏平衡？您需要收回 220 美元的成本。或者说，对于平值或（刚好）是实值的期权而言，每股股价需要上涨 2.20 美元（相对于该期权的行使价而言）；而对于虚值的期权而言，每股股价则需要上涨得更多。如果股价已达到或接近上述的预期涨幅，您是解脱困境呢还是继续持有期权？此时，您就要根据您对相关信息的确信程度、您确信的理由（比如，您确信该公司的收益会大增，从而促使股价上涨）以及您对风险的承受能力来做出决策。至此，您至少已明确您的盈亏平衡点（价位），并始终明确您所持有的立场（即所采取的策略）。

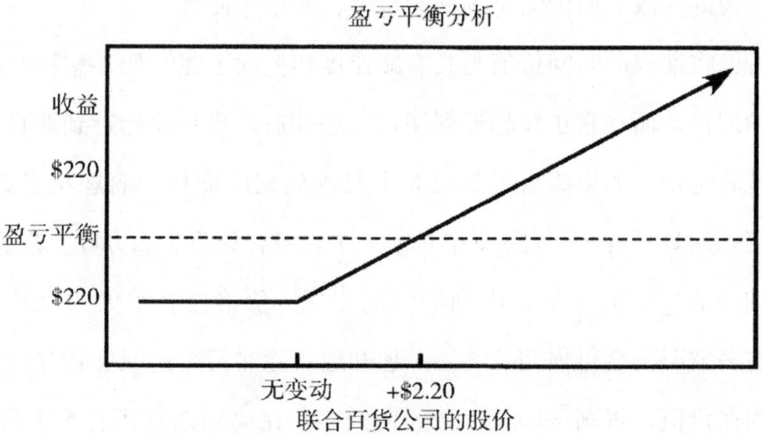

图 9 – 1

另一个重要的考量则是期权时间价值的衰减。期权时间价值并非以稳定的速度衰减。期权价格的贬值速度视遗留的时间而定。越接近到期日，时间价值就衰减得越快。换言之，离到期日只有3个月的期权，与离到期日还有6个月的期权相比，其时间价值衰减得更快。同理，离到期日只有6个月的期权，与离到期日还有9个月的期权相比，其时间价值衰减得更快。为什么呢？能使期权变为实值期权的所剩时间不够了。所剩时间越少，期权价格就越低。随着到期日的日益趋近，该期权变为实值期权的可能性越来越渺茫，一般就会有更多的卖家和更少的买家。相对于今天之后3个月的时间段而言，交易者更容易了解和确定明天一天之内可能发生的某只个股的事件及其影响。相对于今天之后3个月的时间段而言，今后9个月内会发生更多某只个股的事件及其影响。因此，交易者只愿意为能确保带来一定机会的时间（段）买单。此外，作为一般规律，大多数交易者不愿为时间价值而“足额付清”。

时间价值较容易直观估计，但难以精确计算。比如，某只期权已是每股2美元实值（或称价内），或每张期权的内在价格为200美元，而该期权的市场价格为300美元，即其时间价值为100美元。其相关计算公式是：CMV－内在价值＝时间价值。如果某只期权不具有内在价值，那么它只有时间价值。您可理解为，时间价值就是期权到期前预期会获得的某些内在价值。这也是人们不愿意为时间价值足额付清的缘故。因为只是预期的价值，所以才便宜。

您是否已将期权的时间价值与其衰减速度相关联了呢？如果您持有某只没有内在价值的期权，而且它正在趋近到期日，您知道，当它越趋近到期日，其时间价值的衰减就越快。如果买入了某只6个月内到期的期权，而您花了200美元，那么，在离到期日只有3个月、2个月或1个月时，您将怎么办呢？您会看到，6个月内到期的期权变为3个月内到期的期权后，价格会有很大的衰减，比如折半，或者更多情况下会折损四分之三。您知道，除非行情出现反转并且该期权获得了一些内在价值，否则该期权就会到期归零。在离到期日还有5个月、4个月或3个月时，您是否会从中解脱并解救出部分年初始投资？答案当然要视您对您买入期权时所作分析的信心而定。你必须要做的是，在您的期权趋近到期日的同时，您必须时刻牢记这些关键事项，并视其为最重要、最优先考虑事项。时间价值的一个重要特性是：当股价达到行使价时，时间价值总是最大；期权价格已深度虚值时，时间价值总是最低。当波动率很高而且后市的行情趋势将向有利于您的方向发展时，时间价值就会更大。当期权价格上涨时，时间就会变得更加宝贵；而当期权已如在地狱边缘般地深度虚值并且短期内毫无翻身的希望时，时间就不会有什么价值。

您也应该熟悉 *delta* 值这个专业术语。它是期权价格变动值与标的物价格变动值的比值，一般以标的物 1 美元的价格变动为计算依据。如果标的物价格上涨了 1 美元，而相应期权的价格 1 美分、1 美分地完全同步上涨，那么其 delta 值就是 1，实值期权就是这种情况。如果标的物价格每上涨 1 美元，而相应期权的价格只上涨了 50 美分，那么其 delta 值就是 50 或 50%。了解 delta 值是正确选择期权的另一关键因素。delta 值越高，相关期权的 CMV 价格随着标的物股价上涨而上涨的响应速度就越快。您只要运行某个期权定价电脑模型，就能获得电脑自动算出的相关 delta 值。

对于短线期权交易者而言，甚至包括日内期权交易者，买入 delta 值较大的期权是至关重要的。期权越接近到期日，其 delta 值往往就会变得更为重要并更大。日内期权交易者会故意挑选到期日前的最后一个交易周，因为此时期权的成交量、delta 值以及波动率都达到最高值——日内期权交易者需要的所有三个要素条件都已具备了。日内期权交易者偏爱于在到期日前的最后几个交易日内，精选出某些实值期权，并确保其标的物的价格正在往有利可图的方向运行时，再交易这类期权。他们在争抢、榨干这些期权的最后一点利润。随着期权剩余有效时间的延长——从短期（几天到 1 周），到中期（几周）或长期（几个月）——确保交易成功所需的 delta 值也会相应地降低。

正如以前所讨论的，标的物的波动率是最为关键的因素。如果标的物股票或期货合约的波动率未能大涨，您就无法使深度虚值的期权产生大幅度的价格变动。当然，您在交易前筛选期权产品时，这也是您必须考虑的关键因素之一。

经过相关研究之后，您就能估计出您预计会影响期权价格的变量会对您所关注的期权价格产生多大的变动。之后，您可再次运行相关的期权价格模型，以便确定当所有上述变量朝着对您有利的方向变动时，您关注的期权价格将会怎样。您假设您已买入了该期权，并在上述模型中输入反映买入后情况的修正参数，然后您再次运行上述模型。得出该模型的预测期权价格之后，您再决定该价格是否值得您去冒这么大的风险。您应该预料到最低的风险－收益比一般为1∶2或1∶3。要时刻牢记，如果您的期权到期归零的话，那么您的最低收益也是零；而且这些电脑程序模型并非完美无缺。几位曾经荣获诺奖的天才级执牌交易员就是因为过于信赖其定价模型，而搞垮了当时最热门的一只对冲基金。以后，我将告诉您他们到底怎样交易才导致如此结局的。

您何时兑现赢利或止损？您有什么选择吗？假如您买入了一只期权，而且其内在价值已取得了增值——您接下来有哪些选择？只要标的物股票仍然在上涨，那么最显而易见的选择就是持仓待涨，直至最后一个交易日（即到期月的第三个周五）才平仓。如果您是胆小鬼，那么，您在到期日前的无论哪一天下了决心，都可提前卖出平仓。如果您寄希望于其继续增值，那么，您就冒了股价回调的风险，该风险很可能导致您投入的权利金和交易费用血本无归。您可考虑采用止损委托指令，该指令可为您保留一定的赢利。当相关产品的价格跌破了实现设定的某一价位时，该指令即会平仓卖出您的仓位。如果您对您的仓位非常看好，您的第二个选项可以是行使期权，然后持有标的物股票。您非常看好后市行情时的另一个选项还可以是对您的仓位进行向上滚动操作（新买入行使价更高的期权）。这种方法就是，您先卖出价内期权，然后用所获得的收益去买入略微虚值的期权，从而建立起新的仓位，或称为累进扩大交易法。最后，您可建立一个牛市看涨期权价差仓位组合，您在持有已经浮盈的看涨期权仓位的基础上，再开仓卖出一只虚值的期权，从而锁定事先设定的赢利区间，该区间等于这两个期权的行使价之差，外加卖出开仓后所得的权利金。

下例可以说明上述5个可供您选择的操作路径。比如，您以3美元的价格买入了一张ABC公司（美源伯根）4月到期、行使价为30美元的ABC公司（即美源伯根公司）平值看涨期权。该股股价现在已到了40美元，您买入的期权已是10美元实值，外加一定的时间价值。选项一就是坚决持仓待涨，直至最后一个交易日才平仓。选项二是在到期日之前平仓，兑现赢利。这是个保守的策略；如果您对后市行情的走势感到不安，那么，这将是一个明智的策略。

您第三个选择是发出一个止损委托指令，以便保护您的收益。如果相关产品的价格跌破了预先设定的价位，那么该指令就将平仓卖出您的仓位。比如，您的期权是10美元实值，或具有10美元的内在价值。我假设它另外还有1美元的时间价值，即该期权的CMV价格为41美元，使您账面上每股浮盈8美元，或者说每张期权获得800美元的净收益，因为先要扣除之前以每股3美元买入1张期权的成本费用。您可通过不同方式来计算要设定的止损点价位。一种方法是按CMV价格的百分比值，如5%，来确定止损点价位；另一种方法是按某个特定的美元价差值（如美元）来确定止损点价位，比如规定相关产品的价格一旦低于2.05美元（2.05美元为特定的CMV价格；该CMV价格=41美元×5%），或比CMV价格（指3美元）低超过1美元，即启动止损平仓指令。另一个方法是，观察刚过去的几个交易日内的日线图，并在成交价格幅度下方或略低于支撑价位处设定止损点价位。如果相关产品的CMV价格跌破了上述支撑价位，您的止损指令就变为市价委托指令，您就平仓出局了。该策略可通过解救出部分收益来补偿部分风险损失，但当您的止损指令变为市价委托指令之后，您就无法掌控您期权的卖出成交价了。最终成交的价格很可能是大幅跳水价，而您无法全身而退。

采用止损价应该是您自首笔交易起就要采用的总体交易策略。采用了止损价之后，您就可在期权价格跌回到平值期权之前，或在您的期权价格还有4美元、5美元或6美元的浮盈并且您不愿意放弃这些浮盈时，避免您损失所有的权利金。期权市场中使用的止损指令要比股票市场或期货市场中棘手得多。其原因是期权交易的日成交量常常很低。当您在期权市场等成交量稀少的市场交易时，您最好设置虚拟心理止损点，而无需真的在交易市场中设定止损指令。心理止损点是指：一旦触及某个心理价位，您就会通过人工操作平仓您的原有仓位。上例中，您的期权已有10美元的浮盈。您可能决定，股价如下跌1美元或2美元，您就将获利了结。您按照此价位，发出了一个市价委托指令并进行平仓。如果您在一家综合券商开户，您就可以委托您的经纪人在股价触及预定价位时平仓。事实上在许多期货市场等交投活跃、成交量大的市场，您都能在这类市场中以市价委托全身而退。这是因为在CMV价格附近成交的交易量很大，标的物股价在跌到相应止损价的过程中，交投具有连续性（没有缺口），直至触及止损价并成功止损、平仓。在大多数期权交易市场等交易稀少的市场中，专业场内交易员能比散户更早地看到上述市价止损委托并买入该期权。之后，几乎在一瞬间，期权价格反弹至刚才最后一笔市价止损委托成交前的价位，专业老手就赚取了这笔量小但无风险的收益。这并不公平，但是自由市场从来就不公平。

您的下一个选项是行使该期权，之后只要您仍看好后市行情，您就一直持有相应的标的物股票。某些投资者将买入看涨期权视作进入市场的一种特殊方式。比如，他们打算在某只个股一旦突破某个价位，比如50美元时，就买入该只个股。如果他们需要1，000股，他们会买入10张行使价为50美元或55美元的看涨期权。当股价上涨到上述行使价区间时，他们将选定要么立即行使期权，要么继续持有并查看后市行情将以怎样的力度演变下去，并在到期日之前某个他们认为合适的日子行使期权。如果该股预计的上涨行情未能发生，或者股价非但不涨却反而下跌，那么，这将是以较便宜的成本建立股票仓位的方式。之后，这类交易者会把50美元或55美元的价位视作阻力位。一旦该阻力位被突破，买入或持有该股即成为合算的买卖。其他交易者可能会从基本面层面去寻找在50美元以上的价位买入该股的理由。买入这类股票的期权后，他们可腾出些时间完成相关分析，而在此期间他们又同时规避了重大损失的风险。您应该还记得之前举过的、那家开发出新药品的小型制药公司的例子。如果FDA（美国食品药品监督管理局）未能批准该款药品，该股股价就会暴跌和崩盘；如果FDA对该公司打开绿灯，那么股价即会暴涨。而一旦行使期权后，采用此策略的交易者的风险及收益将与人任何其他股东一样——股票的理论价格区间是从零到无穷大。

下一个选项有点复杂。照此策略，您兑现收益后，又进行了向上滚动操作。这就是说，您先卖出您目前持有的（价内期权的）仓位（从而兑现收益）。之后，您又（用所获得的收益）买入行使价（略微）高于标的物股价的、更远期的（略微虚值）期权。比如，您以 11 美元的权利金卖出之前买入的看涨期权，扣除当初买入该期权的权利金每股 3 美元，最终每股获得 8 美元的收益（忽略佣金及交易费）。然后，您又以 2 美元的权利金买入了 2 张行使价为 45 美元、到期日为 10 月的看涨期权。您的期权仓位翻了一番，并且您又将其余部分的收益落袋为安。不过，只有在您仍然看好后市行情，并且相关的风险－收益比仍然在可接受的水平时，您才可采取这种策略。

另一个思路就是创建一个牛市看涨期权价差仓位组合。采用此种策略时，您要开仓卖出一只行使价比您持仓的看涨期权的行使价还要高的看涨期权。比如，您以 3 美元的权利金开仓卖出一只行使价为 45 美元、到期日为 4 月的看涨期权。当您卖出或卖出开仓时，您收到权利金。在本例中，新开仓卖出期权所获得的权利金与您原来买入期权时所付出的权利金等价。您现在在买进一个行使价较低的看涨期权的同时，又卖出一个标的物相同，到期日也相同，但行使价较高的看涨期权。这样，您就可实现 15 美元的最大化收益，15 美元是这两个期权的不同行使价之间的差价。新开仓卖出期权所获得的权利金弥补了您原来买入期权时所付出的权利金。您除了佣金与交易费用之外，承担的风险为零。要实现利润最大化，标的物的股价必须涨到 45 美元或更高。在 45 美元以上的价格范围内，如果您新开仓卖出期权的买方行权，那么您就必须（高吸低抛地）卖空相应数量的标的物股票或卖出等量备兑持仓的标的物股票，您由此会蒙受亏损（即高出 45 美元的 CMV 价格与其 45 美元之间的价差）。但是，您之前买入的（行使价为 30 美元的）期权在此刻价格范围内所获得的收益正好能抵扣掉上述亏损。当标的物股价在 30 美元与 45 美元之间时，您开仓卖出的期权不会被行权，该期权到期归零，这意味着您保住了您新开仓卖出期权所获得的3美元的权利金；您如以标的物股票的CMV价格平仓卖出您买入的期权仓位，那么该股价范围内您获得的收益就是CMV价格-30美元。当标的物股价低于30美元时，上述两个期权都到期归零，而您也保持了盈亏平衡。该策略是风险最低的策略，因为其最不利的结果是盈亏平衡，但其潜在的收益也是有限的。

上述策略适用于单边上扬的后市行情。但是，假如您原先建立的4月到期、行使价为30美元的ABC公司看涨期权仓位暴跌，您又能怎么办呢？首先，您当然可以听任其到期归零。有一条所有期权交易者都痛苦地认识到的奇怪的真理，即：当您想买入期权时，总不用愁找不到卖家；而当您想卖出期权时，就未必总能找到买家。其理由是期权卖方是期权的创设方及其价格的制定方。他们在其自身的伪装下创设出这些期权——伪装是指他们事先已深信其创设的期权价格必会将期权带入坟墓而使其无法被行权，之后他们却能因此而活得逍遥、滋润。而当您想卖出（平仓）某只期权时，很可能没有任何买方。当标的物股票股价朝着不利的方向发展时，即对看涨期权而言股价向下，而对看跌期权而言股价向上时，虚值期权经常会没有人买。没人会需要这些孤儿，没有人必须替它们造市。因此，它们只能像被丢弃的玩具一样，在郁闷中败谢、凋落，直至到期归零。

当发生这种情况时，有一种策略，可以在不新增风险的前提下，减少您一部分损失。此法通常被称为向下滚动操作（新买入行使价更低的期权），这跟上述向上滚动操作类似。与买入行使价更高期权的操作方向相反，您4月到期、行使价为30美元的ABC公司看涨期权的权利金的CMV价格已贬值了50%而降到1.5美元；ABC公司的股价现处于27或28美元的价位，而不是如您预期的那样向40美元的价位反弹。此法成功奏效的关键是：新买入的、行使价更低的期权的成本（本例中即相当于2份1.5美元的权利金）必须与卖出平仓的、行使价更高的期权的成本（本例中即相当于1份3美元的权利金）相等。该价差策略的实质是通过平仓您的初始仓位来降低您的盈亏平衡点，因为采取该策略之后，您拥有了行使价为25美元而不再是30美元的期权仓位。该策略的不利面是：由于您现在是买入行使价为 25 美元的期权而卖出行使价为 25 美元的期权，因此，如果真的发生了您原先预期的大反弹，那么您就无法从中获得任何（额外）收益。您的最大收益是 200 美元（500 美元 - 300 美元）。本策略能在糟糕的情况下实现收益最大化。

对于看跌期权，您又该如何操作呢？看涨期权赋予您从期权卖方买入（标的物）仓位的权利而非义务；而看跌期权合约则赋予您向期权卖方卖出（标的物）仓位的权利而非义务。只要期权买方要求执行期权，期权卖方必须按照约定向期权买方卖出或买进相应的（标的物）仓位。期权卖方从来无法确定期权买方是否及何时会要求执行期权。

买入看涨期权意味着看好后市行情，买入看跌期权意味着看空后市行情。除此之外，这两者具有许多共性。首先，每只股票既可有相应的看涨期权，也可有相应的看涨期权。其次，有些看涨期权与看跌期权具有相同的行使价和到期日；这样就容易将看涨期权与看跌期权结合使用，进而形成一种单一的策略，就像之前在讨论那家正在等待药品审批结果的医药公司时所提到的跨式策略。

我确信您现在已了解到，看跌期权操作的基本策略是要在标的物资产贬值的情况下取得收益。如果您的分析结果告诉您，戴尔公司的股价将下跌，那么您就应该买入一些看跌期权。如同在买入看涨期权之前一样，您必须预先计算您的盈亏平衡价位及您的风险 - 收益比。买入相关看跌期权的权利金及交易费用很容易就会花掉几百美元。因此，戴尔的股价必须下跌得足够深，才能使此项风险投资值得一搏。换言之，除了看涨期权是看好后市而看跌期权是看空后市的前景展望上的区别之外，探讨看涨期权时的大多数内容都同样适用于看跌期权。

在看跌期权交易中，您必须适应下列情况，即它们有点类似看涨期权的镜像。虚值看跌期权的行使价低于标的物资产的 CMV 价格；实值看跌期权的行使价高于标的物资产的 CMV 价格。这点与看涨期权正好相反。然而，平值看跌期权的定义几乎与平值看涨期权完全相同。其他基本术语和公式——行使价、盈亏平衡点、权利金、定价模型、delta 值等等——都同样适用于看跌及看涨期权。

派发股息的影响又是另一回事。如果派息在到期日之前发生，这对看涨期权将构成利空，而对看跌期权将构成利好。如果你还记得探讨布莱克－斯克尔斯期权定价模型的内容，那么，其中的一个参数就是股息。设想一下，派发股息会对股价产生什么影响？谁会获得股息？股息只会支付给该股的在册股东，而非支付给可能拥有该股期权的交易者。股息派发日成为除息日。派发股息的当天，相应股票的股价将跌去派发的股息部分，称为除息。如果某人在某只个股派息期间做空该股，那么，对该股股东派息后将会降低该股股价并使它的看跌期权增值。请记住，某人做空某只个股时，他或她通常要向其经纪公司借入股票。因此，被做空的个股派发股息的当天，其股价将跌去派发的股息部分。股息越多，股价中被跌除的股息部分就越多，相应的看跌期权就越值钱。而对于看涨期权而言，情况则正好相反。股价中被跌除股息部分之后，会相应地降低相关看涨期权的 CMV 价格。

几乎对于看涨期权的每项操作而言，您都可运用看跌期权而进行相应的反向操作。比如，某位交易者会通过买入看涨期权而建立多头仓位，而另一位交易者可类似通过买入看跌期权而建立空头仓位。比如，某只个股的阻力线在低于该股 CMV 价格 2 美元的价位区域，某位交易者希望在该股股价回落后跌破该阻力线时做空该股。他就买入一只行使价尽可能贴近该股回落前 CMV 价格的看跌期权，以便等候该股的 CMV 价格回落触及该切入点价位时，再行使该看跌期权。使用该策略时要注意，由于期权行使价间距规定只能为 5 美元或 2 美元，因此，您无法确保您买入的看跌期权（或看涨期权）的行使价精准对应于标的物个股的目标价位。

有一个策略，只能被投资者用于买入看跌期权，而不能用于买入看涨期权，这就是套期保值。该术语的本意是同时在市场看多、看空的两边下注。比如，您拥有 500 股 IBM 的股票。它是您一揽子资产组合中的核心资产。这意味着您将无限期地持有该股。每次即使您确信该股股价将要下跌，您都没有卖出该股的计划。您把该500股扔在一边不去管它，但相关分析则表明IBM的股价将有一波大跌。您该怎么办呢？您已决定不对该股高抛低吸，因为这必须要精准把握短线交易的时机，而那是风险很大的策略。您确定无疑地看好该股的中长期趋势，只是无法精准把握短线交易的时机，此时，您就可以买入5张平值看跌期权。如果您不是非常肯定该股会下跌，则可以买入5张略微虚值的期权，以便降低套期保值的成本。一旦（因股价真的下跌）这些看跌期权变为实值期权时，其delta值就变为1——该期权就具有了内在价值，并将伴随着IBM股价的下跌而同幅度上涨。的确，采用此交易策略并不能给您带来任何收益，因为此时您的IBM股价也在同步贬值。但是，您从看跌期权上涨中获得的收益将弥补您在股票下跌中所遭受的损失。最终，您将安好无恙。

某些投资者将套期保值比作买汽车或家庭保险：如不发生意外，那只是笔琐碎的费用；而一旦发生了汽车事故或房屋火宅，那时该笔费用将成为曾经做过的一笔最佳投资。您可能赌性很重。在IBM的股价已跌到您认为的底部区域，或者该股已止跌、企稳并开始反弹时，您会抛掉相关看跌期权，选择获利了结，以期跑赢大势。您预计该股股价会反弹到甚至超过您建立套期保值仓位时的价位。如果您这样操作，您将面临遭受双重损失的风险。确实可能发生的是，IBM股价跌至初看上去的底部区域后，开始反弹。您抛掉了看跌期权，获得了可观的收益，结果却发现IBM股价后来又深度跌破了原来以为的底部。这是最令人沮丧的经历之一。您首次碰到此事时，您会认为市场是在成心跟您过不去。请相信我，事实并非如此。只有市场才能告诉您谁才是真正的主宰。

日内交易盛行时期，有一种采用看跌期权的变种套期保值策略非常流行。该策略今后还会流行。某些非常激进的投资者把交易仅限于交投几只非常活跃的股票。这些股票的波动率破了纪录，每天股价的涨幅或跌幅都在10美元、15美元甚至25美元。更有趣的是，这些股票都在相同的交易日达到上述涨、跌幅。亚马逊公司（Amazon. com）是这类股票的代表。由于多数人抛弃了某些股票，持有这些股票的多头仓位的交易者被套牢。为了进行自我保护，某些更有经验的交易员买入了足量的看跌期权。这就是买保险。在交易者无精打采时的行情清淡期间，一旦上述股票的股价突然跳水，那对套期保值者而言就是早到的圣诞礼物。您将会认识到，证券交易行业有时比拼的不是智慧，而只是运气。

之前，我介绍过牛市看涨期权价差组合。在您建立了牛市看涨期权价差仓位组合之后，如果原先预期的一大波上涨行情并未兑现，那么，为了减轻已买入的看涨期权仓位的压力，您可以卖出一只行使价更低的看涨期权，并买入行使价更高的看涨期权。上述交易（策略）的镜像交易（策略）就是熊市看跌期权价差组合。在后者交易中，您卖出一只行使价更低的看跌期权，而买入一只行使价更高的看跌期权。牛市看涨期权价差是反向价差，而熊市看跌期权价差是同向价差。这是指：卖出的行使价更低的看涨期权和行使价更高的看跌期权，其价值反而比买入的行使价更高的看涨期权和行使价更低的看跌期权要高。这是不言自明的，因为行使价越高的看涨期权就越不值钱；相反情况也解释得通——行使价越低的看跌期权就越不值钱。

之前曾经间接提到，价差组合的诱人之处在于其风险比直接买入看涨期权或看跌期权要低。牛市看涨期权价差组合的风险只是对方（买方）行权时可能需要的保证金融资成本（其卖出开仓非备兑开仓）；熊市看跌期权价差组合的风险要少于权利金。该风险－收益硬币的另一面在于其收益是恒定的。其最大的潜在收益就是行使价与交易费用的差值。

价差策略的交易环境更易受控，这往往是该策略受期权交易新手欢迎的原因。如果您决定开始采用价差策略，那么，找到有经验的经纪人是至关重要的。您要防止价差交易中发生“瘸子交易”，即某条腿的成交太慢。让我解释一下。价差交易的买、卖两侧中的一侧称为一条腿。您开始采用价差策略开仓时，必须发出两笔交易委托——分别买入和卖出期望的期权（总共两只）——理想状况下这两笔委托应能同时成交。如果买、卖两个仓位的建立（时间）之间有一定的时间间隔，即被视作“瘸子交易”。价差交易平仓时也会发生同样的情况。

问题的关键在于上述时间间隔（延迟）中，期权价格会发生变化。比如，您的交易预期目标是取得5美元价差的赢利，即每张期权合约赚取500美元的收益，而且您总共发出了10张价差期权组合的买入开仓委托。如果买、卖两侧的成交时间之间有延迟，就可能使最新配对成功的两个期权的价差缩小到只有3美元。如果是这种情况，您将会很不乐意。情况还可能会变得更糟糕。比如，您要平仓已经浮盈的价差组合仓位时，您的一条腿的仓位平仓后，第二条腿的仓位还没成功平仓，而就在此瞬间，该仓位的价格发生了急剧的变化，最终导致您（总体）亏损。

某些交易者试图采用称为限价委托的有条件委托，以便避免上述困境。比如，某位交易员希望发出熊市看跌期权价差组合的开仓委托，他期望的最大价差是2美元。他发出的开仓委托指令是：“卖出1张行使价为55美元、6月到期的XXX（公司）看跌期权并买入1张行使价为65美元、6月到期的XXX（公司）看跌期权，并要确保价差在2美元或以上”。下达了上述委托指令后，如果不能确保价差在2美元或以上，那么该委托就会作废。交易所内的经纪人一般较擅长执行价差交易的委托。期货交易擅长尤其如此。

以上所有介绍内容的主要目的是，您在开始从事期权交易并采用更复杂的相关交易策略之前，必须充分了解期权市场的相关功能。您会越来越认同上述观点。以后您会不止满足于简单的牛市价差、熊市价差策略，还会开始了解蝶式期权、日历价差、比率价差以及指数价差的相关期权组合策略，乃至涉猎跨式期权、勒式期权以及鹰式套利等相关期权组合策略。期权交易既可如您预期的那样非常简洁明了，也会变得非常复杂和深奥莫测。最终的选择权在于您个人。正如在本书序言中所阐明的，本书的目的是为您提供一个深入浅出的期权交易知识简介。了解了这些之后，我们将在下一章介绍备兑期权、裸卖期权以及LEAPS（长期普通股预期证券）期权。

检查列表

期权：	行使价为85美元、6月到期的IBM（公司）看涨期权
标的物资产趋势：	↗
标的物资产的波动率：	↗
期权的历史波动率：	35%
到期日前的剩余时间：	45天
利率：	3%
除息：0.75美元	除息日：5月30日
正股CMV价格：	79美元
期权CMV价格：	1美元
模型预测价格：	2美元
风险收益比：	1:2

小结

至此，您已经知道：

- 您只有在真正开始从事期权交易之后才能成为一名交易者。有些简单交易的风险相对可控。您可以买入看涨或看跌期权，只要您意识到您买入后最大的风险是您买入期权的权利金。或者，你也可以采取期权交易组合策略，比如价差期权组合或跨式期权组合。我的建议是：您开始时起步要慢；随着您对期权交易的逐渐适应，您再逐渐增加参与力度及风险水平。
- 您必须学会制订每笔交易的交易计划、计算相应的盈亏平衡价位，并采用您习惯使用的检查列表；必须学会买入、卖出及平仓的基本技能；任凭某只期权到期归零固然会导致权利金的损失，但是，对现有仓位进行错误的平仓交易很可能导致更加昂贵的损失。

- 大多数投资的关键是亏损管理。如果您大手大脚地把钱投入到冲动、任性的交易中，那么，您很可能会在搞懂如何玩之前就输得精光而被迫出局。

接下来，让我们更上一层楼，去探讨一些更复杂的交易策略。

测验

1. 成功的期权交易者需要具备：

   A. 知识　　B. 经验

   C. 运气　　D. 一种交易方法

2. 止损指令进可确保期权交易者能在锁定赢利的情况下平仓。

   A. 正确　　B. 错误

3. 盈亏平衡分析帮助期权交易者：

   A. 避免亏损超出某个预定的水平　　B. 计算风险－收益比

   C. 倾家荡产　　D. 锁定预先设定的赢利

4. 实际下达止损指令与采用心理止损指令的区别在于心理止损指令：

   A. 无法被黄牛党利用

   B. 要求期权交易者具有特异功能

   C. 并非在市场中实际存在而需要期权交易者不停地监控交易

   D. 执行时的成本更高

5. 期权交易等式中最不重要的是：

   A. 行使价　　B. 波动率

   C. 风险－收益比　　D. 时间价值

6. 如果您对某个标的物资产的前景谨慎乐观，那么您就应该考虑：

   A. 买入看涨期权　　B. 卖出看跌期权

   C. 进行牛市期权价差组合开仓　　D. 进行熊市期权价差组合买入开仓

7. 要锁定极有仓位的一部分收益，应采用下列哪种操作策略？

A. 看涨期权　　B. 套期保值

C. 看跌期权　　D. 价差组合

8. 您预计有一新闻事件将对相关标的物资产的价格产生剧烈的影响，但您无法确定该消息会导致价格上涨或下跌。那么，您应该考虑采取下列哪种策略呢？

A. 牛市期权价差组合　　B. 跨式期权组合

C. 裸卖看跌期权　　D. 熊市期权价差组合

9. 将下列期权按风险程度从高到低进行排序。

A. 跨式期权　　B. 备兑期权

C. 价差期权　　D. 裸卖看涨期权

E. 裸卖看跌期权

10. 如果您持仓的期权的标的物股票除息，您预计下列哪种情况会发生？

A. 股息会立即被派发到您的账户上。

B. 如果您持有的是相应的看跌期权，那么该期权的价格将上涨。

C. 如果您持有的是相应的看涨期权，那么该期权的价格将下跌。

D. 您的持有仓位将不受任何影响

第十章　高深概念探析

本章重点

- 备兑期权及裸卖期权
- 值得信赖的长期普通股预期证券（下称 LEAPS）
- 外汇期权
- 费城期权市场

在本章中，我想与您探析期权的一些高深用途，并介绍一些购买期权的特殊场所。关键是您应该理解，我的目的不局限于让您了解期权交易的各种可供选择的方法。您还必须花大量时间进行相关研究及模拟交易，并编制好本书最后一章中所述的、期权交易的书面计划，之后才可尝试运用这些期权交易策略。

除了买入看涨或看跌期权，以及运用简单的价差期权组合策略之外，期权交易新手还可采用的另一种保守的策略就是开仓卖出备兑看涨期权。卖出、签发或转让期权有两个基本的动机。其一是获得收益；其二是在现有资产下跌缩水时提供保护（请参见图 10－1）。正如您在市场中所从事的任何其他业务一样，只要风险受到控制，潜在的收益也就同样受到限制。

请注意我交替使用了卖出、签发及转让三个术语。期权曾被称为许可权，正如（被卖出）期权中所蕴含的、期权卖方允许期权买方在预定时间以预定行使价买入相关标的物资产的许可权。因此，转让出上述资产的卖方授予买方权利——当然是以一定的价格为条件的。早期的期权是在场外进行交易的，因而它们由甲方签发，由此也在交易者的词库中加入了“签发期权”的短语。由于准许（转让）期权的人具有相关权限，因而由他或她来签发期权。最后且最重要的是，某人买入期权后，就必须将其卖出。因此，“卖出期权”就成为常用说法，尤其在交易所的交易厅内。上述三个术语指的是同一回事，因而它们被交替使用。

卖出备兑看涨期权的经济学

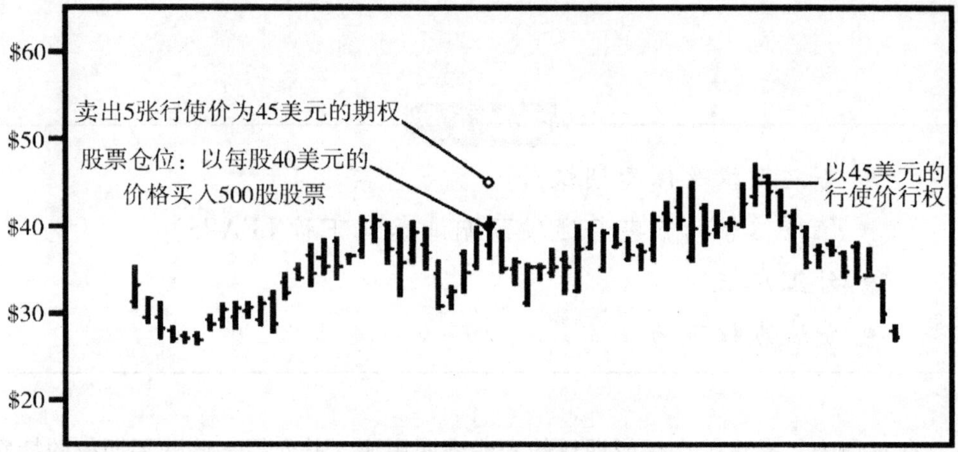

收益：权利金 1美元/股（1美元 × 500）= 500.00 美元
股票收益 = 5美元/股（5美元 × 500）= 2,500.00 美元
总收益=3,000.00 美元

图 10 – 1

考虑一下股价的表现。股价上涨、下跌或横盘整理。这三种股价变动强劲抑或疲软。您如何确定行情是否适合开仓卖出备兑看涨期权呢？答案当然又是您的老朋友，波动率及股价走势图分析。您在考虑对自己的资产组合中的某只股票（开仓）卖出相应期权时，首先要做的就是研究整个市场、相关股票板块的价格走势及波动率，以及相关股票及期权的波动率。如果您的目标是增加您账户中核心资产的收益，即您不希望该股被行权买走，那么您应期望较低的波动率及温和上涨的行情。如果您期望获得平均收益，那么您就会期望较高的波动率及强劲上涨的行情。

为何如此呢？如果您在考虑对您拥有的某只股票（开仓）卖出相应看涨期权，又不希望该股被行权买走，那么，温和中性的交易行情将是最佳的。您将买入该股票（或其他标的物产品）并卖出该股票的看涨期权，或对冲（股价下跌的）风险。该笔交易的目的是卖出看涨期权、获取权利金，并等待该期权到期归零。如果您买入相关股票的唯一目的只是凭借这些（备兑）股票开仓卖出备兑看涨期权，那么，只要在合理范围内，波动率越高就越好。您该项交易的目的是获取较高的权利金（因波动率较大）以及卖出标的物股票后的额外收益（因股价已上涨）。随着波动率上涨，只要标的物股票的股价上涨到足够高（即超过行使价），期权买方就会行使期权，而您也必须卖出该股。您既获得了期权权利金，又获得了相关股票从之前的 CMV 价（现时市价）上涨到期权行使价的差价。在以上两种不同的策略下，您都可以在股价下跌时规避一定的损失。该股股价下行时，卖出相关看涨期权所获的权利金将替您规避全部或部分损失（至多达到权利金部分）。

对于您卖出的看涨期权而言，为何其行使价必须高于其正股股价的 CMV 价呢？想一想吧。为何其行使价不得低于其正股股价的 CMV 价呢？如果低于其正股股价的 CMV 价，那么，看涨期权的买方便会立即行使该期权，从而迫使您卖出该股。唯一例外的情况是，该股股价仅仅略微高于该期权的行使价，两者的价差不足以弥补买方所支付的权利金与佣金之和。请注意，由于交易所场内的交易员因每笔交易只需付极低的交易佣金，因此，某些精明的此类交易员会以互联网中发送电邮那样的闪电速度买入（并行使）您卖出的看涨期权，以谋取无风险（差价）收益。

有两种备兑看涨期权的基本类型：平值或接近平值的虚值期权。具体选用哪种期权要视您对大市的看法以及您的预期而定。如果您认为相关标的物股票有可能上涨几个点（一点对应于 1 美元），并且您采用策略的目的是要获取收益，那么您应选择开仓卖出虚值备兑期权。这样，您就可从权利金中获取部分年收益；而且，由于您所选中的期权的行使价离开该股的 CMV 价虽不远但始终有一定距离，因而该股被行权买走的可能性较低。另一方面，如果您期望通过卖出股票而从市场上再多赚几美元额外收入，那么您就可开仓卖出接近平值的虚值（备兑看涨）期权。其结果是您将获得更高的权利金，因为期权的行使价更贴近相应正股的 CMV 价，使期权变得更加值得拥有。

比如，当您决定开仓卖出行使价为 65 美元、3 周后到期的看涨期权，而且其相应正股股价的波动率超出其 6 月均值时，该股的 CMV 价是每股 62 美元。您对该标的物股票的期望是什么呢？该看涨期权是接近平值的虚值期权，因此，它将带来不错的权利金收益。作为一条拇指法则，越虚值的期权，其权利金也越低。时间价值也必须考虑在内。期权的有效期越长，有效期内相应正股股价运行至超过 65 美元（行使价）的时间就越长，在此期间该股被行权买走的可能性也就越大。如前所述，交易者很少为时间价值足额买单。“波动率才是关键因素！”通常在接近到期日卖出备兑期权是最佳的策略。

您的目的是在卖出期权仓位时，再获取几块美元的额外收入。请记住多头仓位的业主应如何计算盈亏平衡点：权利金加上两笔交易佣金。您的预期是该股股价将很快上涨到 67 美元至 68 美元之间的区间。换言之，您期望通过卖出期权及股票获得权利金外加每股 2 美元至 3 美元的额外收入。否则，您就要么持有股票，要么在股价反弹时卖出股票。如果您的确想抛售股票，那么，您面临的风险是该股未被行权买入而且该股的 CM 价下跌。

在本例中，该股的 CMV 价是 62 美元，行使价为 65 美元的看涨期权卖 4 美元。当该股被行权买入后，您就该获得 4 美元的权利金外加抛售股票后所赚得的 3 美元的差价。换言之，与股价在 62 美元时即卖出该股相比，您多获得了超过 10% 的收益 。只要该股股价后来并未一路上涨到 80 美元，这样的收益已经很不错了。如果该股股价后来真的一路上涨到 80 美元，那您也只能这样安慰自己，“您哪怕赚得再少，只要赚了，就绝不至于会破产”。

如果您不想放弃股票，您就可开仓卖出更加虚值的备兑期权。采用这种策略时，您应该选择波动率较低而且整个市场行情平静的时段。许多交易者对在纽约证券交易所上市交易的蓝筹股采用上述交易策略，他们寄希望于那里的专家交易员，后者能将这些蓝筹股的交易置于其掌控之中。这套策略在纽交所一直运用得很成功。然而，近年来，即使是这么古老、刻板的交易也开始变得波动。换言之，任何事情都不能想当然，您必须回家做好必要的功课。

如果您在开仓卖出备兑看涨期权之前还没买入备兑股票，那又该怎么办呢？下列是通常采用的一个策略。你可先选出波动率、近期的交易强度等技术指标符合您交易准则的股票，然后再研究并选出价格与您的策略相吻合的期权。接下来，您是先买入股票还是先开仓（裸）卖出期权？该策略中，您应采用之前讨论价差策略时所采用的相同技巧。其关键是，要尽可能同时建立相关股票和期权的两个仓位。这是您确保这两个仓位之间保持所期望的价格关系的唯一途径。只要某一条腿的交易比另一条腿的交易在成交时间上滞后过长，您就将面临额外的风险。两个成交仓位的实际价差，即使仅仅少量偏离所期望的价差，所导致的亏损也会使该价差组合策略的效果大打折扣。

比如，在前例中，您要从零开始同时建立股票和期权两个仓位，您预期从该笔交易中获得 10% 的收益。您要以每股 62 美元的价格买入股票，并以 4 美元每股的价格开仓卖出行使价为 65 美元的看涨期权。您预期在扣除相关交易手续费之后，您可获得 3 美元的股价（上涨）差价收益，以及 4 美元的期权权利金收益，即总计 7 美元的收益；或者说，在您获取期权权利金之后、卖出相关股票之前，您的仓位的净值是每股 58 美元；又或者说，您的净利润率为 12 %。如果您以每股 62. 10 美元的价格买入股票，并以每股 4. 10 美元的价格收取权利金，那么由于您卖出相关股票之前的仓位净值同样是每股 58 美元，因此，该问题也得到了妥善解决。然而，如果您以每股 64 美元的价格买入股票，并以每股 2 美元的价格开仓卖出期权，那么，您就只获得 1 美元的股价（上涨）差价收益，以及 2 美元的期权权利金收益；这样，您就未能实现您的收益目标。以精准的价格低吸高抛往往是项艰巨的任务。一个解决办法就是求助于能执行有条件委托的经纪公司或电脑交易平台，例如这样的委托："以 62 美元或更便宜的价格买入 100 股 ABXC 公司的股票，并以 4 美元或更高的价格开仓卖出 6 月份到期、行使价为 65 美元的、ABXC 公司的备兑看涨期权"。问题是这类委托是"不受约束的"委托，即经纪公司无法保证这些委托都能成交。如果未能达到预先设置的参数的相关要求，那么与其达成了糟糕的交易，还不如不成交。某些经纪公司对这类有条件委托还设置了一次性最低成交量的相关限制，比如：500 股正股与 5 张期权合约。第二个您可选用解决办法就是先买入股票，然后再开仓卖出备兑期权。一旦您了解了股票股价的相关情况，您就可以在期权一侧相应地调整其价格。因为对应于该正股的股价区域的每只期权的最大价格波动范围就只有 5 美元（正好相当于期权行使价的价格间距），所以，该策略的风险是当您所持有多头仓位的股票股价在买入后跌幅较大并接近甚至超过 5 美元时，其对应期权的价值就会趋近于零甚至归零，从而使其规避股价下跌损失的作用也趋近或等于零。您的对策是必须进行纾困，立即卖出老迈的期权，并重新进行尝试（比如，买入行使价更低的期权）。必须再三核实你的分析工具，以避免出错。

备兑看跌期权你的情况又怎样呢？与备兑看涨期权类似的备兑看跌期权并不存在。备兑看涨期权的组合是买入股票并卖出看涨期权，那么，备兑看跌期权应采取相反的组合，即卖空股票并买入看跌期权。当您卖空股票之后，如果该股股价下跌，您就能获得盈利，这就相当于买入看跌期权。因此，这样的组合就是双重看跌组合，而非多头－空头的对冲组合。仅有的其他备选组合是卖空股票并卖出看跌期权。如果您卖出看跌期权，您将有义务向买方买入一定仓位的标的物。如果您卖空股票，那么，卖出看跌期权并不能给你提供保护，因为那将迫使您有义务向买方买入一定仓位的标的物；这将给您带来了双重的义务，而且并没有保护您或限制您的损失。另一种有时也被称作备兑看跌期权的组合是，某人在卖出一个看跌期权之后，再买入另一个行使价等于或大于卖出期权行使价的看跌期权。这实际上就是一个看跌期权的价差组合，其中一个看跌期权为另一个看跌期权提供了保护。

做空的概念在投资界、甚至对许多专业投资者而言，从来就不受待见。它有点背道而驰，似乎股市越熊就越不爱国一样。此外，许多人并未真正理解做空的理念及其实质。比如，裸卖空是指先卖出并非其拥有的标的物，然后再以较低的价格买回；散户投资者难以解释清楚其中的相关概念。上述裸卖空的风险也更大，因为行情往往下跌得很快，而上涨得缓慢。这是因为当买盘枯竭时，股价除了下跌外别无出路。因此，当无人买入股票时，任何做空者只会使股价更快地下跌。

上涨或牛市的行情则更为有条不紊。一开始有一些买盘。然后，行情稍作喘息，投资者在考虑某只股票可能或应该的股价走势及上涨幅度。随后，又有一波买方加入到多头大军中。直到某些天，电视台及互联网上的所有专家、评论员都在兜售股票，各种股票传闻在向公众传播。随着大量的散户、乌合之众的及时赶来并杀入行情的顶部，专业投资者开始趁着公众处于疯狂之际赶紧抛售股票。之后，轰！砰！又完蛋了！股票便散落一地，化为灰烬！您如果研究过看涨和看跌期权的成交量就会发现，尤其对有效期更长的期权而言，看涨期权的成交量往往比看跌期权的要多，即使在行情下跌时也是如此。

下面来讨论最为危险的期权交易策略——裸卖空看涨和看跌期权。裸卖空期权被贴上最危险的标签是因为，它不同于买入期权，其风险不仅限于权利金及交易费。标的物价格理论上可无限上涨或下跌归零。此外，期权卖方必须根据期权买方随时可能提出的要求买入或卖出一定的标的物仓位。由于裸卖空期权的卖方并未持有相关标的物，他或她必须冒险在公开市场上以 CMV 价买入标的物，而该 CMV 价很可能大大高于其卖出期权时的标的物价格。

比如：当 Intel 公司以 15 美元进行交易时您裸卖出行使价为 20 美元、6 月份到期的 Intel 公司股票的看涨期权。您刚卖出之后，Intel 公司就公布了已开发出新款、更快、更小、更多功能的芯片的消息——瞧！转眼之间，Intel 的股价就涨到了 30 美元，而从您手中买入行使价为 20 美元的看涨期权的那些投资者将行权买入股票。您每卖出一张期权合约，就必须筹足 100 股的股票。当买方开始行权时，您必须交割或转让股票。此时，您还能在市场上发出限制性委托指令并试图以 28 美元或 29 美元的优惠价买入该股吗？不！您没有这个福份啦！您必须提供特快邮递，即您必须发出市价委托指令，以任何市价成交。您该笔委托成交的时候，Intel 的股价可能已涨到了 40 美元（如果您对证券交易中所采用的各种不同的委托指令不太熟悉，则请您查阅本书附录 2 中的相关解释）。如果您延期交付上述股票或违约，那么，您的经纪公司将负责先替您交付上述股票。不管您手头是否持有相关股票，相关法律规定必须立即交付上述股票。之后，您的经纪公司就会像滚刀肉那样缠着您，逼迫您归还经纪公司替您交付给期权买方的相关股票。您如若不还，您就将收到追加保证金通知，您的经纪公司会想尽一切办法要回这笔钱。

市价委托有什么问题呢？许多这类委托结果以该交易日的最高价或接近最高价成交。对马上要探讨的期货合约而言，情况会更加糟糕。本例中，在您收到您的股票正在被行权的通知的当天，该股的开盘价是 30 美元，但您市价委托的该股成交价不会是 30 美元。该股的成交价会在 35 美元至 40 美元的区间，或者市场愿意给您的任何价格区间，具体要视行情的变动速度以及波动率的强度而定。如果成交价是 35 美元，那么，您就每股亏损了 15 美元，即损失了行使价与成交价之间的差价。对一张期权合约而言，假如权利金是每股 3 美元，那么，您的亏损总额将是 1500 美元减去 300 美元的权利金收入，即 1200 美元，外加相关交易费用。您扣除相关交易费用后，可从权利金中可能获得的最大收益是 300 美元，而您的亏损却可能达到 1200 美元。这就是为什么该策略被视为最危险策略的原因，其负面的风险 - 收益比达到 4∶1。实际的结果可能还要糟糕得多。Intel 股价可能一直涨到 50 美元或 100 美元。人们无法预测股价何时会至顶。

您跟上了我的思路了吗？另一方面，您之前可能已卖出了一个看跌期权。之后，Intel 公司的主要竞争者可能宣布已研发出了一块新芯片，并将挤占 Intel 公司大多数的市场份额。您以 12.5 美元开仓卖出 Intel 看跌期权时，Intel 的股价为 15 美元。您至少应该明白 Intel 理论上的最低股价为零。即使 Intel 公司万一破产且其股票从交易所退市，您也应准备好与买入上述看跌期权的买方进行现金结算。

许多散户对 LEAPS 期权颇感兴趣。LEAPS 是长期普通股预期证券的缩写简称。LEAPS 是与我们已探讨过的上市公司股票期权相类似的上市交易期权，但这两者又有很大的区别。最大的区别在于有效期限。LEAPS 的有效期是 2 年到 2 年半；而普通期权的有效期是 9 个月。另一个区别是，LEAPS 期权不采用标准的行使价，但是，其行使价与普通期权的行使价间距基本对应。比如，您会发现 LEAPS 期权产品系列中有行使价分别为 55 美元、65 美元、80 美元的看涨、看跌期权，而不像普通期权那样每两个相邻期权的行使价之间的间距为 5 美元。LEAPS 期权会视行情及交易者的买入需求而适时增加各种行使价的期权产品。

另一方面，LEAPS 期权的许多特点又与标准股票期权产品相同，并且期权的所有基本术语都同样适用于 LEAPS 期权。LEAPS 期权也分看涨、看跌两种，每张期权合约的期权份数也对应于 100 股股票的股数。它们像美式期权一样可在到期日前的任何时候行权。一旦某只 LEAPS 期权的到期日只有 9 个月，其标记符号就会被改变，而且它会被归入某一类别的普通期权中。换言之，ABC 公司（美源伯根公司）的某只 LEAPS 期权的到期日有 2 年半。过了 21 个月之后，该期权的有效期只剩 9 个月。此时，其 LEAPS 期权的标记符号就会被移除掉，它也会被归入 ABC 公司的普通期权类别中。如果您持有该期权，您所能看到的唯一变动就是在您的证券账户中该期权更换了标记符号。前些日子，该期权的标记符号是 LEAPS 期权的符号，后来，该符号变为普通期权的符号。

LEAPS 期权的新手最经常犯的错误就是将 LEAPS 期权的价格与普通期权的价格进行比较，比如，将有效期为 3 个月、4 个月、5 个月或 6 个月的普通期权与有效期为 1 年半的 LEAPS 期权进行价格攀比。一经这样比较之后，LEAPS 期权的新手立刻会觉得 LEAPS 期权更加便宜。他们就会买入大量的这类期权。LEAPS 期权的价格可能只比普通期权贵 3 到 4 倍，但是，其有效期却比普通期权长 6、7 甚至 8 倍。比如，某只知名蓝筹股的 LEAPS 期权的行使价仅仅高出该股 CMV 价 20 美元，而且该期权的有效期为 2 年。在这么长的时间段内，该股的累计涨幅不到区区 20 美元的可能性看来微乎其微。“怎么回事？即使仅凭通胀的因素也能使该 LEAPS 期权跑赢大势（即跑赢通胀）。”该位 LEAPS 期权的新手这样说道。然而，大多数情况下，LEAPS 期权也会像大多数普通看涨期权一样到期归零。

LEAPS 期权交易的最基本规则是要始终采用口碑好、值得信赖的期权定价模型来预测期权价格。正如之前已多次提到的，期权的时间价值远没有您首次跳伞时焦急地等待降落伞打开时那么生死攸关；不管期权的到期日只有 2 个月或还有 2 年，这点都同样适用。预测模型绝非完美无缺，但是，您如果全然漠视其预测结果，那您将自行承担风险。

普通投资者该如何运用 LEAPS 期权工具呢？如果您确信某个特定公司或股票板块具有优秀的长期前景，但您没有足够的钱买入您预期数量的该种股票，那么，您就可考虑买入 LEAPS 期权。这是个投资未来的有效方法。如果您的分析正确，该 LEAPS 期权将随着相关股票股价的上涨而增值，而您随时都可以行使期权，买入股票。如采用这个策略，则始终应该买入行使价尽可能低的看涨期权。

您还可运用 LEAPS 看跌期权工具，对您长期持有的个股资产组合进行长期的风险对冲。在这个恐怖主义猖獗的时代，我认识的一些投资者通过买入 LEAPS 看跌期权，来规避诸如 2001 年纽约世界贸易中心的恐怖袭击之类的、邪恶透顶的灾难所带来的损失。还有一些 LEAPS 指数期权，它们所能保护或规避风险的范围更广。请始终注意，最显而易见的灾害或最严重的灾害往往初看上去并不会发生。因此，您可把 LEAPS 看跌期权视作类似于您家庭财产保险的一种避险工具。

LEAPS 看跌期权的另一种运用方法是建立长期股票卖空仓位的替代方法。它们比建立股票卖空仓位的风险要低得多，它们可以持有相当长的时间，并能提供较高的杠杆。您还能期望其他什么呢？

当然，LEAPS 期权也可作为超级投机交易工具来加以运用，尤其是波动率非常大的时段。当标的物股价疯涨到顶部，结果又跳水到地板价时，LEAPS 期权具有与普通期权相同的价格变动力度，但您在把握交易时机和防止期权到期归零方面可少费许多心思。在上世纪接近尾声阶段，这类策略在市场中取得了很好的效果。

在当时，有许多股票拆股的事件，那就是 LEAPS 期权如鱼得水的黄金时期。股票拆股不仅仅涉及股东（权益）的管理工具，而且还涉及上市公司的公关策略。比如，某只股票的股价从 25 美元飞快地上涨到 50 美元。公司的董事会决定进行 1∶2 拆股。对应于您持有的每 1 股，您可额外获得 1 股，与此同时，股价（账面上）折半。如果拆股前您持有 200 股每股 50 美元的股票，那么，拆股后您就拥有 400 股每股 25 美元的股票。除了你的股票数量翻了一翻之外，其他什么都没变。

上市公司这么做是为了推销其股票。公司董事会认为该股股价越低，更多的散户投资者就会买入该股。董事会希望尽可能多的散户投资者持有该股，因为散户对股票更加忠诚。机构投资者一旦发现某股有弱势迹象，即会将该股从其资产组合中加以剔除。散户投资者不像机构投资者那样密切关注其资产组合，而表现得更为宽容。此外，在合理的时间段内股价从 25 美元翻一番到 50 美元，之后又能不断翻番的股票是值得（长期）持有的有趣股票。Cisco（思科公司）股票就是这类股票。您可查询该股 1995 年至 2000 年的股价历史走势图。它向投资者展示了其极有吸引力的强势。如果您拥有一只这类股票，而且它不断拆股、不断翻番，您就会觉得您在免费获得股票，并在迅速致富。

买入上述强势股对应的 LEAPS 期权，可使期权交易者不买蛋糕也能享受蛋糕上糖霜的美味。换言之，如果股价上涨或股票分拆，相关的期权也会相应地上涨或分拆，因此，期权投资者虽然投入比股票投资者少得多，却能同样获得收益。此外，与普通期权持有者相比，LEAPS 期权持有者在把握交易时机和防止期权到期归零方面可少费许多心思。

您以后会知道，成为一名成功投资者的关键是要掌握一整套交易策略，以便在恰当的时候加以运用。在您的交易中采用适用于市场行情的正确策略会带来巨大的回报。为此，我将再简单介绍另外一些期权交易机会。您无法知道哪个策略是在某类市场中进行交易的绝对最佳策略。您只能学会最大限度地利用市场所提供的机会，并使您的商机最大化。您应该成为一名童子军或牛仔式的投资者——时刻准备去发现遍布绿草的牧场，不管市场如何千变万化。下面提供更多的思路。

交易所交易基金（ETF）的期权是非常有用的工具。ETF 就是一种指数共同基金，可像股票一样进行交易。您可能已经了解，共同基金产品在每个交易日内只能进行一次买或卖的交易操作，而且只能在收盘后才能交易。如果您持有的共同基金所在板块正在大跌，您只能坐等收盘而无力回天。而 ETF 相关产品就像任何其他上市交易的股票一样，您可以随时进行买卖交易。此外，ETF 比共同基金更加便宜。当然，任何买卖交易都要收取经纪人佣金及交易费用。

与共同基金类似，ETF 也有成百上千种，它们覆盖了宏观经济的各大主要板块。以下是其中最为活跃的几个板块：

QQQQ	纳斯达克 100 信托（基金）
EWM	安硕 MSCI 马来西亚指数基金
EWJ	安硕 MSCI 日本指数基金
USO	美国石油基金 ETF
IWW	安硕 Russell 2000 指数基金
EEM	安硕 MSCI 新兴市场指数基金
XLF	SPDR 金融（SPDR 指标普存托凭证）
EWZ	安硕 MSCI 巴西指数基金
IYR	安硕 MSCI 台湾指数基金
DIA	钻石信托系列 I
XLE	SPDR 能源

您可以买入对应某个板块的经济状况的 ETF，比如零售、制造、能源、银行，或者中国、印度、日本及其他国家等等。至截稿日为止，已共有 800 多种 ETF 产品，而且还在不断增加。

以上信息对您非常重要，因为大多数 ETF 产品具有相应的期权。您可通过期权交易间接投资上述市场板块、国家板块，以及新兴市场等全球较大的特殊地区板块。您可获得期权交易中的杠杆，但可锁定有限的风险。如果您认为巴西的经济势头锐不可当，那么，您就可以买入一些 EWZ ETF 的看涨期权。

可以锦上添花的是，您还可发现与您的个人退休账户（IRA）中所长期持有的退休基金完全匹配或非常吻合的 ETF 产品。然后，如果您预计市场今后会有一波下跌走势，您就可以买入这类 ETF 的看跌期权以对冲风险。之后，您就不必操心在行情大跌时如何把握抛售仓位的确切时机，也不必担忧在行情回暖时如何补仓。众所周知，对行情变动时机的预测从来就不是完全靠谱的学科。

什么是外汇市场？它是指外汇交易市场，意指人们买卖货币的市场。它是现货市场，更像是股票市场而不像期货市场。所有的主要货币都是每天 24 小时交易的。该市场从一个国家到另一个国家紧跟着太阳——从亚洲、欧洲，再到美国。它于每周日美国东部时间下午 2 点开盘，一直连续交易到每周五美国东部时间下午 4 点才收盘。外汇市场的每天换手率超过 1.4 万亿美元，这使其成为世界上最大、流动性最强的市场。

该市场获得成功的关键是理解影响某种货币对于另一种货币的相对价值（比值）的因素。比如，如果 A 国支付比 B 过高得多的利率，那么，在其他条件都相同的前提下，货币就从 A 国流动到 B 国（A 国货币被卖出，B 国货币被买入）。如果 B 国是个不稳定的国家，无法对外来投资者提供保护，那么其高利率就反映了它更高的风险。另外一个关键因素就是贸易平衡。一国的进口如果大大超过其出口，那么该国就出现贸易逆差，即其货币流入国际市场。当太多的该国货币开始流入国际银行，银行家们即会卖出该国的货币，从而导致该国货币贬值。这就是基本的供求关系原理所起的作用。要了解并分析可能影响某国货币的所有基本面是件令人头疼、望而生畏的事。您必须有效地利用政治、战争、气候、国际贸易，偏好以及成百上千种其他因素的相关信息。因此，技术分析对外汇市场的短期交易而言，是非常普遍盛行和非常有效的。

除了货币现货市场之外，外汇市场还提供两种期权产品。其中第一种类似于迄今为止已介绍过的传统期权产品。然而，外汇期权有一个较大的区别：当您买入一个外汇期权时，您实质上买/卖了两个期权。这更像是个价差期权。这是因为，在货币市场，您买入某种货币时，您同时也卖出了另一种货币，即等同于卖出第一种货币以买入第二种货币。这两种货币的比值关系决定了它们各自的价值。一种货币亏钱的话，另一种货币必然赢钱；反之亦然。如果您短期看多欧元而看空美元，您可买入行使价为 1.2000 的欧元看涨、美元看跌期权，即相当于 1 个欧元看涨期权与 1 个美元看跌期权（的组合）。如果欧元/美元的即期汇价下跌到低于 1.2000，那么您就损失了权利金；如果欧元/美元的即期汇价上涨到 1.3000，那么您就赚大啦！赶紧平仓并落袋为安。欧元期权合约的面值是 300，000 欧元。

外汇市场是场外市场，因此，您可对您的外汇期权合约进行定制，即您可自行选定有效的行使价及到期日，然后征求、接受别人（卖方）的权利金开价。您也可选择美式期权或欧式期权。由于创设、定制场外交易期权合约通常较难，更常用的是采用第二种期权，称为 SPOT 期权。

SPOT 意指单一支付的期权交易（SPOT 是英文“single payment options trading”短语的首字母缩写）。这就像对某项运动项目进行打赌一样，您赢了的话就得分，输了的话就给分。您先创设一个场景，比如“今后 10 天内，欧元/美元的即期汇价将低于 1.3000。”然后，您征求、接受别人（卖方）的权利金开价。如果您（以卖方开价的权利金）买入了该份期权，您就坐等后续事件的发展。如果届时欧元/美元的即期汇价真的低于 1.300，那么，您的仓位就变成了现金，您就获得了盈利。以下是一些标准的场景：

- 一次触碰 SPOT。在期权有效期期间，只要相关价格有一次触碰过某一约定的价格点位，期权买方在期末就能获得固定收益。
- 无触碰 SPOT。在期权有效期期间，只要相关价格从未触碰过某一约定的价格点位，期权买方在期末就能获得固定收益。

- 数字式 SPOT。在期权有效期期间，只要相关价格超过或低于某一约定的价格水平，期权买方在期末就能获得固定收益。
- 区间的任一端被触碰 SPOT。在期权有效期期间，只要相关价格曾经超出过某一约定的价格区间的任意一端，期权买方在期末就能获得固定收益。
- 区间端点无触碰 SPOT。在期权有效期期间，只要相关价格从未超出过某一约定的价格区间，期权买方在期末就能获得固定收益。

这使我想起了一起针对大学足球比赛结果而建立的价差策略——如果俄亥俄州立大学赢得密西根州立大学 3 分，您就能赢。如同您对球队打赌一样，您不能像交易普通期权那样对 SPOT 期权进行平仓。您买入后，只能一直持有至到期日为止。

进行 SPOT 期权交易的最佳时机是发布政府重要报告期间。比如，如果您坚信美国相对于日本的贸易逆差将会是巨额数字——大到足以促使日元升值而美元贬值。您研究了相关走势图后，买入了一只涉及日元/美元的即期汇价的 SPOT 期权产品。后续的行情证明您是对的，那么，今晚您就可以上餐馆，并享用法国名庄的葡萄酒大庆一下。如果您预测错了，那么，您就要继续学习相关知识，以期下次能派上用场。

下一章涉及到期货市场，许多最知名的指数期权也在该市场中交易。在下一章的学习开始之前，您需要了解一些费城股票交易所（PHLX）的相关知识，因为它是集纯股票交易所、期货市场以及外汇市场于一身的综合交易所。股票交易者也可参与 PHLX 提供的指数期货产品的交易，而针对期货交易所的标普贸易期权等期权产品也要借助期货经纪人之手进行推广。有些经纪人或经纪公司可从事股票和期货两种市场产品的交易，但是，不是所有的经纪人或经纪公司都有上述综合经营的相关资质。某些清算公司也可从事上述两种业务，使得客户能方便地使资金在这股票账户与期货账户之间相互划转。如果您打算从事两种业务，那么这会很方便。

最后，PHLX 是个活跃的货币期权市场，并且是激进的创新者。比如，如果您想对黄金及白银股的资产组合进行风险对冲，可以考虑买入其黄金/白银股票板块指数（XAU）（产品）。PHLX 还提供其他板块指数，诸如石油服务板块（OSX）、半导体指数（SOX）、银行指数（BKX）以及公用事业指数（UTY）。它提供的货币指数以及跨货币指数使您能够通过单笔委托即可买入一个价差组合，这可作为替代外汇交易的备选策略。在 PHLX 这样的综合性交易所内，交易的股票有 2，000 多只，其中 1，500 只股发行了相关的期权产品，从而充分发挥了其集货币、股票及期货市场三大业务于一身的综合优势。

接下来，我将探讨期货市场以及期货期权。

小结

至此，您已经知道：

- 通过开仓卖出备兑看涨期权，您能从备兑股票的股价上涨中获得额外收益。当然，其风险是您持有的、宝贵的股票被行权买走。这类交易一度被视为非常安全的交易（曾被戏称为“寡妇与孤儿的交易”）。然而，近年来，随着市场波动率的上升，该交易的相应赌注和风险也增大了。
- 如果您是位豪赌者，那么您可能会冒险地裸卖空看跌后看涨期权。如果 VIX 指数，即波动率指数已涨到 40 或 50，而且行情的趋势与您的预期方向正好相反，那您的风险就真的大了去了。
- 外汇市场是另类期权交易平台，几乎每天 24 小时开放。如果您会通过买入与关联汇率的变化相关的看涨期权而从中获利，那就太好了。有时，这交易市场很稳健，且获利颇丰；而有时市况就没那么好了，但是在该市场一直生存、坚守下去还是挺值得的。
- LEAPS 期权有时真像是给期权市场开的药。如果您的退休基金中的某些标的物的仓位需要长期持有，或者您持有的某些股票在几年里受抛售限制，或者您认为某只股票的长期前景会越来越好，那么，您就可以通过买入相关的 LEAPS 期权产品来对冲风险。事实上，您将会发现 LEAPS 期权产品的定价是相当合理的——您应当在 VIX 指数较低时才买入。

下一章中，我们将探讨期权市场的相关问题，您需要了解一些独特的相关概念。

测验

1. 卖出看涨或看跌期权被认为比买入看涨或看跌期权的风险更大的原因是：

   A. 亏损的风险可达到已支付的权利金及交易费的 100%

   B. 亏损不可能超过总投入金额

   C. 交易者无法控制波动率

   D. 亏损不仅限于预定的数额

2. 如果 XYZ 公司的股票的市价是 31 美元，则不得开仓卖出下列哪个（行使价的）期权？

   A. 30　　B. 31　　C. 35　　D. 40

3. 在一个缓慢运行的市场里，交易者决定开仓卖出看涨期权的原因最可能是以下哪个？

   A. 向太太证明自己是有男子汉气概的人　　B. 增加收益

   C. 对冲风险　　D. 建立跨式期权组合

4. 在以下哪种市况下，建立备兑看跌期权的仓位才最为有效？

   A. 波动率较低　　B. 波动率较高

   C. 熊市　　D. 牛市

   E. 以上各项都不对

5. 如果买方凭您开仓裸卖出的看涨期权向您提出“行权”请求，那么，您必须采取什么策略才能获得您必须交付（转让）的股票？

   A. 不管市价如何也要以市价买入该股

B. 发出限价委托以便以优惠价买入该股

C. 您的经纪人将借股票给您，直至您归还股票为止

D. 您可在三天之内交付股票，这被称为“T+3”

6. 当 LEAPS 产品的有效期只有 9 个月时，会发生何事？

A. 它就到期了

B. 它必须通过展期而推迟到期日

C. 它必须被行权

D. 其原来的期权标记被更换，它已成为普通期权

7. 当某只股票被拆股时，相应的期权：

A. 到期　　B. 改变了其标记

C. 也相应地被分拆　　D. 保持不变

8. ETF 期权可用于：

A. 对冲与之类似的共同基金的风险

B. 在众多的各种市场和板块中进行投机

C. 可采用比共同基金更大的杠杆

D. 所有上述各项

E. 上述各项都不对

9. 外汇市场是一个：

A. 股票市场　　B. 现金市场

C. 期货市场　　D. 场外交易市场

10. 以下那个交易所可同时交易股票、期权以及货币？

A. CME　　B. NYST

C. PHLX　　D. CBOE

第十一章 强有力的期货市场

章节目标

- 起源
- 金融期货
- 商品期货
- 分析
- 交易策略

金融界所称的期货市场其实指以下两个截然不同的市场：与易货贸易市场同样历史悠久的商品期货市场，以及与经济学研究学科同样年轻的金融期货市场。这两个市场都为期权交易者提供了公平竞争的舞台，人们一般视其看待事物的立场、参考依据及其个人经验和兴趣来选取两者之一。有些东西就如同农夫交易的谷物和家畜，或者在石油行业进行交易的原油或天然气市场；这些东西看得见，摸得着，或者您对其有一定的相关经验。如果您觉得交易这类产品更加自在，那么，您也许希望先从实体商品（期货）开始。您马上就会了解到，传统商品（交易）要求了解商品的生产方式、地点、时间及其数量。相反，那些经常交易股票并跟踪金融市场的人，则会在金融期货的交易中更加得心应手、游刃有余，比如，买卖标普 500 指数期货，或纳斯达克 100 期货合约等等。由于这两种期货合约差异很大，因此，我接下来将分别加以说明。

期货市场的最古老分支被更确切地命名为商品市场。商品是真实的实物，您可以食用、储藏、硬劝您爱人食用（尽管他或她已不愿意遵循）这些商品实体，也可通过使用它们而改善健康，或为太空飞船和房屋提供线缆，或纯粹因拥有它们而感到享受。我指的是玉米、小麦、大麦、猪腌肉（期货新手可能对该名词如果不熟，可视其为咸肉）、活牲畜，等等。您也可交易黄金、白银、钯和其他贵金属。第三类商品包括可可粉，它是制作爱心形状的大盒巧克力的原料，这可是讨好您心上人必不可少的。冰冻鲜桔汁对预防冬季感冒有奇效，至少我祖母对此深信不疑。铜博士应该是商品中最聪明的智者（我以后会再介绍铜的），全世界的房屋都少不了它，而且，几乎每架飞机及飞船中也都能找到它的身影。最后，但仍然很重要的，就是咖啡和食糖——如果没有双份浓缩咖啡的中杯拿铁，您将会多么悲催？

建立商品市场的目的是为了解决一些实际问题。假如您是牧民或农民，您如何得到您赖以生存并因此过得滋润、但您自己又不会生产的商品呢？答案当然是在当地建立一个市场，在那里村民们将售出农民们种植的剩余产品，以购入农夫所需的食品等物品。最初的交易方式是易货贸易，然而之后，最终出现了各种形式的货币。

上述传统商品交易市场运行得很好，并一直延续了好几个世纪。但是，随着农民的生产力的不断提高，又出现了下列新问题：他们产出了超出其牲口所需的饲料，并产出了超过当地所需的食品。他们没有能力或金融财力来存放所有这些剩余产品，直至城里的市民时购入为止。农产品有个有趣的特点，即在同一时间周期内会表现出丰收或冰天雪地、物质奇缺的两种情况。这些会对农产品生产者与其用户带来重大的财务问题。在丰收季节，农产品供应丰富，农民之间竞争激烈。村民们的确对激烈的竞争乐此不疲——直至冬季来临，新鲜农产品业已断货，而仅有的供货则价格疯涨，贵得令人咋舌，以致只有当地的王子才能用其征税所得买得起这些商品。如果您觉得这还不够糟糕，那么，有时某年因天气极佳而使产值激增，但紧接着在下一年，却因雨水未能如期而至而使产出萎缩至零。

甚至连商人也不太乐意。他们喜欢该市场对其有利的一面：即可在丰收期间低价买入农产品，但厌恶市场对其不利的一面：即在最需要买入时商品却断货。

对于这个丰收或饥荒的两难处境的解答就是预先向农民提供贷款资金，以供其将谷物和其他农产品存放于其农场，并在日后将它们平稳有序地供应市场。这样就逐渐形成了众所周知的远期合约。农民们在庄稼收割前提前收到了钱，这些钱足以让他们支付其明年的生产成本和生活费用。于是他们就将谷物和其他农产品存放起来，并在年内将它们平稳有序地供应市场。至少，远期合约系统的设计要求就是这样的。

编制上述远期合约的商人保留卖出这些合约或在商人们内部之间转让这些合约的权利。最终，他们将设法看管好这些存货，从而控制好其质量、均质性和可用性。当某种庄稼因旱灾而遇到麻烦时，由于每个商人都知道农田里的庄稼将因供不应求而变得更加昂贵，因此，该类合约就会量价齐升。下一步就是要组织、管理好这些合约的交易。一般认为英国皇家交易所最早在官方交易所进行这类远期合约的交易。不过，非正式的这类交易可追溯到13世纪的英国。从全世界范围来看，远期合约是普遍适用的相关解决方案，这可从早在1650年的日本大阪的堂岛大米交易所得到证明。这里插一句，正是在这个期间，日本发明并完善了一套非常复杂的技术分析方法，称为日本蜡烛线方法。该方法仍旧在期货市场及其股市分析中被普遍运用。

在美国，伊利诺斯州的芝加哥成为商品期货市场的交易中心，这是因为：其周边各州的谷物及牲畜物产极为丰富；此外，该市区可便捷地联通极佳的内河系统及五大湖区，从而可以低廉的运输成本、经1824年竣工的伊利运河将货物运抵纽约市，或经密西西比河将货物从伊利诺斯州运抵新奥尔良市。在19世纪末之前，该区域一直是美国达多数人口云集之地。

首个美国商品交易所——芝加哥期货交易所（英文简称“the Board”）于1847年成立。到美国内战结束的时候，期货合约已实现了标准化。著名的黄油商及鸡蛋商开始在芝加哥交易等量可互换的标准期货合约（黄油及鸡蛋是当时广受大众喜爱的商品），这两家富裕的期货商因访问了纽约市好长一段时间而家喻户晓。芝加哥农产品交易所成立于1874年，后于1919年变为芝加哥商品交易所

(英文简称"Merc")。

Merc 打响了金融期货战场的第一炮。1972 年，它创设了首个货币期货合约。作为响应，芝加哥期货交易所在对上述合约表示祝贺之后，也推出了首个利率期货合约产品。之后，Merc 又加强火力，推出了美国（短期）国库券期货合约。作为回击，芝加哥期货交易所又推出了美国长期国库券期货合约。与此同时，芝加哥期权交易所（CBOE）走上了历史舞台，并推出了标普 500 指数、标普 100 指数、道琼斯工业平均指数（下称 DJIA）、纳斯达克 100 指数、罗素 2000 指数、CBOE 波动率指数等指数的期货及期权产品。纽约市也不甘寂寞。纽约商品交易所（Comex）斩获了贵金属和贱金属市场（黄金、白银、铂金、铜等等）。纽约咖啡、白糖及可可粉交易市场则将软性饮料及早餐商品（咖啡、白糖、可可粉、桔子汁等等）纳入囊中。纽约商品交易所则俘获了石油商品市场（原油、取暖用油及天然气）。大家也不能忽视纽约棉花交易所、纽约期货交易所，或者两家地区性交易所——堪萨斯城交易所及明尼波利市交易所。小微型期货合约则由位于芝加哥的中美洲交易所包揽。欧洲及亚洲的交易所也不甘落后：英国、法国、德国以及亚洲诸国的交易所也开足了火力。甚至加拿大及澳洲也积极参与了世界期货市场的竞争。您现在可以在伦敦交易所开仓某个合约，之后可在芝加哥交易所平仓该仓位，从而在实际（效果）上加倍延长了一日中的可用交易时间。如果您嫌这个还不够快捷，那么，全球期货交易系统（GLOBEX）则能提供 24 小时的期货合约交易服务。我在这里要指出的是，马歇尔·麦克卢汉在其世界村的相关论述中早就提到过期货及期权市场，这远远早于蒂姆·伯纳斯-李的脑海中出现万维网灵感的那一刻。

相关历史回顾就到此为止。让我们回到商品和金融期货市场。金融期货市场的分析与股市的相关分析非常相似，因为金融期货及期货市场的价格变动趋势源自于其标的物产品。比如，道琼斯工业平均指数的期货期权的定价要参照 DJIA 的价格，后者是 DJIA 的 30 只成分股股价的加权平均值。因此，正如之前在第 8 章中所述，关键是每股收益。一般而言，公司盈利越多，股价就上涨得越高，其对应的金融期权合约及这些合约的期权产品的价格也会有相应的表现。

其他金融期货产品，如利率、货币、（长期）债券、（短期）债券等，则在更多程度上受所在国的宏观经济的影响和制约。这些反过来又营造了相关的宏观经济环境，从而鼓励或阻止企业追求超级收益，并影响资金从一国流入另一国。因此，如果您试图运用基本面分析来预测美国宏观经济指标的金融期货期权的价格趋势，您就必须跟踪下列三类关键经济指标。以下是这三类指标的分项细目。

- 领先指标指数
  - 平均工作周
  - 每周平均的失业者就业申请
  - 消费品新订单
  - 供货商绩效（指标）
  - 新工厂及新设备的合同与订单
  - 建筑物许可
  - 未成交耐用品订单的变动
  - 敏感材料价格
  - 股价
  - 货币供应（以不变价值美元计价的 M2）
  - 消费者预期
- 同步指标指数
  - 农业就业人口
  - 工业产出
  - 以不变价值美元计价的、扣除转移支付后的个人收入
  - 以不变价值美元计价的、制造业及贸易业的销量
- 滞后指标指数
  - 制造业产出中人工成本的百分比变动幅度
  - 以不变价值美元计价的、制造业及贸易业存货与销量之比

○ 平均失业期间

○ 以不变价值美元计价的、未偿还商业及工业贷款

○ 消费者分期付款贷款与个人收入之比

○ 平均最优惠利率的等级变动

○ 服务业的消费者价格指数变动

您从上述指数的构成中即可看出，您预计最先会受影响的指数应该是领先指标指数中的指数。一旦经济起步增长，同步指标指数则反映了第二阶段的情况。当滞后指标指数开始产生变动时，由于经济速度可能放缓或趋势可能变化的兆头开始出现，因此，此时您应该准备获利了。除了上述市场（指标）之外，跟踪了解相关世界政治事件也是至关重要的，因为您从中可了解到相关金融期货产品今后会面临哪些风险事件和因素，这尤其适用于货币（期货产品），因其会受到相关政治事件的重大影响。

商品指实物商品，有别于金融期货，这就像美国（短期）国库券与木材的区别。这两者的关键区别在于商品因本身不会产生任何收益而没有收益。它们只能被存放着，等候被售。黄金不会派发股息。没有一个玉米穗本身能产生任何盈利。石油既可以被裂解成汽油，也可隐藏在地壳下面。但是，如果听任市场中某些商品严重过剩或严重短缺，则各种灾难必将接踵而至。换言之，一切都在供求关系的掌控之中。当您认识到某种商品实际上会发生短缺时，上述道理就变得完全清晰无误。目前，全世界每日的石油使用量已超过了石油采掘量。石油的自然形成需要经过成千上万年。您可猜测一下，将来某一天会发生什么情况？将来总有那么一天，全球历经几百万年才形成的石油被用尽了最后一滴。没了！归零了！枯竭了！地球的石油刻度表上将显示用尽或零。石油用尽前的最后 50 天时油价会是多少？最后 25 天时呢？最后 10 天时呢？您可能会对断定，届时油价一定会是天文数字。但是，您从来就无法完全确定未来的确切价格。这也是期货交易的魅力所在及最大令人困惑之处，同时也是运用期权的最佳理由之一。

很明显，只要全球仍旧如此依赖石油及其衍生产品，那么，其价格总有上涨

趋势。除非发现了更多的石油储藏，或者因找到了石油的替代品而降低了用油需求，否则，油价就不会下跌。其替代物能否是电能？大众捷运交通是否会把小汽车从道路上赶走？谁知道呢？我猜测是煤变油，您的意见呢？但是，总会有那么一天，全世界的石油资源都被用光，只有在史密森尼博物馆的几个石油样本罐中才保留着仅剩的石油样本。在该日来临之前，油价的最高价和最低价都只会不断上移，也即呈牛市趋势。在这期间，每当发现了新能源或替代能源，油价即会出现较大的回调，从而给全球及相关交易者带来希望。最终，随着上述新发现能源的逐渐减少，油价又会继续上涨。然后，在油价直冲峰值顶点之后，一旦投资者认识到石油已不再是有前途的交易产品时，油价便会令人触目惊心地崩盘。这就是供求关系的终极场景。

请不要把期权的供求关系与其标的物的供求关系互为混淆。每当有买方为买入期权、进入市场而出价时，期权卖方即会为买方“创设”一份“新的”期权合约。卖方有多大胆，就可创设多少份期权合约，并可通过调整价格来调控需求。遗憾的是，实物商品是与此不同的：

- 当最后 1 蒲式耳的玉米存货被从货梯中运走后，您又能做什么呢？
- 当地球黄金矿藏中的最后 1 盎司黄金被发掘出来后，您又能做什么呢？
- 当星巴克滤煮光了最后一粒咖啡豆之后，您又能做什么呢？
- 当麦当劳用尽了最后一根碎牛肉丝之后，您又能用什么（肉）做下一顿午餐呢？

大多数商品可不断更替，并且理论上其可用的数量无限，因此，您始终可获得这些商品的供应。然而，石油等其他商品则最终会从地球上消失。问题是时机的把握：新能源或新的替代能源何时才能到位？

比如，美国农业部（简称 USDA）对世界主要农产品的总供应进行持续更新的统计，并定期发布相关统计结果。您可在美国农业部的网站上找到这类信息。譬如，该网站会披露全球现有的小麦供应所能满足需求的天数。如果该数字跌至 90 天以下会发生什么？60 天以下呢？30 天以下呢？全世界几乎每个国家的用户都将绷紧神经。控制世界五谷供应的经销商们看到小麦供应下降后又会采取什么行动呢？全球的小麦经纪人又会采取什么行动呢？全球的小麦生产者又会采取什么行动呢？小麦的大客户又会怎么做呢？政府会采取什么措施呢？在谷物坑旁的商品交易者又会怎么办呢？小麦的最终用户又会怎么做呢？

答复当然是买、买、买！做多、做多、做多！他们会买入所有买得到的期货合约以及看涨期权合约。当然，与其他农作物不同，全球各地几乎每个月都有小麦丰收，因此，在最近的将来，全球某地肯定会生产出更多的小麦。这些产量够吗？它们能否足够快地投入市场，以补充世界小麦市场的供应？当前正取得小麦丰收的国家是否会出口小麦，还是将内部消化掉所有这些产量？所有这些问题的答复将告诉您每蒲式耳的小麦期货价格是否会疯涨到 4 美元、6 美元或 8 美元。当然，期货交易者遇到这种情况会踊跃买入相关期权产品，并一直交易到该交易日结束时收盘铃声敲响为止。

美国农业部用来预测相关产品供应量的公式是什么呢？它又如何知道相关需求量是多少呢？什么因素会扭曲这些预测数据呢？

玉米供应

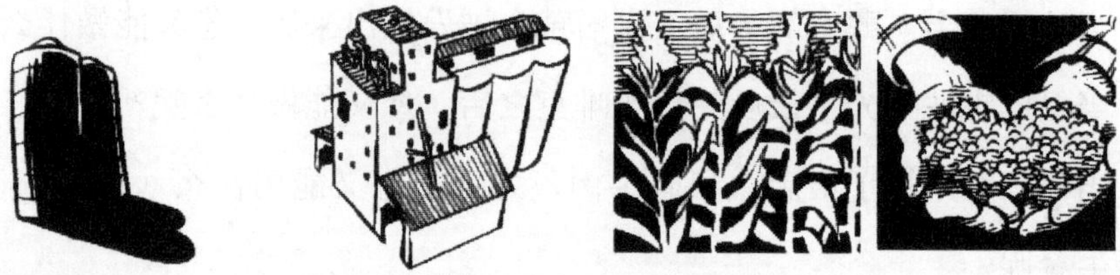

农场内仓库+商用仓库+产量=供应

图 11－1

这个公式相对简单（请参照图 11－1 中的例子）。要想在该公式中代入精确数字几乎是不可能的。运用该公式时，您所要做的只是先确定从上年或上季度结转下来的剩余产量，即所谓的结转数；然后，估计当前阶段或下一时段（此处的下一时段，对农作物而言，指下一个生长季节；对矿产品而言，指年平均产量）的相关产量，并求出上述结转数与该产量之和；之后，再估计相关使用或需求量。需要对该商品的所有潜在用户进行全面调查，从而得出下一年该产品的需求量，并将其与当年或之前年度的需求量进行比较。磨坊主今后会需要更多还是更少的小麦？新屋开工率会否上涨到足以加速对铜、木材等需求的增长？如果是这样，各个相关数据为多少呢？然后，有关方面将按照美国政治事件议程以及华府及其他政府的所有其他政府事项的要求，对所有上述数据进行收集、推测、造假或格式调整等数据处理工作。最后，这些数据才以最终价格预测数据的形式向公众披露。

上述所有这些步骤乍一看上去很简单易懂，然而，如果您亲自去做了后就会发现事实上并非如此简单。您会发现，每位提供相关信息数据的人或其同行都会在篡改数据后才将其提供给相关的数据收集机构——甚至美国农民也是如此。我在参与《杜安农业报告》编制工作期间，相关研究部门会定期采访农民。该部门了解到，在其对种植意向等问题进行初步调查时，农户会故意误导调查人员。如果他们在农场田间仓库中已经储存了大量的玉米，他们就会说他们打算在更多的农田上种植大豆，并将减少种植玉米的农田。他们这样做是试图人为地为其自身营造玉米好卖的机会，意即当该项调查结果向公众披露后，就将启动一轮玉米市场的牛市。种植大豆的农田会增加、而种植玉米的农田会减少的消息会导致期货市场中的玉米行情上涨，并使大豆行情下跌。农民们将乘玉米价格上涨的机会在期货市场卖出玉米期货合约，以期望在期货合约到期日进行实物交割，从而出清其田间谷仓里的玉米库存。他们在卖出玉米期货合约之后，便可于当年尽可能多面积地种植玉米。美国中西部农民一般宁愿种植玉米，也不愿意种植大豆。

以下说明一下商品期货、金融期货以及股票的几个主要区别。首先，期货合约同股票期权以及期货期权一样，都会到期。而股票则不会到期，（以股票为标的物的）金融期货应能够体现股票的这个（不会到期的）特性。股票理论上有无限长的寿命。期权与商品期货的重大区别在于交割。股票期权固然也会到期，但是，您可通过行使（看涨或看跌）期权来持有多仓或空仓的标的物股票。如果您对某个期货期权行权交割后，您就持有了某个期货仓位，而不是标的物（现货）仓位。然而，一旦您持有了某个期货合约，您就可一直持仓等待至到期日进行交割——如果您持有多头（期货期权）仓位，那您经过交割后就接受/买入了相关商品的仓位；如果您持有空头（期货期权）仓位，那您经过交割后就提供/卖出了相关商品的仓位。这里我故意用商品一词，因为如果您持有金融（商品）期货合约的仓位，您将采用现金交割。对于美国（短期）国库券的期货仓位而言，您很可能不希望在交割时接受/买入了价值1，000，000美元的美国（短期）国库券。您可能取而代之的是，您在该合约到期日前就平仓——如果您对多头（金融期货）仓位进行了平仓，那么，您的期货账户将根据您（后来）卖出与（之前）买入该仓位的差价而相应地增值或减值；如果您对空头（金融期货）仓位进行了平仓，那么，您的期货账户将根据您（后来）买回与（之前）卖出该仓位的差价而相应地增值或减值。

跟股票相关的金融产品共有两种：作为标的物的股票本身，以及以股票为标的物的期权。与期货相关的金融产品共有三种（或称三个层面）：作为标的物的现货商品本身、以现货商品为标的物的期货合约，以及这类期货合约的期权。

每张期货合约到期日（或交割日）前的有效期未4至12个月不等。比如：

（短期）国库券：3月份、6月份、9月份、12月份

小麦：3月份、5月份、7月份、9月份、12月份

CRB指数：3月份、5月份、7月份、9月份、12月份

黄金：2月份、4月份、6月份、8月份、10月份、12月份

瘦猪：2月份、4月份、6月份、7月份、8月份、10月份、12月份

白银：1月份、3月份、5月份、7月份、8月份、9月份、10月份、12月份

原油：全年所有月份

对于农产品而言，其交割月份与播种及收割时间相关。比如，麦子分春小麦与冬小麦两种。春小麦在春季播种，并在9月份至12月份期间收割，具体在哪个（些）月份要视所在地的地理位置而定。冬小麦在秋末播种，并在春季或初夏期间收割。对于石油以及白银等其他商品而言，一般要视各个行业的具体情况

以及市场状况来确定有效期应包含多少个月份。

商品期货到期时实际上可进行实物交割。由此也产生过下面一个您可能已有耳闻的传奇故事——美国皮澳里亚市的一位出名或臭名昭著的牙医买入了5，000蒲式耳的大豆期货合约的多头仓位。据说，他因忘了平仓而不得不在到期交割日买入这么多大豆的现货。之后，他只得把这些大豆倾倒到自家的草坪上。真实情况并非如此。期货合约到期时所进行的实物交割，在已由期货交易所颁发许可证的专用仓库内进行，这类仓库能保证相关现货的质量、数量及其相关财务的稳健性。如果那位牙医确实不慎将该大豆期货合约一直持有到到期交割日，他将会收到多个提醒通知，并获得被称为重新交割的第二次交割机会。这种做法的负面效果是：由于该期货合约进行了第二次买卖，因此得加收两笔佣金；而且，他第二次买、卖该期货合约的价格必须采用市价。如果他决定在第二次交割中接受，买入现货大豆，那么他的期货账户中将被扣掉这个期货合约的全部费用。5，000蒲式耳的大豆期货合约的价格为30，000美元（每蒲式耳的大豆价格为6美元），而相比之下，维持保证金则只要500美元左右。交割之后，存放现货大豆的仓库将向他收取相应的仓储费和保险费。如果（交割前）他的期货账户余额不足30，000美元，他就会收到追加保证金的通知；他的经纪人将会急躁心切地试图获得该位牙医的期货账户中的不足资金部分，因为该经纪人或其经纪公司将与清算公司结算该笔交割。

有一个非常重要的期货交易者的分支类别，称为套期保值商。这类套期保值商或为个人，或通常为公司实体。实际上，他们买入商品（现货）（持有多头仓位）并同时卖出商品（期货）（持有空头仓位），从而通过该种组合策略对其现货进行保值。各大家畜供应商买入玉米现货（持有多头仓位）；并同时卖出活牲畜期货合约（持有空头仓位），以确保能在到期交割日以目前的价格出售这些活牲畜（现货）（从而达到对其玉米现货进行保值的目的）。炼油厂买入原油现货（持有多头仓位）以稳定或均摊原油（原料）的成本价格；并同时卖出汽油和燃料油的期货合约（持有空头仓位），以确保能在到期交割日进行卖出交割。这种策略称为裂解价差策略（取自将原油裂解成汽油的意思）。任何公司实体都可买入铜（制造商）、白银（珠宝商）、小麦（谷类食品加工商）、燃油（航空公司）或其他现货商品，并同时卖出相关期货合约或期货期权，从而锁定其购入现货的成本并确保其经营的稳健性。美国商品期货交易委员会（简称 CFTC）通过相关期权及期货的期货头寸（COT）来跟踪上述大型贸易商的相关仓位（变动情况）。期货行业中的 CFTC 就类似于证券行业中美国证券交易委员会（SEC）。有两个 COT 报告。其中一个报告涉及未平仓合约（量），指截至每周周末仍未平仓的期货净头寸（仓位），该数据在美国东部时间每周五 3∶30 p. m. 发布，另一个报告则涉及未平仓期权合约的相关详情。

研究这些报告是非常重要的，因为持有这些合约的公司大多数就是需要或生产相关商品的大型企业。它们有极佳的情报渠道，并且具有丰富的相关交易经验。因此，如果这些大企业所达成共识的明确意见是行情走牛或走熊，那将是准确预测下一步行情走势的强烈信号。如您所知，这类交易者采用了套期保值的策略，即对行情的多、空两边都下注。因此，不管行情上涨或下跌，他们除了丧失了一定的机会之外，不会因行情涨跌而受到影响。此外，这些企业大鳄都资金充沛、财力雄厚。分析师们经常说的商品处于强手的掌控之中，指的就是这种情况。

弱手指的是持有裸卖空、未对冲仓位的普通交易者或投机者。他们在仓位一旦出现浮亏后，就不会持仓很长时间。这类交易者大多数一旦仓位出现浮亏，就必然卖出平仓。相反，套期保值者即使在行情糟糕时仍然会长期持有大量的仓位，因为其经套保后的仓位，不会因价格涨跌而受到影响，并且他们将一直持有相关空头期货仓位，直至到期日进行交割。

另外，上述 COT 报告中的相关价格信息有时也会使人困惑。仅凭某些大鳄有关行情已经走牛或走熊的观点，未必能得出正确的结论，因为他们未必都对。比如，许多主要黄金生产商在本世纪初的几年内都对其黄金生产采取了套期保值的策略，结果黄金价格却一路疯涨到每盎司 1，000 美元以上。在这之前，黄金价格曾经遭遇过约十年的熊市。因此，彼时对黄金采取套期保值策略应该是行之有理的。作为一名生产商，其稳健经营的思路是，首先了解您的生产成本，然后确定一个可接受的盈利水平；接着，一旦您的产品现货价格超出了您预期的盈利价格水平，您就要在期货市场上（以该现货价格）卖出该产品的期货合约。这就是生产者锁定其收益的稳健方法。该策略一般都很有效，然而，如果行情朝预料之外的方向发展而出现了大幅上涨，结果就不同了。生产商在到期交割日以从低于市价（即 CMV 价）的交割价卖出产品，而此时用户愿意出的、买入该产品的 CMV 价高于上述交割价。当您在某个市场中采取套期保值策略，或甚至价差策略时，您在极大地降低了风险的同时，也放弃了未来的某些盈利机会。

再回过来看看那些时不时篡改一些调研数据的农民们，这也许不会是影响重大交易的事项。然而，某些不道德的国家也肆无忌惮地干着相同的勾当。其中，最典型的例子莫过于发生于上世纪 70 年代的“俄罗斯（前苏联）粮食大劫掠”丑闻。在位于瑞士的欧洲期货交易所场外工作的前苏联谷物期货交易手当时已知道前苏联党的谷物种植情况已经极其糟糕。他们在芝加哥期货交易所（CBOT）买入了大量、巨量的期货多头仓位，以及看涨期权合约。前苏联政府一直没有对外披露当时该国的谷物因重大旱灾而严重欠收的真相，直至谷物收获季节来临时，才允许观察员们进入该国。当然，此时前苏联谷物严重欠收的情况终于真相大白。期货市场上的谷物价格立刻就像苏联人造卫星那样飙涨。前苏联政府，以及同样在其秘密账户中涉嫌内幕交易的几个交易庄家都赚得盆满钵满。

上述事件的教训是，不能相信大公司、生产商以及政府部门会提供用于相关价格预测的可靠信息。在某些不发达的国家，官员们甚至根本无法获得可用的产量或使用量的相关数据，而这是普遍现象。这些国家的咖啡及可可粉等农作物，可能都生长在偏远地区。政府根本就没设置过收集、梳理、评估并披露相关信息的对口部门。出于政治正确的目的，上述关键信息往往视信息拥有者的道德准则而被作为政治工具加以利用。正是由于这类问题，美国才开发了监控世界主要（谷物）生产区域的卫星设施。美国农业部（USDA）在其网站中，针对各种作物生长过程中的关键阶段，提供了相应的卫星地图。

假如所有以上这些信息还不够负面的话，那么还有之中存在的天气问题。假如您已建立了一个最新的计量经济学模型，以便对与贵国经济有重要关系某个商品的供求关系进行预测。玉米是个很好的例子，因为全球除了北极以及南极之外，所有大陆都在种植玉米。对全球出口产品价格进行分析的关键在于分析几个净出口国的相关情况，因为对其他许多国家而言，多数谷物（如玉米、大米以及小麦）都只能做到自产自销、自给自足。仅有美国、澳洲以及南非等少数国家才能产出足以影响全球市场价格的剩余玉米——从而在玉米稀缺时期为多头买方打造牛市氛围，并在玉米大量过剩阶段为空头卖方营造熊市行情。

您上述模型预测全球范围内将有充足的玉米供应，而玉米将在正常的交易价格区间内进行交易。几乎在您发布上述相关报告的同时，在热带太平洋区域发生了一次厄尔尼诺现象。经过美国部分地区的墨西哥湾暖流的流向发生了变化。春雨给美国中西部地区带来了过多的降水，从而迫使美国农夫减少玉米的种植量而改种大豆。这是因为大豆的生长期限较短，即使较晚播种下去也能带来不错的收成。于是，玉米价格出现疯涨；而大豆价格出现暴跌，其大部分市值瞬间蒸发。

天气所能重创的对象不仅限于庄稼。2004 年，美国的佛罗里达州遭受了飓风袭击。墨西哥湾的海上钻井平台被撤离下线的速度大大超过了起初的预测，从而导致油价猛涨到每桶 55 美元以上。之后在 2008 年，油价又因政治原因而狂涨到每桶 100 美元以上。对石油而言，驱动油价上涨的真正因素是需求，以及担忧因某些国家政局不稳而丧失了石油供应。目前，人类历史上首次出现了每日油耗量超过石油发掘量的情况。中国对石油的巨大需求与其举世瞩目的国民生产总值的增长相匹配。中国政府正在努力调控其经济增长，但是这些调控能在多大程度上奏效呢？其经济能否避免过去几十年内重复经历的繁荣与萧条的不良循环呢？中国经济会否出现工业革命肇始之际美国经济所呈现的繁荣与萧条的不良循环呢？哪个产油国将卷入战争，从而导致石油供应锐减？您怎样将这类事件编入到计量经济学模型的相关程序中呢？

建立上述计量经济学模型、具备收集和处理所有这些所需信息的工具设施是超越了普通投资者的能力范围的；而且，大多数人无法承担订阅这类经济模型数据的相关费用（每年30，000美元以上）。那么，基本面分析是否对商品价格预测毫无用处呢？当然不是。正如股价分析一样，基本面分析适用于预测相关产品的长期价格走势。如果某个商品供不应求或需求难以满足，则将有利于其价格上涨，即使普通投资者也能从中获益。对商品而言，您必须了解比每股收益多得多的相关知识。影响不同商品价格的因素千差万异，而影响股票的因素则相对雷同。比如，玉米一般作为牲畜的饲料。如果玉米价格已经太贵，养畜者如果有小麦的话，就会用小麦替代玉米。这称为替代效应。当出现替代可能时，相关商品的价格就会具有所谓的弹性，意即其价格将会视供需关系的变化而反弹或回调。

某些商品不太具备价格弹性。巧克力和石油就是较好的例子。不管可可粉的价格上涨多少，巧克力控们仍旧会照单购买。石油需求也似乎对油价上涨无动于衷；只要更便宜、更安全的替代能源尚未问世，石油需求很可能保持不变。然而，不管商品的需求如何缺乏弹性（刚性），如果其价格上涨得过高，其需求终究也会受到影响和抑制。美国历史上也曾经发生过汽油需求量减少的特殊情况。

供需关系等式的供应侧具有某些怪异的特点。某些商品是另一项业务的副产品。有时，即使该类商品已严重供大于求而且已价格低廉，它们还是被继续不断地生产、供应。白银就是一个例子。它是生产铜、锌和铅的副产品。即使白银下跌，白银存货也会继续增加。说起铜，旧时代的交易员会把铜称为经济学博士，因为它是反映金融活动的最佳晴雨计之一。铜价上涨，经济也会随着腾飞。铜价回落，股市也会回调。为什么呢？因为许多产品的制造中都大量使用铜材料，从电池到住房。您会发现，到处都遍布着铜材，从而使其成为经济增长的预言家。同理，铜价低迷往往预示着经济将出现萧条。还要牢记的是，铜是国际贸易产品；换言之，即使期货市场上铜价上涨，也未必意味着美国经济的繁荣。比如，亚洲经济的高增长也会驱使铜价上涨。尽管如此，期货市场中某些最精明的人还是紧盯铜价的上下波动及横向盘整，并视其为经济的晴雨表。

上述探讨的要点就是，对实物商品而言，影响其供需平衡的因素数量巨大、千差万别。许多因素无法事先预测，如天气或政治事件等等。政府部门还会因不便公开的议事事项而故意隐瞒其他信息。尽管如此，正如交易股票期权时必须了解相关宏观经济状况一样，交易期货期权时也必须牢固地掌握相关的基本面知识——即使您采用的首要决策工具是技术分析。您在放飞您的交易风筝之前，必须看清是顺风还是逆风。

做好上述基本面功课的最佳方法是什么呢？我接下来要介绍的是我个人已屡试不爽的方法。如果您不采用我的方法，您就需要努力避免做无用功。所谓做无用功，即指逆势而为，如在熊市环境下固执倔强地竭力期望促成牛市行情，或在牛市环境下过于悲观地看空后市。我交易期货或期货期权的经验是，在我开始交易与某个商品相关的金融衍生品之前，我必须先站在管理该商品存货的经理的角度分析完相关问题。

请您设想一下：存货管理经理的职责就是以最低的平均价向其公司稳定地提供某道生产工序所需的该商品；他或她的年终奖将与其供货的绩效挂钩；他或她最为关注的是哪些事项呢？如果因该商品断供而导致生产中断，他或她必将和年终奖无缘。如果购入该商品的均价超出了事先规定的价格水平，他或她的年终奖也会泡汤。其关键是要在该商品价格低于目标价格时，采用期货或弃权工具，锁定该商品的数量（及均价）。

为大豆处理机提供大豆的存货经理又是怎样思考相关问题的呢？该公司将把大豆榨成油及豆渣食品，适合采用挤压价差交易的策略。大豆油的用途极其广泛，从油漆到酸奶，不一而足。每一标准蒲式耳的大豆重达 60 磅。这些大豆被压榨后，可产出 48 磅的豆渣食品和 11 磅的大豆油。在该生产工序中，发生了 1 磅大豆的损耗。

为了确保获得年终奖，该为存货经理必须以低于或等于每蒲式耳 5. 50 美元的均价，向存货仓库提供满负荷的大豆。此外，该公司的仓储设施的最大容量为 100，000 蒲式耳，也即 1 个月的耗用量；为此，仓库的年末累计库存不得超出

1，000，000 蒲式耳。大豆原料的均价每低于目标价 1 美分，存货经理就将获得 10，000 美元的奖金。如果每批的大宗交易的大豆进货的单价省下了 5 美分，那么，该存货经理在新年除夕时将会有 50，000 美元的奖金入账。这些潜在的奖金应该会使该位经理感到激动不安的。

为了实现上述目标，该位经理将在大豆现货市场及期货市场中选择合适的金融工具（组合策略）。一旦大豆价格达到或超过目标价格即启动现货买入。这被称为：顺手买来，送到嘴边。当大豆价格低于 5.50 美元时，她可买入现货并将其存入仓库，并买入相关的期货及期权产品。她必须取得一定的平衡。当大豆价格走低时，她可以提前（实施下一阶段的采购任务）买入适量的大豆现货。但是，她不希望买入大豆现货，以免日后大豆价格跌得更低。假如她以仅低于目标价几美分的价格买入大量的大豆现货，那么，到年底时如果大豆的价格跌得更低，她则很难摊薄全年的平均成本价。但是，如果她不买入，而之后大豆的价格又一路急涨，她就将失去了低价吸筹的好机会。在大豆价格低迷时，她可以买入一部分现货，并在推断价格会继续下跌的前题下，卖空相关期货（或买入相应的看跌期权）；并且，通过买入便宜的看涨期权来对冲将来需要购入实物商品现货时、大豆价格已经大涨的风险。从看跌期权平仓后获得的收益也能弥补、对冲大豆价格后来上涨所增加的购入成本（假设大豆价格先跌，然后看跌期权平仓，随后大豆价格又上涨）。

始终站在奖金与其采购、交易商品的绩效挂钩的某个人的角度、设身处地地思考相关实际问题，将使您的分析更加接近现实实际。如前所述，本书中所有的案例、练习等的宗旨就是帮助您感受、领悟、把握市场——展示市场更真实的一面，而不是采取一种超然的、学究式的研究方法。成功的交易即是一门科学，也是一门艺术；而这点本身就是其艺术性的一面。

技术分析法情况又怎样呢？运用此法的期货交易者比股票交易者还要多。其重要原因就是，期货所涉及到的基本面因素实在过于复杂和离奇了。由于商业利益方面的竞争激烈，而且机构相对于散户太强势、太信息不对称，因此，就基本面分析层面的竞争而言，即使非常消息灵通的普通交易者，也几乎没有任何战胜机构的机会。比如，世界上有五大控制全球谷物市场的谷物公司大鳄。据我所知，其中某几家公司事实上能实时获取相关卫星照片。美国农业部所提供的卫星照片也就是他们能及时、实时看到的卫星照片。这类大公司的交易员在您发送委托指令给您经纪人之前，早就掌控了整个市场的走势。

股票市场会对内幕消息从严监管，而期货市场就没有类似的监管理念。比如，股市中，如果某人比公众更早地获悉可能会影响某公司股价的内幕消息，那么，股市监管部门就会命令相关个股停牌，从而杜绝相应的内幕信息交易。期货市场中则没有这回事。如果上述谷物公司大鳄中的一家在互联网公布某重要经济情报前的几分钟内获悉该情报，它就会提前潜伏于某个类似于“Intel”热门股的期货产品中，并促使该产品封住涨（跌）停板。而此时，您只能像瘪了气的轮胎，或倒霉蛋。对您而言，该日的交易已经结束了；您只能等到明天开盘再说。该期货的涨（跌）停版可能接连持续几天。我个人就曾经看到过生猪期货连续来了 6 个涨停板，我当时也不知为何热泪盈眶。涨停版、跌停版指的是每日收盘前的任何交易时段内，期货合约的交易价格的上限及下限。譬如，玉米的初始涨（跌）停版的涨（跌）幅是每蒲式耳 30 美分，或 1500 美元。

由于大多数交易者无法在基本面分析中胜出，他们只得求助于技术分析。因此，期货交易者开发了许多技术分析工具和系统。期货、股票及期权的技术分析的关键因素是成交量——它始终是最领先的技术指标。谷物大鳄公司的交易员一看到新的卫星照片后，就在第一时间建仓；良好的技术分析师或精明的短线交易员能从商品价格发生几美分的涨跌期间的成交量变化中，捕捉到重要信号。随着成交量的增大，他会在下列两种策略中选择一种或两种都选：买入期货多头仓位和/或相近期货合约的看涨期权。相近期货合约是指与封住涨停板的期货合约相比，在到期月份上最接近且波动率和流动性最大的期货合约。在建立仓位之后，他就试图查明究竟发生了什么事件。行动第一，查明第二——这就是专业交易员的交易方式。业余菜鸟则正好相反；他们在看到成交量异常的信号后会先去查明、核实相关情况，然后再采取行动。届时，首波升浪往往已经结束，而当业余菜鸟决定买入之时，专业老手正好利用这个成交量放大的期间获利了结，并转仓买入更久远的期权。交易员称此为把获利筹码抛给傻人所赚的钱。

期权与期货的组合运用策略能更高效地赚钱并行之有理。比如，有一个被称作尺度交易的方法多年来一直非常奏效。其唯一的缺点就是它需要投入大量耐心和资金。我并不建议期货交易的新手也运用此策略，但这是期权与期货这两种金融衍生品彼此完美组合的绝佳案例。

根据尺度交易的方法，当可可粉、玉米、生猪或大豆等实物商品的价格跌到其10 年成交价幅度的 25% 以内时，您可开始分批买入该商品现货。这是对的——当商品价格正在朝着很大的未知数方向下跌时，应该买入，而非卖出。其理论依据是，商品价格会下跌，直至成功筑底，而底部就是大规模建立多头仓位的好地方，以期最终反弹。期货行业有句老话，“没有比低价更好的了。”一旦某个商品很便宜时，大家都会找到其有用之处。玉米价格跌得很便宜时，人们立即开发出玉米甜味剂和乙醇汽油。

该方法要求运用某一尺度来买卖商品，因而被称为尺度交易（法）。本例中，我确定以下尺度：玉米每下跌 4 美分就买入；每上涨 8 美分就卖出。如果有条不紊地照此交易，您建立的每个仓位都能获得 100% 的收益。但是，这需要时间、耐心和（预收）保证金。尺度的使用规定铁的纪律，而这恰恰是交易所必不可少的。

该方法的恐怖及风险之处在于碰到跌停板。如前所述，涨（跌）停版的涨（跌）幅是 30 美分。比如，您建立了首批 3 ~ 4 个仓位，接下来连续几个交易日内，商品价格都触及了跌停板。您将如何应付追加保证金的通知呢？您怎样进行自我保护？答复是买入看跌期权，以保护（对冲）每个期货仓位。您现在采用的是经对冲的尺度交易法。最好首先买入看跌期权，然后再买入期权多头仓位，因为前者都是虚值或深度虚值的期权，每蒲式耳只需几美分，实在是令人不可思议的便宜（相应的风险也小多了）。随着行情的回落，您不断增加的多头仓位在不断贬值、浮亏，但是您的看跌期权（仓位）却在不断增值。看跌期权仓位的盈利对冲、抵消了您的期货亏损仓位。如果您碰到了一天或连续几天跌停板，您将会受到天价的追加保证金通知。您现在买入了看跌期权之后，就可通过卖出高价的看跌期权来追加保证金。

这就是对该策略的简单介绍。您还可能遇到其他的挑战。比如，某些期权和期货合约在触及平仓尺度仓位所需的预期价位之前行将到期。此时，您必须对这些合约进行展期，将它们切换成到期日更遥远的相应产品。然而，只要您有条不紊、耐心、并没有资金不足的困难，那么，所有这些都是可以掌控的。交易者采用尺度交易法时所碰到的最大麻烦就是，商品价格遭遇暴跌而无法追加保证金，而且又没有买入看跌期权进行风险对冲。发生这种情况后，所有看多仓位将被强制割肉平仓，而追加保证金的通知也会像悬在玛丽·安托瓦内特皇后头上的断头刀一样，出现在交易者的脑海里。

这些风险解释了买入看跌期权成为尺度交易的组合拳之一的原因。纯粹的尺度交易者反对买入看跌期权的策略，他们认为，当商品价格的一波上涨行情势不可挡时，买入看跌期权会减少收益。如果您有天量的美钞储备可用于追加保证金，那这样做也无妨。作为补偿，我就鼓励我所认识的交易员在商品价格超过尺度交易退出价位时，卖出相关的看涨期权。这样做有两个好处。首先，卖出相关看涨期权所得，可用于买入看跌期权。这可是对账户余额的增值，而非减值。

其次，它加强了交易的铁的纪律。行情上涨之前，交易者的某些商品期货多头仓位曾经一路跌至熊市底部；之后才好不容易反弹到盈亏平衡点。当一大波牛市行情在扶摇直上时，交易者很可能变得贪心不足，希望这些仓位能驾驭牛市，将上涨进行到底。尺度交易的的规则规定：您必须严格按预定的价位尺度进行买卖；对本例而言，即下跌 4 美分是买入，上涨 8 美分是卖出。牛市行情扰乱了交易者的心态，使用利令智昏、贪得无厌，期望其仓位一涨再涨，越高越好。这样就破坏了铁的纪律。只有严格遵守纪律和尺度，卖出看涨期权，您别无选择，这样才能避免遭受双重打击和损失。

我为何反复唠叨这些防守型交易策略以及如何采取措施以防范风险？由于某些相同的原因，一般认为，期货的风险及波动率比股票证券更大。这可以用杠杆一词来加以概括。在物理学中，杠杆原理指通过采用杠杆使某个作用力加大好多倍。在金融学中，财务杠杆使投资者能运用少于标的物资产价值的资金来拥有或控制标的物资产。美联储就规定：股市的杠杆只能为50%；该杠杆几十年以来保持不变。股票投资者如果有500美元的自有资金，他或她可向其经纪人融资500美元，之后，他或她即可买入价值1，000美元的股票。其自有资金与融资额度之比（即杠杆率）是1∶1。而对期货市场而言，杠杆率会大得多，大致达到10∶1或15∶1。对玉米案例而言，一张5，000蒲式耳的玉米期货合约的保证金为等于或小于1，350美元。杠杆率会随相关商品的价格变动而变化，比如：

玉米价格	杠杆率
$2.50	$9^{1/4}$∶1
$3.00	11∶1
$3.50	13∶1
$4.00	15∶1

相关数学公式比较简单：（玉米）杠杆率＝玉米价格×每张期货合约的蒲式耳数量÷保证金。然而，加入杠杆之后的效果既可能战果辉煌，也可能破坏极大。杠杆率越高，您承受风险也就越大。这是因为，如果投资或交易环境恶化，您必须优先保证您的交易对手（即期货清算公司）的财产完好无损；尽管您投入的自有资金只占您拥有或控制资产的和很小比例，但是，当您收到追加保证金通知时，您的账面亏损已占您投入自有资金的100%。

采用期权后的杠杆会更大。当玉米价格为每蒲式耳3.00美元时，您能很容易以每蒲式耳5美分或10美分的价格买入一张玉米看涨或看跌期权。如果您的期权买入价是10美分，那么杠杆率就是30∶1。这个杠杆率要比股票期权的杠杆率还要高许多，因此，期权交易新手往往然会觉得期货市场更有吸引力。在此，我要再您一个额外的忠告：绝大多数情况下，期货的波动率会更大。您迄今为止应该已经知道：没有任何其他东西能像波动率那样有助于创造机会。然而，大多数期货期权也会到期归零；锁定风险的同时也会限定部分收益，此话同样适用于期货期权与股票期权。在证券交易赌场，不会有免费的午餐！

那么，现在您打算成为交易期权的百万富翁吗——您怎样实现这个目标？您已具备了所需的优秀素质吗？那将是我在下一章所要讨论的内容。

小结

至此，您已经知道：

- 股市里有两类产品（两个层面）：股票现货及股票期权；期货市场里有三类产品（或称三个层面）：商品现货、期货合约，以及期货合约的期权。导致这种分类格局的原因与其相关市场的历史发展有关——实物商品仅在每年的某个季节产出，但是，它们在全年的其他季节、时段也在提供供应。谷物、金属、石油产品、软性饮料、木材等基本的实物商品还有下列独特的特性：相关合约到期后，还有被交割、买卖的机会。金融期货以现金结算。
- 期货合约的有效期可达一年之久，人们可利用期货合约提前好几个月对相关商品的价格进行预测。实物商品相当符合供求关系的相关规律。许多公司依赖于这些实物商品开展各自的相关业务，因此，基本面分析往往成为宝贵的相关预测工具。
- 金融期货市场的预测方法沿用了股市的相关预测方法，但是，还需通过额外的维度来对期货进行相关预测，因为很多实物商品还受到天气以及金融因素的影响。此外，期货的杠杆要比股市的杠杆高得多——风险越大，回报越高。

期权交易的具体方法介绍就到此为止。我们接下来讨论，成为一名成功的交易员究竟需要哪些素质。

测验

1. 商品市场与期货市场之间的区别是什么？

A. 商品市场严格意义上说是适用于农民的

B. 商品市场指实物商品，期货市场涉及商品期货合约、金融期货合约等所有期货合约

C. 基本上没有差别

D. CBOT 内只交易实物商品

2. 商品市场的先驱是：

A. 许可证　　B. 乡村市场

C. 远期合约　　D. 商人合约

3. 金融期货合约包括了下列哪些合约？

A. 美国短期国库券　　B. 标普指数合约

C. 纳斯达克 100 指数合约　　D. 以上各项都是

E. 以上各项都不是

4. 玉米计量经济学模型将属于以下哪一类：

A. 基本面分析　　B. 技术分析

C. 大致估计　　D. 宽客

5. 涨跌停板对期货交易有下列哪些影响？

A. 对当天的所有市场上参与者带来损失

B. 中止了该日的交易

C. 旨在保护交易所内的交易者

D. 对当天的交易具有很少影响或毫无影响

6. 期货交易币股票交易提供了更高的杠杆。

A. 正确　　B. 错误

7. 下列那一项是基本面分析的弱点?

A. 相关事实实在太多以至于无法全部查明和评估

B. 交易的时机把握不够精准

C. 输入数据可被证伪或误导别人

D. 它无法对完全预料之外的时间加以考虑

8. 下列那一项是技术分析的弱点?

A. 其大多数系统的可靠性很少达到50%

B. 其对未来价格走势的预测基于对历史数据的利用

C. 可供选择的系统太多

D. 它非常类似于纯粹的推测

9. 一份成功的期货合约需要具备以下哪几个特点:

A. 强有力的商业对冲 (套期保值)

B. 专业的场内交易员

C. 由于积极的投机交易员所组成的大型团队

D. 等量可互换的合约

E. 以上各项都对

F. 以上各项都不对

10. 期货市场将以下哪一项社会补救性服务提供给经济共同体及其相关行业?

A. 透明的价格发现过程

B. 为生产者进行风险对冲的地方

C. 供投机者赌博的公共场所

D. 测定各个经纪部门的强项与弱点区域

第十二章 变成泡沫 顺势而为

章节目标

- 交易哲学
- 财务及心理适应性
- 编制交易计划
- 在交易计划实施中确保其正确性
- 成为尽可能更加出色的交易员

您的生活哲学观，或经多年的学习和思考而自觉形成，抑或经一系列选择组合而随机形成，它影响着您生活的每个方面。我们每个人都有自己的生活哲学，它左右着您对市场情绪的应对方式，尤其是对恐慌和贪婪而言。更重要的是，它决定了您对宇宙作用机制的世界观——对本章而言更为关键的是，它决定了您看待行情的方法以及您响应或影响行情变化的能力。您如何答复下列问题呢？

- 宇宙是由物质偶然聚成一体，还是以某种有序的方式或形式汇聚而成的呢？
- 您是抱有目的论及意义论的世界观，还是倾向于存在主义的生活观？
- 人类的存在受理性还是感性的制约？
- 在解读人们响应或影响行情变化的行为，以及人们营造的行情时，所秉承的是机械论还是混沌论的宇宙观？

简而言之，您抱有什么样的世界观？

您对上述问题的哲学观决定了您的个性以及您的心理特征。了解自我是确定交易指导思想的关键第一步，交易指导思想能指导您成功地分析行情、有选择地进行交易并取得收益。针对您如何应对交易的需求以及交易的压力，交易指导思想也能为您指点迷津。正因为交易活动是如此紧张、激烈，所以，在投入到无情的期权交易世界之前，您有必要进行深刻的自我反省。

您的日常生活是什么样子的？它是井井有条的，或者您只是临时应付并适应降临到您身上的事？哪些事情对您最为重要？财富？尊严？被爱护？您如何应对不确定性及不可预测性？次序及规律性在您的日常生活中占有重要地位吗？您是否已养成了一板三眼的生活方式与模式？或者您反对清规戒律、统一管制？您是合群之马还是独行侠？金钱、财富在您的人生规划中占什么位置？如果您在兼职工作中每年赚了50万美元，您会去干啥呢？您购买本书的首要目的是什么？您看到本章为止的反响如何呢？根据您对上述问题的答复，可确定您适合采用酌情行事的还是系统的交易方法。前者更多地依赖直觉，并随行就市地调整仓位；后者则完全相信交易系统，无论市场如何波动都像执行圣旨一样遵循该系统的指令。您阅读以下内容之前可做些笔记。

如果您认真考虑从事期权交易，那么您必须答复的最关键问题就是：首先，您为何要交易期权？您的动机是什么？您对风险的承受能力较强还是较弱？即使您仅仅从事看涨期权与看跌期权的买方交易，而且即使这些期权的价格如此便宜，其中绝大部分仍然会到期清零？如果您连续10、20或30次亏损，您将如何应对？您是否会放弃，或者这是否反而会令您更加坚定必胜的信心？

杰夫·雅思是一名职业的期权交易员，他曾把期权交易市场比作大型的扑克牌游戏。他在名为《日常核算》的文章中提到，“下列基本原理同样适用于扑克牌与期权交易：它们的首要目的都不是打败大多数对手，而是使收益最大化。”它不像打棒球，棒球手只以击球的平均分数论输赢，非赢即输。它更类似于大型猎物的狩猎比赛，只有达到奖品级的猎物才算数，才值得将其带回家并挂起来展示。您可在页边的空白处记下您对雅思观点的看法。正面？负面？该观点是否得到您的认同？还是令您胸闷和心烦意乱？下面我探讨交易计划的制订时，您将再次用到这些相关该内容。

以下例子可能有所帮助。如果您赌心很重并期望能赚得快钱，就可能很快会有麻烦。反之，如果您在漫长的冬季耐得住寂寞，能坚持拼装完5，000块游戏拼板，那就有希望。而且，交易者赢钱后也会遇到与输钱时同样多的问题，这种情况也较普遍。如果您开始从期权市场上赢得暴利，您的哲学观会否受到冒犯和挑战？您会在意吗？某些人会因未通过传统意义上的劳动而在家中突然获得飞来横财而感到内疚。他们并未生产任何实物商品，或提供任何服务。他们无法在期权交易中发现任何有着补救性质的社会价值。认为期权交易有积极意义的人则表示，期权交易者很重要，因为他们推动、改善了价格发现过程，并为合法的套期保值者创造了流动性。但是，该观点的理由有些不够充分，因为更多情况下，期权交易者反而使期权价格偏离基本面所确定的价格，从而扭曲了其定价过程。最糟糕的情况下，他们仅仅是在与其他交易者和投资者进行零和博弈，这与赌博时将钱从一方转到另一方没有什么区别。期权交易过程中，只在交易者有兴趣交易的、很短的时间段内，才有事要做，而其余的时间段内则只得消磨时光；某些人难以适应这样的作息时间。大多数交易者极少情况下会去考虑上述问题；对他们来说，期权交易就是艰苦和充满压力的工作。如果您未能理解期权交易的实质，那么，您对期权交易的热诚就会受挫并进而影响您的成功。如果标的物股价下跌后出现了一波反弹，而您之前看错了行情，那么，您将丧失该波反弹的机会；您必须对这类情况的发生做好充分准备。您可能会因此而开始亏钱，但您对所发生一切毫无头绪。顺便提一下，当前，有些运动心理学家或演出教练之类的咨询专家很吃香；他们在一些体育会展中心内为相关行业提供咨询、指导服务。其中某些的确有真才实学；其余的则是江湖庸医。

所有期权交易者必须采取的第一步就是要信奉一种有关市场运作机制的观点，这样就可根据其对市场的观察、市场的哲学及其自身的心理特点来寻找、开发或借用某个交易系统。我们在第8章中已探讨过该问题，我现在重新提及该问题，是为了强调要确定最适合您个人的交易系统。退一步讲，市场是反复无常的。有时，您完全遵循了您的交易规则，但却亏了一大笔钱；有时，您违背了某些交易规则，您却获得了莫名其妙的收益。请原谅我有时采用夸张的手法。期权交易者必须面对这种自相矛盾的情况，并确保其交易策略不受这些例外情况的干扰。

市场行为的不可预见性自交易伊始便会使交易者惊慌失措。您童年时代，是否于夏季期间在您家后院里玩过吹泡泡游戏？该游戏中，肥皂泡会随风乱飘。许多泡泡一吹出来就灭掉了；有些泡泡在空中一直飘荡并保持不破，直至从人们的视线中消失。您可把自己投资的产品视作泡泡，并把您的资金视作肥皂水，而把反复无常的市场行情趋势视作风。当您挥动装满了肥皂水的吹管或用该吹管吹肥皂泡时，您就制造出了交易产品泡泡。那些一吹出来就灭掉的泡泡就像是您亏损的投资产品。其他泡泡有的在空中飘荡，有的下降着地。您的泡泡可能不会沿着正确的预测方向运行，您当然期望您买入的所有泡泡都按您预期的方向运行。如果您买入泡泡中的某些泡泡的确按您所预期的方向运行，那么您就赢大了。如果您太兴奋、操作太激进，过快地挥舞吹管，那么您只会浪费肥皂水（资金）并使肥皂泡马上破裂（亏钱）。如果您制造的动作太慢，您就会制造出太大、太重的泡沫，以至于大风（市场或贪心的买家）无法承受其重。每位泡沫制造者及每位交易者，都有其最佳的节奏和速度。您必须找到与您的信条及性格相匹配的节奏和速度。正如一位信奉禅宗交易员所述，您必须制造泡沫并随行就市。

现在开始制订您的交易计划——市场是否有效或无法预测？您的答复必须与您的核心信条一致。如果您相信宇宙是有序的，您就不该认同市场是反复无常的观点。如果您不认为世界是有系统、有条理的，那么您也不应该在市场中寻求任何规律和定式。指导思想上的混淆或（瞎）凑合会导致犹豫不决以及缺乏指导方针上的一致性和坚定性，而后者正是实际交易操盘中所最为需要的——例如，您的某只投资产品犹如被抛入密西根湖中、脚上套着水泥鞋的芝加哥罪犯一样，正在疾速下沉时，您最需要的是毫不犹豫地果断行动。必须迅速采取行动，根本没有深思熟虑的时间。逃跑或战斗！赶快逃离马路现场，否则就面临被车撞到的杀身之祸！

当您意识到市场中所发生的许多事件似乎都遵循暴民法则时，制订交易原则便会变得难上加难。在每天的交易时间段内，全球所有的交易者都像北极的旅鼠或惊跑乱窜的家畜一样，试图确定相关股票、期权或期货合约的价格。

上述因素会导致市场价格迈入枯萎山庄。难道亚马逊（公司）刚上市时，其股价就飙涨到相当于其虚报收益200倍那么高吗？美国国际集团（AIG）、雷曼兄弟、花旗银行、美国房地美公司（Freddie Mac）等公司的情况又怎样呢？如果这些还不足以令您信服，那么，请您解释安然公司（Enron）、Adelphi公司等类似公司的相关事件。换言之，股价及其相应的市盈率往往是由交易该股票的股民的情绪所决定的，而非由该公司的潜在收益的基本面合理分析所决定的。在相关交易年份内，同一只股票即使每股盈利没有变化，也会因股民竞相买入该股而使其市盈率达到10倍或100倍。

能否通过构建电脑模型来捕捉相关股价的规律并预测下一波行情？您还记得我在之前章节中曾提过我将讲述几位智力超群的诺奖得主的相关故事吗？他们试图将债券银行的钱都赢光，结果他们自己却死得很惨。这就是美国长期资本管理公司（Long - Term Capital Management，简称LTCM）——一家著名对冲基金公司的故事。其中一名诺奖得主就是迈伦·S. 斯科尔斯（Myron S. Scholes），他也是布莱克 - 舒尔斯期权定价模型的创建人之一。另一名诺奖得主是罗伯特·C·默顿（Robert C. Merton），他是世界著名的经纪学家及教授保罗·萨缪尔森的弟子。斯科尔斯与默顿是期权定价业的巨擘。总体而言，该公司巨星荟萃，共有25位业内精英博士从事电脑数据信息处理，还有几位华尔街最成功的债券交易员——汇聚了期权及衍生品交易的最佳精英团队。

上述团队的领导及组织者是世界级的债券交易员约翰·麦瑞威瑟（John Meriwether），他曾经在所罗门兄弟公司等几家华尔街大行取得过骄人的战绩。LTCM公司的交易指导信条——我真的认为该信条已成为坚定不移、甚至盲目的信条了——相关产品在可发现的价格区间内进行交易；一旦其价格超出了上述价格区间范围，无风险交易机会即自行出现。请回忆一下用于描述波动率的正态分布钟形曲线。当相关价格取值落在最平坦的钟形曲线之外时，LTCM 公司的专家们认为，这些价格重新返回到钟形曲线范围内的概率可被计算出来，因而会有确定的赢面。他们对此深信无疑，甚至让他们将家里的农场押上，他们也愿意。

LTCM 公司对此的信赖基于其过往的业绩，并经其超级智囊的才智及其专业交易技能所验证。该对冲基金公司还可以将这些才智及专业交易技能提供给其他行业，以供其参考和应用。在 1994 年至 1998 年的四年时间内，LTCM 公司获得了上千万美元的赢利，或超过 400% 的收益。什么地方出错了呢？该公司认为其所建模型是不会出故障的，并相信市场分析是纯粹科学的分析。盲目轻信其系统导致该公司下了杠杆率高达 1，200∶1 的、骇人听闻的赌注。某些仓位的名义价值甚至高达一万亿美元。由于俄国债券出现黑天鹅事件，在四个月内未能回归均值，导致 LTCM 公司资产负债表中 1，000 亿美元的市值在该段时间内人间蒸发。一个由华尔街银行家组成的银团不得不对该对冲基金公司进行纾困。2006 年至 2008 年期间，房价、次级贷款、股市、银行、汽车公司、住宅市场等等不也发生了类似事件吗？

有些统计学上看似绝不可能发生的事，事实上有可能发生而且还的确发生了，我对此有切身体会。我个人曾经在爱荷华州连续两次亲身经历百年一遇的大水灾，该类巧合事件发生的概率极其微小。如果您对市场及其特性做过拓展性研究，就能发现：无数经验老道的统计师确信不可能发生的事件后来都发生了。类似在相同地点或同一个人身上遭受两次雷劈的极为巧合的事件，您确实听说过几次吧？您在揭示最佳交易规律时，请切记上述现象。

我也不认为市场会完全遵循有效市场的假设。您应该记得，该观点认为市场比任何投资者都更聪明，并且市场永远正确。无论您如何努力，您都无法战胜市场。市场就像一只 3000 磅重的大河马，横冲直撞、随心所欲。然而，如果您细心观察，您就会发现，有些白鹭或其他小鸟，靠在河马的嘴边捡漏来觅食，日子过得也挺滋润的。交易者与市场之间也存在着这种生物学上的共生关系。

我对市场永远正确（《市场永远正确》恰巧是我另一本著作的书名，因此我最好把它解释清楚）的理解是：任一特定时点的股票、期货合约或期权价格是唯一的价格；不管该价格是如何变动而来的，其存在就是证明其合理的理由。在更大的背景下，仅凭基本面分析或仅凭技术面分析对股票、期权、期货合约或整个市场进行分析后所得出的基本原理则缺乏（合）理性的结论，往往是错误或不符合实际情况的。价格与市场会产生过度影响或过度反应。否则，就不会经常发生多次对市场的重大或较小的修正。如果市场是正确、有效的，它就会遵循相关市盈率及供需关系（规律）而平稳地运行。1929 年或 2008 年的市场正确吗？更确切地说，是市场参与者才使市场出错了——比如，小船上的钓鱼者从左舷蜂拥到右舷，以期捕捉到快速游动的鱼群；而一旦其鱼饵被深海动物偷走之后，便陷入恐慌之中。

尽管如上所述，无论从趣味性角度还是从盈利角度而言，市场肯定有规律可被察觉并加以利用的。有些价格模型和计量经济学模型含义深刻，且确实管用、奏效。这些模型能否奏效在很大程度上取决于您对其的坚信程度以及您对其的使用方法。您需要了解并认同的是，价格以可变且不可预测的形式（形态）发生变动；在一适当的时间段内，价格（变动）也许会发生重复或每次（价格发生变动）都发生重复（的现象）。导致此现象发生的原因是，价格变动形态是人们交易行为的反应——有人反应理性；有人反应则更情绪化。希望我这些话不会吓倒您，但是，人们并非总能冷静并保持行为一致，尤其在其钱财处于风险的浪口时。当行情下跌时，人们会以比子弹还要快的速度疾速离场；而当行情在几分钟之后飙涨时，即使面前有高楼大厦的阻挡，人们也会恨不得跳过高楼去争抢筹码。而且，由于都是凡人，人们总会不断重复各种行为，但不总是以完全相同的方式——这样，您一旦学会读懂别人的行为模式及价格走势图，您就会对其重复特性加以利用。您必须对不同时间段内重复出现的熟悉形态及新的相关问题保持警惕。您必须认识到，您所依赖的形态及相关策略有时会不奏效；您在您制订的交易策略中必须加入保险措施，以防重大亏损的风险。

人性的另一面是逆向思维。有些投资培训学校甚至专门培训这类学员。如果您是鹤立鸡群的独行侠，不愿意人云亦云地随大流，那么，在广袤的期权交易市场中会有您的一席之地。另外，还有许多通常被归为市场特性类别的交易系统，这类交易系统经专门定制，旨在对价格变动作定性而非定量的判定、估量，并预判其反转的趋势。我的重点是，不管您持有怎样的世界观及市场观，您总能找到最适合您个人的交易系统或方法。

下一个问题：您的财务状况是否良好并适合进行期权交易？如果不是，那么，您的经纪公司会把您归入交易受限制类别，只允许您从事看涨和看跌期权的买方交易，以及额外的一小部分备兑看涨期权的卖方交易。正如之前探讨过的，期权卖方在市场内人们都在逃离某标的物时，（只要期权买方要求执行期权）必须（以行使价）买入该标的物。出于制订交易计划（完整）样本的目的，我假定您可采用任何策略。

在进行自我分析之后，您认为您应成为什么类型的期权交易者呢？您书面交易计划中的第一步应描述您看待、解读市场的方法以及您的总体交易策略。我要强调的是必须制定书面计划。书面文字能引发思考。一旦您把交易计划的某个章节落笔成文，您的大脑即可轻松下来，以便轻装上阵去考虑以下章节的内容。您还会发现，几乎每个落笔成文的观点都需要进一步推敲和加以澄清。人类的大脑不宜一心多用。当您两眼紧盯电脑显示屏中交易计划的初稿文字（而冥思苦索）时，脑海中常常会迸发出新想法、新问题以及新挑战的火花。实战前解决好所有关键问题是至关重要的，之后，您才可有备无患地零距离接触世界顶级期权交易高手。在您投入期权交易实战的首日，尤其会强烈地感觉到，您简直就是世界上最缺乏交易经验的菜鸟。

有没有适用于任何性格类型及各种世界观的普遍适用的交易系统？是的，这是交易行为中真相被揭示出最少的秘密之一。其原因要追溯到交易既是一门科学也是一门艺术的格言，以及价格发现是集体努力结果的事实。大多数期权交易新手所犯的最大错误就是试图找到最佳交易系统的圣杯。正如圆桌骑士追寻圣杯的探索无果而终一样，您寻找最佳交易系统的努力同样是徒劳的。这就像汽车赛，关键是司机，而不是汽车。

最成功的交易系统，尤其对普通交易者而言，是从有交易经验者借入的、已经成熟运用的交易软件。对于交易新手而言，如果某个交易系统在世界观方面与该位交易者吻合或相似，那么，该系统就会有吸引力。换言之，每位交易者都具备观察现实世界的独特视野；在每个特定视野下，世界经独特解读后显得精彩纷呈，分别表现出理性、有序、混沌或逆袭的一面。每位交易者自交易伊始起逐渐积累经验。直至某个阶段，交易者开始对交易系统及方法进行个性化定制，使之成为其自有的系统。成功的交易者会凭直觉修改或微调交易规则。这就是交易硬币的艺术（性）一面。直觉令交易者获得在市场中取胜所需的优势。直觉同经验与知识的结合，树立了交易者的自信心，并使老的交易系统旧貌变新颜。

因此，您的交易计划的第一部分应包括您如何看待市场、您所寻求的通用型交易系统，以及您性格（特点）的相关描述。您可研究一下某些经典的性格分类系统，并在网上完成一个或多个性格测试。由于这些测试中的描述一般都不够确切，因此，不要脱离社会实际进行自我性格分析。试图站在围城之外、客观地看待相关问题。我偶尔使用过的一个性格分类系统是九型性格分类系统。该系统已在全球流传了多个世纪，且看上去适用于证券交易者。它也许能对您的性格特点做出较公正、客观的评价，从而使您更加有自知之明。该方法包含了以下九种核心的性格类型：

1. 完美主义者（捍卫原则型）：耽于幻想的、受控的、有正义感的、有条理的、高效的、固执己见的、有工作狂的、不够灵活的、难控制的。如果您性格测试的结论是上述词语，那您应适合采用技术分析类的交易系统。不过，切忌死死遵守技术分析法则，并要避免分析过度和缺乏主见。
2. 给予者（助人型）：乐于助人的、慷慨大方的、奉献是为了回报的、无私的、易动感情的、自高自大的、霸气的、胁迫别人的、圣洁的、专横傲慢的、以恩人自居的。这类人适合采用凭直觉分析的交易系统，因为他们体谅、同情别人。他们往往是失败的交易者，因为他们慷慨大方、关心他人，而资本市场却是一个极其自私自利的行业。但是，他们可成为优秀的良师益友。

3. 实干者（成就型）：傲慢的、有上进心的、求胜心切的、追求地位的、剥削别人的、自命不凡的、自恋的、注重形象的、精于算计的。这种类型的人特立独行，不在乎团队，可学习适用于独行侠的交易系统。他们会成为优秀的交易者。然而，如果这类人员自我感觉太好，太想出风头，那么，他们就会主次不分而损失惨重。

4. 悲情浪漫者（艺术型）：多愁善感的、喜怒无常的、夸张做作的、有艺术天赋的、有创意的、脾气坏的、忧郁的、病态的、绝望的、颓废的。奇怪的是，如果这类人有足够的自知之明，他们会成为很棒的交易者。音乐家等创造型人才善于捕捉市场中其他人容易忽视的价格波动形态规律，经必要培训之后能更好地发挥这方面的天赋。

5. 观察者（智慧型）：理智的、认真的、沉默寡言的、智力发达的、偏执多疑的、精神分裂的、过激的。如果这类人对纯理论研究有所节制，并将理论与实际相结合，他们就会成为很成功的交易员。但他们的风险在于其理论易走向晦涩难懂的极端，导至其对市场的理解、解读变得过于复杂而无法指导实际操作。

6. 怀疑论者（忠诚型）：忠诚的、多疑的、负责的、自虐的、守信的、迷人的、焦虑的、尽职的。这类人有种自卑感，这使他们变得多疑，但这种个性对证券投资工作而言未必是坏事。如果他们能成功驾驭其情绪，他们即可通过拼命努力工作来克服其自卑心理。

7. 快乐主义者（享乐型）：活泼的、活跃的、喜欢玩乐的、多才多艺的、贪婪的、易上瘾的、难控制的、过度活跃的。这类人期望获得每样东西的精品，并有购物癖，常常会过于频繁地交易。他们必须大大加强自我克制，才有可能取得成功。

8. 保护者（领袖型）：有影响力的、好斗的、妄自尊大的、专断的、刚愎自用的、强硬的、过分自信的。市场并不欢迎这类人员，认为他们比市场更为强势。因此，第八类人员必须表现得更加谦卑之后，才能取得成功。

9. 调停者（和平型）：随和的、愉快的、自鸣得意的、大方自然的、粗心的、反应迟钝的、被动的、悠闲自在的、听天有命的。这类人气先生或小姐喜欢采用趋势跟踪系统。但是，这类人必须找回自我，并变得更加勇于进取，才能成为成功的交易者。

我敢肯定，您已经估计到，只有极少人完全符合上述某一种性格类别；大多数人是上述性格类别的复合体，即以其中某一种性格为主，但也带有其他一类或几类的部分性格特征。某些类型的人天生就更适合做交易员，然而，上述每个类别中，都不乏期权交易的成功人士。

完成了交易哲学以及对您个人相关情况（财务状况及性格特点）的了解后，您应该请您配偶或其他您信赖的、非常了解您的朋友来检查这些描述内容。是的，您的配偶！必须至少让您配偶接受您的决定，如果能赢得他/她的支持就更好了。否则，您就要重新加以考虑了。然后，再获得您配偶的反馈意见。对交易计划的制订而言，最为重要的是了解自我，并事先采取措施进行自我保护，以免受您最大的敌人——您自己的伤害。正如波哥（Pogo）的不朽名言："我们遇到了敌人，这敌人就是我们自己。"

您期权交易的技能水平及经验如何？您怎样进行期权交易？您还要学习哪些东西？下一步是要调查您所了解的期权交易知识，并制定弥补相关知识空缺的计划。所需的相关知识属于下列范畴：

- 学会口头使用并理解期权术语
- 大致了解期权及其标的物发挥作用的机制
- 对您计划进行交易的期权及其标的物，您所必须了解的期权相关情况
- 证券行业以及您从事期权交易的交易所的规章制度
- 了解您打算使用的交易平台，即软件（平台）或经纪公司（平台）

- 适用于您交易风格的技术面分析、基本面分析以及相关研究技术
- 期权交易的通用心理特征以及您个人的特殊心理特征
- 阅读相关账户报表并跟踪个人交易的进展情况
- 制订交易规则以保护您的相关资产
- 针对你将采用的期权交易的特定方式制订具体的纪律规则
- 财务规划及资金管理
- 制订现实的目标及评估进度
- 管理不利情况的方案，比如某项资产的价格出乎意料地大跌后如何挽回损失；市值大跌后的反弹、大跌崩盘，等等
- 选择良师并编制在良师指导下的交易策略

如您所见，这些理念是对最不利的情况有所预计和有所准备——这样您就永远不会失望或受到惊吓。以下是两位世界顶级交易大师关于亏钱及防守型交易的名言：

“亏钱的方式实在太多，而赢钱的方式也实在太多。也许获胜的最佳途径就是把握好应对危机的所有法则，然后集中精力避免灾难。”（维克多出色的防守，霍夫，《投资者教育》，第85页）维克多·尼德霍夫曾经是世界最著名投机大师乔治·索罗斯麾下的交易员，并连续10年获得辉煌成功。索罗斯先生夸他为永远不会被解雇的交易员。

“交易的最重要法则是出色的防守，而不是出色的进攻。”这是世界级的交易大师保罗·透特·琼斯在杰克·舒瓦格的经典书本《市场奇才》中所描述的。

您还可能听到交易者经常反复强调的、确实值得深思的古谚：“有年长的交易者，也有鲁莽的交易者，但不会有既年长又鲁莽的交易者。”如果您有幸采访世界上最成功的交易者，他们会告诉您成功的关键是只能接受市场所赐予您的一切。如果您硬要逆市交易或试图通过逆势获得额外收益，其后果往往是灾难性的。

您打算如何对您自身进行相关教育和培训呢？可用的信息实在太多——有太

多的书籍、太多待卖的绝佳交易系统、太多的网站、太多的内部简报、太多的研讨班、太多的商展、太多的学校、太多的软件……每样东西几乎都太多了，以致无法对所有这些信息进行有条不紊的梳理。哪些才是真正有益的？哪些现象才是真正的牛市征兆？

当您开始制订您的交易计划时，我建议您首先要阅读本书附录4中的内容。与此同时，请您试图找到几位您所信赖的期权交易者，他们会在交易期间让您在一旁当学徒。您也可参观当地开放的公共交易场所。您可环顾四周，在交易休息时间与交易员攀谈。他们通常都乐于帮助新手，因为这并非是每笔交易只有一家独赢的业务或游戏。每次价格出现波动后，往往会有多家共赢，同时也有（更）多家倒霉。请试图从中找到可能成为您正式或非正式良师益友的交易员。您对交易厅内的交易员也应抱有戒心，因为他们中的某些人以赚取交易员佣金谋生。因此，这类交易员会使出浑身解数诱使您开立新账户，并让您在支票兑现后便开始交易。

您应该寻找怎样的良师益友呢？良师益友应该既是良师，又是顾问。作为良师，他必须具有相关行业的工作经验、愿意分享知识、并有兼顾学生接受能力的耐心。如果您在交易厅参观时遇到某位潜在对象，您可进一步观察其他多位交易员是否经常请教他。您可试图向他咨询。他的答复是否易于理解和完整？他是否对您感兴趣？如果答案是肯定的，您可询问他或她是否允许您占用其一段时间。请谨慎做出决定，但是，您必须寻找从事实时交易、明显有能耐而且阅历比您丰富得多的交易员。如果您希望他花很多时间审阅您的书面交易计划，并能在交易期间手把手地教您，那么，您就必须支付相应的报酬。任何教育都没有免费的，因此这样做就并非不合理。

针对您期权交易基础知识的扩充，您可参考网上所有可用并且免费的资源。您首先可详细查阅美国期权行业委员会网站（英文简写为OIC，其官方网址为www.888options.com）中的所有资源。这是个由美国证券交易所、波士顿期权交易所、芝加哥期权交易所、美国国际证券交易所、费城证券交易所以及美国期权清算公司共同赞助的非盈利协会。当然所有这类机构都会受既得利益驱使而期望您尽快启动期权交易生涯。除此之外，美国期权行业委员会具有海量的信息供您免费查阅。对新手而言，有几本涉及交易策略以及相关税收等包罗万象的小册子很值得一读。您还可查阅到以下三个期权定价模型的相关资料：布莱克－舒尔斯期权定价模型（1973 年）、考克斯·罗斯·鲁本斯坦期权定价模型（1979 年）、贝隆·艾德斯－惠雷期权定价模型（1987 年）。该行业协会推荐使用最后一个模型，因其修正了前两个模型中的某些问题。您也可考虑充分利用该行业协会所提供的免费网络研讨会（在线研讨会）资源，以及该协会在全美赞助的各类课程资源。网上可查询到这类课程的课程表。

OIC 还提供在线互动模拟器，以教授各种期权交易策略。我推荐您使用这些资源。另外，期权交易所及经纪公司也提供几种软件培训程序。尽可能多地运用各类资源。这同样适用于纸上模拟交易。之前曾经提到过该类模拟交易，此乃正式实战交易前的首要步骤。现有的互动程序能显示风险－收益比的示意图，并提供您可能还不了解的相关交易策略，从而使程序内容更为丰富。它使培训过程更为有效、更贴近现实、更为享受。

另一个值得查阅、有些中立的网站是 Investopedia（www. investopedia. com）。它提供了专业术语定义、相关文章及其他许多免费信息资源。您还可以查询所有期权交易所的相关网站，尤其是芝加哥期权交易所、期权清算公司的网站。然后，你可查看一下谢弗（投资）研究公司的网站。该网站提供了经纪公司及其佣金的对照表，您在寻找经纪公司时可首先查询该网站的相关信息。您还可阅读该网站中的相关博文。

在您的书面交易计划中，您需要说明您将采用的交易方式。你基本上有三项选择。第一选择是美林证券等传统的综合类经纪公司。该类选择的费用最为昂贵，但它能提供最为个性化的服务。由于我曾经干过经纪人的行当，我要提醒您：您无法总能从经纪人那里获得您所期望的帮助和教育，除非您是个大户或频繁交易的客户。经纪人以销售产品及服务谋生，具有其固有的利益冲突，这是其业务性质所决定的。他们一般根据其卖给客户的成交量而获得相应（成正比例）的薪酬。寻找专业从事期权交易的经纪人也是至关重要的。经纪公司的大多数营业部门中都设有这样的专业经纪人。如果您目前与某家经纪公司有良好的合作关系，但是经管期权账户的经纪人不是期权专家，那么，您就该请求相关部门经理安排“期权专家”来经管您的期权交易业务，而让那位普通业务的经纪人处理您的其他业务。

您第二个选项是在线经纪公司。这类公司既有佣金非常低廉的低附加值（网上）店铺，也有能提供大量研究及协助服务的在线经纪公司。史考特证券公司之类的在线经纪公司不仅提供网上在线服务，也在全美设置实体营业部。在线下单时，您大体上只需把您的委托订单通过电邮发送到相关经纪公司的后台营业部，后者会自动将其转交至合适的交易所。某些这类公司要求把委托订单发送至经纪人批发商，或经纪人的经纪人。他们将对新收到的委托订单进行撮合，或新、老订单结合起来一起撮合，以便成交。如果某家经纪公司采用这种批发成交途径，该公司则必须在相关文件中披露相关信息。该等做法更多被应用到股票交易上，而较少被应用到期权上。其负面影响是，增加了中间环节公司的额外佣金而且成交速度被相应减慢。

另一类经纪服务的概念被称为直通车。您可在谷歌上搜索“直通车经纪公司”的关键词，从而获取这类公司的最新清单。该类交易中，客户相当于拥有了自家的委托下单办公室，可直接向交易所下单，而跳开了经纪人的后台营业部。该类系统提供了流畅、实时的相关报价，该类报价的月均成本高达几百美元。如果您每月的成交量足够活跃、频繁，那么您就可以免费使用该类软件系统。直通车交易系统最先是为日内股票交易者所定制开发的，但是，目前期权及期货交易者也直接在该平台上交易。如果您想免费使用该软件平台的话，您的交投必须足够活跃、频繁。

如果您打算进行大量的价差交易，您可寻找本杰明 - 杰罗德之类的公司。该公司具备处理价差交易所应有的专业水平——意即确保两腿同时成交，而不是仅仅落实了单腿的成交——并能接受（落实）有条件委托。我建议您访问几家不同类型的经纪公司网站，以便了解所有可用的选项。某些直通车经纪公司提供免费试用服务，或极佳的互动示范演示，以便向您展示其系统的工作方式。

当您开始交易时打算采用什么策略？您如何找到足量的、合适的期权交易产品，以实现您期权交易的投资（机）目标？无论您选择哪种策略，都必须满足您在书面交易计划中所描述的风险承受水平。我们假定共有以下三种可能发生的风险水平——低级、中级和高级。哪些交易策略分别对应这些风险等级呢？在此，我只能列出三个最基本的交易策略。第一，迄今为止您已知道，买入看涨或看跌期权的风险相对较低——前提是您已明白您会很容易地输光包括权利金及交易手续费在内的全部投资。第二，价差交易可确保您获得固定的收益以及锁定的亏损，但是有点复杂。第三，卖方交易，其中裸卖看涨期权交易风险最大；而裸卖看跌期权交易的风险则视看跌期权行使价距离零价位的幅度而定；另一方面，备兑看跌期权则风险较低，前提是您偶尔需要将您珍藏的标的物股票割舍、转让给期权买方，而不至于使其成为您不能承受之痛。下一个要考虑的问题是每笔交易可买入的期权合约数量。当然，1 张期权合约的风险要比 100 张期权合约低得多。我强烈建议您一开始将期权合约的交易数量限定在适度的范围之内，并随着您经验的积累及成功的大小相应地加大仓位规模。

您下一步应采取什么行动呢？在您鲁莽地闯入大海之前，您先要测试一下水温及冲浪条件。我假定您相信：价格变动是有一定规律的，而且市场不时会发生失效或失控。换言之，您有多次机会可利用价格失衡在市场上取得获胜优势。大多数成功交易者都持有该观点。他们相信，如果市场上没有上述他们可取得获胜优势的任何机会，他们将永远没机会赢，更不用说持续盈利。

现在您又到了一个很重要的十字路口。如果您心底里并不认同上述利用市场失效机会的假设前提，那么请不要去从事（期权）交易。您不必去开立期权交易账户了。您应该去投资共同基金、购置房产或开办公司——但不要从事（投机）交易，尤其当您无法确定今后会谨慎试验并持续学习相关知识时。您不应对您不相信或不理解的对象冒险投入资金。您可以视沃伦·巴菲特为楷模，他是美国最富有的富人之一及其最佳投资者。在20世纪末期，高科技行业的股票都创下了有史以来的新高。然而，由于沃伦·巴菲特并不十分了解该行业的相关经济情况，因此，他故意回避了对该行业的投资。结果，由于美国的宏观经济出错，互联网公司都变成了互联网地雷。尽管巴菲特在该波互联网风暴的疯涨波段中丧失了机会，但他也完全躲过了互联网公司崩溃的浩劫——最好的防守也可以是最佳的进攻。

秉承市场会失效的观点，专业交易员坚信外部事件会扰乱市场，进而导致严重亏损。他们还学会了接受价格发现（过程）的反复无常，但从不放弃实现可持续盈利的希望。这并非意味着您事实上不可能持续成功，或者说市场是完全随机（无规律）的。这也不意味着您必须接受市场有利与不利的两种结果。好多次完全无法预料的事件——恐怖袭击或重大衰退——将会发生并重创您正在从事交易的市场。仅凭基本面分析就明确存在着忽视或错过某一关键事实的风险；仅仅依赖技术面分析也明确存在着选错行情启动点的危险。

在您制订的交易计划中，您必须做到以下两点。首先，您必须认同下列事实：所有市场都存在相当大的不可预测性，从而为您带来了机遇和风险。如果有某种方法或某个系统能够预测所有想象得到的、可能影响价格的事件，那么所有市场都将关门打烊。其次，您必须时刻在市场游戏中加强防守。市场就是由赢家与输家两者所组成的，两者缺一不可——而您也会不时地成为输家，这是板上钉钉、确定无疑的。

交易有些类似于宗教信仰；新的门徒皈依某门教派并被接受入门前的第一步就要承认其是自身是罪人。交易也有点类似于美国嗜酒者互诫协会；该协会要求新成员必须首先承认自己是醉鬼，之后才能掌控其个人问题。仅凭天量的期权都会到期归零的事实就应能证明您会在交易中输钱。每份到期归零的期权在到期之前都由每位输家所持有，而您将会承担您应有的份额。期权交易的目标不可能全部是赢家，那是不可能实现的目标。因此，您的书面计划中的实现目标之一应是确保赢多输少，而不应包括实现创记录的最高赢面（成功率）的目标。

您应该如何做出采用哪个策略的决定呢？这不应是您个人的决定，而应是市场的决定、选择。这意味着什么呢？这是个关键的理念。您花时间想一想。为什么这不仅仅是您个人的决定呢？

其原因是泡沫。任何个人都无法强大到能战胜市场。如果您对此有疑问，您可以研究亨特兄弟财团试图垄断白银市场的案例。1973 年，他们刚开始试图垄断该市场时，白银价格是每盎司 1.95 美元。他们反复不断地买入白银期货，并在期货合约到期时进行实物买入交割。到了 1980 年，该财团已积聚了上千万盎司的白银，而当时的白银价格已达每盎司 54 美元。之后，美联储备和美国纽约商品交易所（COMEX）开始出重拳调控白银市场，以制止其反复无常的现象，白银价格应声下跌。1980 年 3 月 27 日，白银价格暴跌至每盎司 10.80 美元，之后继续下跌。曾经是美国最富裕家族之一的亨特家族，很快就破产，损失高达上百亿美元。

关键是，您必须接受市场赐予您的一切。有时市场会异常牛，而其他时候又会非常熊。市场有时候会在短期内横盘调整。市场会突然间完全失去理性地飙涨，结果也会在一、两天后即跌回原形。尽管价格形态在变化，但只要您选用的策略与当前的情况同步、合拍，那就会存在机会。对市场行情的解读就像您白天出门之前根据当日的天气选择合适的衣服一样。如果天冷，就穿得暖和一些；如果天下雨，就应该备好雨伞和雨衣；在炎热的夏天，短裤是很好的选择。我要强调的只是市场的特性决定了应采用的一般策略。您所选定的具体策略必须符合您总的世界观及总体策略的相关准则。否则，您还是暂时以不入市为宜。只有当市场走势与您的交易风格或您的交易系统相吻合时，您入市才合时宜。您不必勉强入市，您也不应该每时每刻都入市。

比如，牛市行情预示应该建立多头仓位。您应该买入一些看涨期权、考虑买入牛市看涨期权价差组合，还是运用其他牛市交易策略？其次，行情的特点是否暗示应该交易某个大盘指数、某只板块指数，或者是某只个股或某个商品？在您的交易计划中，您应花时间阐明您认为应该怎样应对各种市场的特性？这样会有助于您了解哪些交易策略值得您信赖，并有助于您正确评估每笔交易的风险－收益比。

您必须仔细审视您在每笔期权（风险投资）交易中该投入的最大资金限额。比如，对期权交易新手而言，通常将其单笔期权交易的资金限额限定在其账户总市值的10%。如果其账户总市值为2，000美元，那么，其单笔期权交易的资金限额即为200美元。运用该笔资金也可以从市场交易中赚到相当数额的钱。还有一个至关重要的问题是，不能因为要限定单笔期权交易的资金限额而鼓励买入深度虚值而极其便宜的期权，因为这类期权没有赢钱的可能。您不能仅仅因为实值期权太贵就买入了肯定亏钱的极便宜期权。

您应该怎么做呢？首先，您必须随时准备好退出交易并离场。每过15分钟就会来一辆巴士班车。您的机会不会被用光。另一个方法技术采用相关的组合策略，以弥补投入资金的不足。比如，您关注到某只股票或期货合约已蓄势待发，预计接下来就会有一波大涨行情。然而，相关的平值或实值期权价格不菲。您想从事该标的物的相关交易，但是，所花的资金将超出规定的最大资金限额。此时，您可试图采用某个价差组合的策略。您可卖出一个行使价较高的看涨期权，并用由此获得的权利金来补贴您真正想买入的看涨期权的（买入权利金）。该交易策略同时降低了您的投入资金成本以及最大的潜在收益。这是因为如果标的物股价上涨至您卖出的看涨期权的行使价并继续上涨，那么此后，您买入的看涨期权的涨幅将被您卖出的看涨期权的涨幅抵消掉。相对于违背最大资金限额法则（铁律）或彻底放弃该交易机会而言，采用上述组合策略更胜一筹。有耐心者最终会胜出。

此外，您也可违背最大资金限额的铁律而冒险买入多头仓位。如果您预判准确，那您将获得较大的收益；而如果您预判错了，那您的亏损也就更大。这样做的最大害处是破坏了您的铁律。我的经验是没有纪律的交易者就像不会游泳的水手——最终他们会陷入无法安全脱身的灭顶之陷阱。没有铁律的交易是赌博，它迫使您纯粹依赖运气。这不符合可持续成功的长期策划。套用沃伦·巴菲特的名言，纪律是首条规则，第二条规则就是遵循首条规则。

在您的交易指导计划中，为了确保您步入正轨，您将写入哪些涉及安全保护措施的条款？在限定每笔交易的最大资金限额的同时，您同样也应限定您所能承受的最大亏损额。您还记得针对职业赌徒的隐喻吗？他们在玩七人梭哈之类的游戏时，他们要看清楚手中特定数量的纸牌，然后决定是否退出牌局。比如，如果他们看了一张、两张或三张牌之后，觉得手中的该手牌不顺，就会决定退出牌局。好的交易者对每笔交易都设定了止损价位点。限定上述两种资金额的意义都是为了保存资金（现金）。如果您不保护好您的资金，那么，您就无法在下一局牌局中出场，而该局牌局很可能就是您自青春期就一直期待至今的一轮大牛市。

您必须跟踪每笔交易，并在电子表格中记录该笔交易的开盘价、收盘价，以及收益和亏损。您应该定期审核您的交易记录。您交易得越频繁，审核的次数也应更多。您要计算您交易的输－赢比，但是，最重要的是，您必须计算您资产的账面价值（净利润或净亏损）。如果亏损额超过了最大的相关限额，您就必须将其着重标出。这是您交易生涯中会给您带来最大麻烦的问题，它们很有可能会终止您的交易生涯。交易新手的最大敌人是希望。他们会一直持有亏损的仓位，以期出现反弹。然而，这些仓位大多数情况下会越来越贬值。为了作为期权交易者而长期生存下去，您必须面对现实并遵循铁的纪律。

如果您已有一位良师益友，或一位交易合伙人，或一位知识渊博的朋友，那么，您应该请他或她根据您的交易计划来评估您的交易进展。这样，您就可获得客观的评价。令人惊讶的是，客观评价往往会跟您个人的看法有所不同。请定期与其上述良师、朋友会面。您可安排每周见面一次；如果您交易不太频繁，则可安排每10笔或20笔交易后见面一次。关键是定期、客观、理性地评估您的业绩，并（对交易操作）作出必要的调整，以便保持或重新步入正轨。如果在评估中发现有必要更改您的交易计划，那么，彼时将是很好的时机。计划总是需要不断更新和改善。

最后，您肯定希望通过努力，成为尽可能更加出色的交易员。就像追求其他任何值得追求的目标一样，必须过关斩将、不懈努力，才能实现上述目标。您必须严格要求自己，不断鞭策自我，而没有捷径可循。您应编制一份检查表，并在该表中详细列出进行正式交易前您需要实施的行动、步骤。在投入交易实战前，您必须认真地遵照该检查表实施相关行动和步骤。您必须做好对您交易的评估动作，并定期会晤您的良师或朋友。必须极其坦诚地面对您自身，并每天鞭策自己发挥出最大的潜力。应依赖于勤奋工作，而不能寄希望于运气。

如果您觉得交易毫无乐趣可言，那么，您就该立即退出、离场。不要为了获得潜在收益、或者为了享受（交易员似乎有的）轻松无忧的生活方式而强迫自己喜欢这类交易。根据我的经验，我所遇到过的、唯一的成功交易者是那些真正热爱期权交易的交易者。对他们来说，即使无法靠期权交易谋生，他们仍会坚持玩下去。如果您想把它作为终生职业，那么，您就应该有类似体会。

祝您取得成功与收获！

小结

至此，您已经知道：

- 如果您希望我您提供最佳交易忠告的话，那我会选用莎士比亚的名剧《哈姆雷特》中波洛尼厄斯（Polonius）对他儿子雷欧提斯（Laerts）的下列忠告："做您真实的自己"（"To thine own self be true."）。交易者有各种不同类型。即使是同一交易培训学校培养出来的学生也不会千篇一律——我本人对此曾亲身体验过。一批又一批的学员完成了相同教学法的学习之后，一旦独立进行思考和交易，每人在市场上即使采用相同的工具也会以不同的方式赚钱。
- 大多数成功的交易者也有些相同的基本特点。比如，他们都会对交易系统进行定制，以弥补其性格缺陷。他们会制订交易计划，不管是以正式文件的形式还是写在餐巾纸上。他们会遵守铁的纪律以及他们为自己编制或引用的交易规则，尤其能明确意识到何时必须暂停交易。他们找到、结交了个别或团队级的良师益友。最后，最成功的交易员仅仅是因为爱好才从事交易。

您现在应该已指挥棒在手、胸有成竹了。您可一直从事交易，也可确定自己并不适合从事交易而决定放弃。“做您真实的自己吧。”

测验

1. 您的世界观在多大程度上影响您期权交易的成功呢？

   A. 几乎不　　B. 仅限于牛市

   C. 仅限于熊市　　D. 比大多数交易者所意识到的还要大

2. 期权交易者最重要的动机是什么？

   A. 贪婪　　B. 受到其他交易者的尊重

   C. 自尊　　D. 因交易者而异

3. 最成功的交易者具有哪些特性？

   A. 其各次交易的平均成功率更高

   B. 是非常活跃的交易者

   C. 只从事 100 张（规模的）期权合约交易

   D. 赢多输少

4. 市场——股票、期货、货币、债券市场等等——被普遍认为具有下列哪些特性？

   A. 逻辑性　　B. 不可预测性

   C. 简单性　　D. 可靠性

5. 美国长期资本管理公司证明期权市场是？

   A. 随时都可被驯服的

B. 被宽客们所掌控

C. 两位诺奖得主及25位业内精英博士加在一起也没市场精明

D. 无所值得畏惧

6. 您的交易计划落笔成文的目的是：

A. 理清您的思路

B. 做好必要的记录以确保您的诚实

C. 确定可量化的目标

D. 与您的良师益友分享您的想法

7. 适合进行期权交易的性格类型是：

A. 给予者（助人型）

B. 实干者（成就型）

C. 悲情浪漫者（艺术型）

D. 完美主义者（捍卫原则型）]

E. 成功意味着驾驭并了解您的个性以便您根据您的个性特点选择合适的交易方法

8. 在首次投入期权交易实战之前，您必须：

A. 自学有关期权的所有相关知识

B. 进行纸上模拟交易并选定适用于市场的交易方法

C. 掌握交易的机制以及证券业的相关实用知识

D. 编制书面交易计划

E. 所有上述各项

F. 上述各项都不对

9. 第一条规则是纪律。第二条规则是什么？

A. 在交易中学会交易

B. 遵循第一条规则

C. 始终持有多个仓位，假定其中至少有一个仓位是好仓

D. 请教您所有的朋友，以期获得他们的友情提示

10. 良好的交易者始终牢记：

A. 最好的防守也可以是最佳的进攻

B. 并不存在坏交易这类事

C. 交投越活跃、频繁，您的收益就会越多

D. 期权交易极易使人过于亢乃至失去理性

期末考试

1. 下列哪项适用于期权交易?

A. 长期资金收益　B. 递耗资产

C. 对投机而言最为理想　D. 实际上与买入股票或期货合约相同

2. 看跌期权的卖方是谁?

A. 手握港币之人　B. 买方　C. 卖方　D. 经纪人

3. 如果 IBM 的股价是 120 美元，而您想以 5 美元的单价买入 10 张 6 月份到期的 IBM 看涨期权，您的期权交易账户中需要存入多少保证金?

A. 整整 1，000 美元　B. 50%

C. 视纳斯达克的波动率而定　D. 必须考虑时间价值　E. 100%

4. 获得期权交易灵感的最佳方式是:

A. 只要直接进入市场，账户里有多少钱就买入多少看涨期权

B. 逐步入门，一开始先卖出裸卖看涨期权

C. 在成为有经验的交易者之前，仅交易备兑期权

D. 花些时间进行模拟交易

5. 谁才是期权交易的良师益友?

A. 很明显是您岳母或婆婆

B. 办公室内交易期权的某位一般朋友

C. 某位有成功经验和失败教训的严肃交易者

D. 某位交易场所的业主

6. 下列哪项具有预定的到期日？

A. 期权 B. 股票

C. 指数 D. 长期普通股预期证券（LEAPS）

7. 期权交易中，大多数技术分析交易者比基本面分析交易者更为成功：

A. 正确 B. 错误

8. 您持有2张9月份到期、行使价为72美元的XON看涨期权，而且您卖出2张9月份到期、行使价为66美元的XON看跌期权。这类交易组合策略是什么？

A. 牛市期权价差组合策略 B. 跨式期权组合策略

C. 合成现货多头 D. 熊市期权价差组合策略

9. 您授予您经纪人对您账户的自行决定权，您的要求是通过卖出备兑看涨期权，使您账户中的5000股美国钢铁股实现增值。两个月后，您发现给您账户中发生了3000美元的投机交易损失。您能采取什么行动呢？

A. 无能为力，因为您已授予您经纪人以完全的自行决定权

B. 无能为力，因为您未留下任何书面依据

C. 无能为力，因为您未能监控您的账户

D. 向该经纪公司的自律组织提起诉讼，并期望获得有利的结果

10. 您卖出10张11月份到期、行使价为35美元的XYZ看涨期权，您对买方（您的交易对手）应采取什么后续操作？

A. 当XYZ股价低于35美元时对买方行使期权

B. 只要按兵不动，一直等待期权到期并收取权利金就可以了。

C. 当XYZ股价接近35美元时，进行平仓并承担相应损失

D. 当XYZ股价出现贬值时，对您的仓位进行对冲

11. 当Alcoa股价为14美元时，下列哪个期权是实值期权？

A. 行使价为13美元的看涨期权 B. 行使价为13美元的看跌期权

C. 行使价为15美元的看涨期权 D. 行使价为15美元的看跌期权

12. 当 Cisco 股价为 35 美元时，下列哪个期权风险最大？

A. 行使价为 40 美元的看涨期权

B. 行使价为 40 美元的看跌期权

C. 行使价为 45 美元的裸卖看涨期权

D. 行使价为 45 美元的裸卖看跌期权

13. 您根据基本面分析得出，油价在圣诞节将达到每桶 100 美元？您应该采取什么行动呢？

A. 在您的汽车油箱中加满油

B. 启动尺度交易操作程序

C. 买入一些 12 月到期的看涨期权

D. 买入一些 12 月到期的看跌期权

14. 您根据基本面分析得出，玉米价格会在下季度上涨 1 美元。基本面分析有哪些缺点？

A. 它提供了确切的目标价

B. 如果玉米价格在下季度下跌 2 美元，那么，玉米将更有吸引力。

C. 基本面分析总是比技术面分析更有用

D. 您从未获得足够的信息

15. 如果您持有 10 张 6 月份到期、行使价为 80 美元的石油看涨期权，那么您将属于下列哪个阵营？

A. 看涨　　B. 看跌　　C. 战俘（营）

D. 夏令营　　E. 中立阵营

16. 卖出备兑看涨期权的应属于下列哪类人的策略？

A. 下一代　　B. 熊市先生

C. 寡妇与孤儿　　D. 野生部落

17. 与股票分析相比，期货合约的分析更依赖于下列哪一项？

A. 波动率　　B. 数量

C. 供求关系　　D. 成交量

18. 以下哪一条美国联邦政府法律禁止商业银行从事经纪业务？

A. 1933 年的证券法　　B. 玛隆尼法

C. 1934 年的证券法　　D. 格拉斯－斯蒂格尔法案

19. 资产管理的核心是：

A. 避开市场　　B. 仅当您不会输时才交易

C. 从容地接受小额亏损　　D. 避开重大打击

20. 如果您可以从事保证金交易，那么谁负责确定被允许使用的保证金额度呢？

A. 您的经纪人　　B. 您经纪人的清算公司

C. 美国财政部　　D. 美国税务局

21. 实际波动率与其隐含波动率的区别是什么？

A. 它们基本上相同

B. 隐含波动率是预测的波动率

C. 隐含波动率通常比实际的波动率要高许多

D. 只有宽客才对隐含波动率感兴趣

22. 以下哪个才是最好的交易市场？

A. 股票　　B. 期货

C. 债券　　D. 您所了解的市场

23. 以下哪一类才是最成功的交易者？

A. 女人　　B. 男人

C. 最勤勉尽责者　　D. 最侥幸者

24. 您持有谷歌公司的股票，您的买入价是 512 美元。目前该股股价已达 525 美元，您继续看好该股。那么，下列哪项操作将是明智的？

A. 以 530 美元的价格开仓卖出备兑看涨期权

B. 买入一些行使价为 520 美元的看跌期权，以期保护您的（账面）

收益

C. 卖光手头持有仓位，并建立一个合成现货多头

D. 兑现收益并退场

25. 大豆的价格为每蒲式耳 630 美元。春季的天气一直极好（少雨）。玉米种植农户急得恨不得用泪水来浇灌农田。即使您认为农民会在相当大地程度上降低种植大豆的意愿，但是，由于全球的大豆股票表现良好，您也无法准确预判美国农业部即将发布的农作物报告的披露内容。您预感到会有大的波动发生，但是，您无法确定。因此，您决定：

A. 买入看涨期权　　B. 买入看跌期权

C. 采用跨式期权组合策略　　D. 采用牛熊期权价差组合策略

26. 股票、债券、期货、货币、期权等的短线交易最像：

A. 赌博　　B. 投资

C. 玩大富翁　　D. 买入住宅房产

27. 下列哪个期权应被视为柜台交易期权？

A. 3 月份到期、行使价为 40 美元的 AMT 看涨期权

B. 2 月份到期、行使价为 1200 美元的黄金看跌期权

C. 买入一辆 1955 年款别克路霸轿车的期权

D. 行使价为 1，200 的欧元看涨、美元看跌的期权

28. 下列哪一项为股票交易的大致杠杆率？

A. 12∶1　　B. 30∶1

C. 2∶1　　D. 50∶1

29. 如想成为一名合适的期权交易者，您必须具备：

A. 了解期权市场的风险与特点的相关知识

B. 达到法定年龄

C. 有足够的、能承受一定风险的财力

D. 有可靠的护身符

E. 所有上述各项

F. 上述各项都不对

30. 您卖出了5张6月份到期、行使价为24美元的X（公司）看跌期权。因此：

A. 您的账户减少了500美元

B. 您的账户增加了500美元

C. 您有买入500股美国钢铁股的权利，但没有相关义务

D. 您有卖出500股美国钢铁股的权利，但没有相关义务

31. 您持有某只股票的看涨期权，而该只股票刚披露将以1：3的比例拆股。这将对您的期权产生什么影响呢？

A. 期权价格会相应调整

B. 股票数量会相应调整

C. 任何东西都没变

D. 您必须行使期权，并以行使价买入标的物股票

32. 如果您持有的期权的行使价与现时市价（CMV价）相等，那么您的期权就是：

A. 浮盈的产品　　B. 实值

C. 平值　　D. 虚值

33. 卖出裸卖期权的风险是：

A. 无限的

B. 锁定在您支付的权利金

C. 视当前的波动率而定

D. 行使价与零之间的差价再减去已收取的权利金

34. 期权可成为实现下列哪个目标的便利投资工具？

A. 投机工具　　B. 对冲工具

C. 使您资产组合中的股票获得额外收益　　D. 所有上述各项

E. 上述各项都不对

35. 您认为您账户中出现了账务问题，且该账户处于无人监管的状态中。您应该找谁并按何顺序反映上述问题?

A. 分部的经理　　B. 您所能找到的最高级的经理

C. 您的账户经理　　D. 自律机构

E. 期权高级注册经理（SROP）　　F. 经纪公司的合规主管

36. 您认为在纽约证券交易所中，下列哪一种职业最为热门?

A. 对冲基金经理　　B. 投机交易者

C. 场内经纪人　　D. 跑腿者　　E. 专家交易员

37. 通常，某只期权在其到期月的第三个周五，随着该天交易时段的结束而结束。而与此同时，您作为期权交易员的风险也到此结束了。

A. 正确　　B. 错误

38. 下列哪个期权带有“CYPOD”的标志?

A. 2 月份到期、行使价为 30 美元的 Intel 看涨期权

B. 3 月份到期、行使价为 20 美元的 Cisco 看跌期权

C. 5 月份到期、行使价为 600 美元的谷歌看涨期权

D. 1 月份到期、行使价为 35 美元的 AT&T 看跌期权

39. 为了对期权经纪公司进行评估，以下哪个网站是最为有用的网站之一?

A. BrokersRUs. com　　B. thinkorswim. com

C. Barrons. com　　D. Bigchart. com

40. 绝大多数期权会到期归零，是吗?

A. 是的　　B. 不是的

41. 大多数成功的期权交易者努力做到以下哪一项?

A. 自知之明

B. 资金管理

C. 学习或开发一个交易系统及一套相关规程

D. 了解其所从事交易的市场

E. 向其他成功交易者学习

F. 所有上述各项

G. 上述各项都不对

42. 您可大约在以下哪段时间内成为一名成功的期权交易者?

A. 几个月　　B. 几年

C. 从不　　D. 一切都因人而异

43. 长期普通股预期证券（LEAPS）是：

A. 短期期权

B. 涉及大额资产的、激进投资的证券产品

C. 长期普通股预期证券

D. 达到 3 英尺或更高的原地跳高

44. 如果标的物产品在交易中出现暂停，相应的期权交易也会被暂停吗?

A. 是的　　B. 不是的

45. 期权、股票、债券、货币以及期货合约是等量可互换的，因此：

A. 标的物产品不会变坏

B. 它们可被不受限制地交易

C. 技术面分析与基本面分析能起作用

D. 当它们到期时，所有交易者都满意

46. 最可靠的技术交易信息是：

A. 100%　　B. 50%　　C. 25%　　D. 10%

E. 视交易市场的特性而定

47. 期权的内在价值指的是：

A. 无论发生了什么，某些期权始终具有货币价值

B. 它与权利金相同

C. 看涨期权始终比看跌期权更具有内在价值

D. 实值部分的金额

48. 交易者经常被指责养成从众心理的（坏）习惯。这里指的是：

A. 他们一起恐慌

B. 他们始终表现出其个性

C. 对手方规则

D. 这种现象仅仅发生在牲畜交易场所

49. 如果您在交易市场中发出只能以某个价位或更高的价位成交的委托订单，那么，该类委托是：

A. 市价委托

B. 为获得更好价格而延迟的委托

C. 一个或更好的委托

D. 收市价委托

50. 阅读本书：

A. 将确保您能进行货币期权交易

B. 是切块五花肉（菜肴名）之外的最美佳肴

C. 为您提供了所有您所需要的知识

D. 但愿本书能在您成为一名成功期权交易者的道路上，起到良好开端的作用

小测验及期末考试的答案

第1章

1. B
2. D
3. D
4. B
5. D
6. D
7. B
8. A与B
9. B
10. C与D

第2章

1. C
2. B
3. E
4. B
5. B
6. B
7. B
8. B
9. B
10. E

第3章

1. C
2. D
3. C与D
4. E
5. B
6. C
7. C
8. A
9. E
10. E

第4章

1. C
2. C
3. E
4. B
5. A
6. B
7. B
8. D
9. A
10. A

第5章

1. B与D
2. C
3. A
4. D
5. D
6. D
7. D
8. A
9. C
10. D

第6章

1. B
2. B与C
3. C
4. B
5. B
6. A
7. F
8. C
9. A
10. A

第7章

1. A、B、C与D
2. C
3. D
4. A
5. E、D、B、A与C
6. C
7. D
8. A
9. A、B、C、D与E
10. C

第8章

1. B与D
2. D
3. C
4. B
5. C
6. A
7. B
8. D
9. C
10. B

第9章

1. A、B、C与D

第10章

1. D

第11章

1. B

第12章

1. D

2. B	2. A 与 B	2. C	2. D
3. B	3. B	3. E	3. D
4. A 与 C	4. E	4. A	4. B
5. D	5. A	5. B	5. C
6. C	6. D	6. A	6. A、B、C 与 D
7. B	7. C	7. A、B 与 C	7. E
8. B	8. D	8. A、B、C 与 D	8. E
9. D、E、A、C 与 B	9. B 与 D	9. E	9. B
10. B 与 C	10. C	10. A、B、C 与 D	10. A

期末考试（答案）

1. B 与 C	11. A 与 D	21. B	31. A 与 B	41. F
2. C	12. C	22. D	32. C	42. D
3. E	13. C	23. D	33. D	43. C
4. D	14. B 与 D	24. B	34. D	44. A
5. C	15. B	25. C	35. C、A、B、E、F 与 D	45. B
6. A、D 与 E	16. C	26. A	36. E	46. E
7. B	17. C	27. C	37. B	47. D
8. C	18. D	28. C	38. B	48. A
9. D	19. C 与 D	29. E	39. C	49. C
10. B、C 与 D	20. C 与 D	30. B	40. A	50. D

附录 1

期权名称

用于命名股票期权的标志可能会引起混淆，尤其对纳斯达克市场上股票的期权而言。大致上，期权的命名由以下三部分组成：

1. 期权基本名称最前面的三个字母代表标的物股票。这部分不可超过三个字母。该方法对纽交所上市的股票行之有效，因为这类股票的代码少于三个字母。但是，纳斯达克上市的股票却又有四个或四个以上的字母。在这种情况下，美国期权清算公司（OCC）便为这类股票编制了新的代码。

2. 下一部分是到期月份代码。它由一个字母代表到期月份。分别用 A 至 L 的 12 个字母代表看涨期权的到期月份；分别用 M 至 X 的 12 个字母代表看跌期权的到期月份。Y、Z 两个字母不用。

3. 最后一个字母代表行使价。A 代表 5 美元，B 代表 10 美元，以此类推，一直用到字母 T，即 T 代表 100 美元。然后，又重复从 A 到 T 的循环，而此时的 A 则代表 105 美元。

以下为两个实例：

"XOMFK" 表示 6 月份到期、行使价为 55 美元的埃克森美孚公司（Exxon-Mobil 公司）的看涨期权。

"CYPOD" 表示 3 月份到期、行使价为 20 美元的思科公司（Cisco 公司）的看跌期权。

附录 2

各种类型的委托以及委托检查清单

当您直接委托或通过经纪人下委托订单时，您必须决定，您是否要对该笔委托的成交提出任何要求。共有两大类的委托——无条件委托与有条件委托。最基本的无条件委托是市价委托。当您发出市价委托订单时，您的委托指令是不管市价如何，只要尽快使委托成交。

“按市价买入 10 月份到期、行使价为 35 美元的 XYZ 公司的看涨期权。”

该笔委托会立即成交。您一发出该委托后，就无法控制其成交价，而您也可能未能以市价成交。这类委托的目的就是急于要买入或卖出某个产品。市价委托的最重要特征是接受委托方必须对委托“担责”，即该笔委托肯定会成交，并且该笔委托肯定在有条件委托（成交）之前成交。市价委托的优先级最高。

有条件委托对您的委托添加了一些限定条件。这些限定条件可能涉及时间、价格或数量。由于这类委托附带了限定条件，因此，它们会视市况而定，不总是能够成交。它们是“不被担责的”委托。如果它们未能成交，经纪人不承担相应责任。

限定时间的委托

日内委托。这类委托仅在下单当日的交易时间段内有效，并随着该日的收盘而被自动撤销。

撤销前有效委托。这类委托于一定的时间内在市场中保持有效，比如，在 5 月 1 日前有效，或在 1，500 小时内有效，或在被撤销之前等不确定时间内有效（的委托）。

收盘前或开盘后限时委托。这类委托必须在交易所规定的开盘前时间段及收盘后时间段内进行，通常是收盘前 15 分钟内或开盘后 15 分钟内。

限定数量的委托

全额成交委托。这类委托规定必须全额成交，否则就一笔也无法成交。该类委托的有效期为整个交易时段，除非被提前撤销。

立即成交委托。这类委托规定必须立即成交，否则即被撤销。

限定价格的委托

限价委托。这类委托限定了成交价格，委托必须以该限定价格或更好的价格成交。

触及市价委托。这类委托限定了某个特定的价格水平，一旦市价触及该价格水平，委托即成为市价委托并且立即成交。

阻止价委托。这类委托限定了阻止价格，一旦市价触及该阻止价格，委托即成为市价委托并且立即成交。

阻止价 - 限价委托。这类委托同时规定了阻止价格及限定价格，一旦市价触及该阻止价格，委托即成为限价委托并将以该限定价格或更好的价格成交。

管理性质的委托

撤销先前的委托（CFO）。指新委托替代了现有的委托。旧委托被撤销了，新委托入了市。这类委托可用于更新限价委托的价格等场合。

自行决定委托。对于这类委托，您授予经纪人以一定的自由决定权，由他来决定何时或以何种价格入市。股票账户的所有必须指定期望交易的证券产品名称、委买或委卖以及买卖数量。经纪人可自行决定（执行委托指令的）时间或相关价格。比如，“如果开盘时行情上涨，就买入5张12月份到期、行使价为45美元的T公司的看涨期权。”无需有限授权委托书。也可授予其他人用该账户进行交易的自由决定权，这就需要授予代理人员有限的授权委托书。

期权委托（指令）的下单核对表

1. 说明您打算开新仓还是平仓已有的仓位。

2. 报出该笔交易中的期权数量。某些交易新手只报出股票数量，而没明确说明期权数量，结果却很不愉快且吃惊地发现已买入了100张看涨期权，而他们实际上只想买入1张（对应100股标的物股票的）期权。

3. 明确说明您要买入或卖出的期权。您不必担心相关期权的名称使用是否正确，您的经纪人会搞定这些。如果您通过电话进行委托，我建议您到Radio Shack商店花20美元买入一台简易的录音机，外加一台磁带录音机。每次电话委托后，请您重新播放您电话委托的录音。如果发现有错，则须立即回电并做相应更改。委托内容说明中必须包括期权类型（看涨期权、看跌期权、价差期权组合、跨式期权组合等等）、数量、行使价、标的物产品以及到期月份。您的经纪人也会对电话委托的内容进行录音。如果您之后对电话委托内容有疑问，您可请求您的经纪人回放其电话委托的录音，以核实其正确性。

4. 如果您在运行某个电脑定价模型时，发现模型中未包含股息、除息日以及当前的利率，您就可能需要核实这些相关信息。

5. 委托类型——市价委托、限价委托、自行决定委托等等。

6. 在您向经纪人发出口头委托指令后，请让他或她向您复述一遍。

在下达任何委托指令时，您应该已在您的交易计划中或每日交易计划中制定好一个相关的退出策略。应事先为取得成功而做好相关计划。

附录3

期权术语

美式期权

在到期日前的任何时候或在到期日都可以执行的期权合约。

套利交易

在两个不同的交易所同时买入并卖出相同的期货合约，以获取相应的价差收益。

仲裁

当相关成员之间的争执无法解决时，能公平而无偏见地解决争执的场所。美国全国期货协会（NFA）负责解决与期货合约相关的争执；美国证券商协会（NASD），负责解决与股票相关的争执。

转让通知

告知期权卖方期权已被行权的通知。对美式期权而言，可在到期日前的任何时候或在到期日发出该类通知；对欧式期权而言，只能在到期日或接近到期日时发出该类通知。

联络人（AP或经纪人）

指在美国商品期货委员会（CFTC）或美国全国期货协会（NFA）注册过的、代表期货委员会商人、推广经纪人、商品交易顾问或商品投资基金经纪人而找订单、招揽客户或客户基金的个人。

平值

可指期权行使价与其标的资产的市价相等的期权；也可指以当前的出价－询价买入有个期货合约的委托指令（参加市价委托指令）。

自动行权

指期权清算公司在实值期权到期时对其行权，除非期权的持有者（买入者）特别提交了相反的委托指令。

反向价差

在该价差组合中，买入的期权多于卖出的期权，所有买入、卖出期权具有相同的标的物以及相同的到期日。反向价差通常是Delta值中性的。

气球型期权

该类期权很多时候被应用在外汇交易市场中。这类期权给期权持有者（买方）提供了更大的杠杆。这是因为其名义付款额在某个设定的门槛价位被突破后，会显著地提高。

熊市（空头/看空的）

指价格下跌的市场。相信行情会下跌的人被称为“空头”。如果人们预计某条消息会导致行情下跌，那么该消息即被视为看空的。

熊市价差

标的物价格下跌会导致价差组合价值上涨的任何价差组合。

Beta值

是一种风险指数，衡量期权行情相对于其标的物行情变动的相应价格波动。

出价

以指定价格买入某一特定证券或商品的提议。

交易所（BOT）

商品买卖或代销从业人员的交易场所或协会。它通常指进行商品期货和期权交易的交易所。

盒式期权

以某一行使价买入一个看涨期权并卖出一个看跌期权；同时以另一行使价卖

出一个看涨期权并买入一个看跌期权。上述 4 个期权须具有相同的标的物以及相同的到期日。

经纪人（关联代理人）

代理交易合同或销售相关业务并收取相应费用或佣金的代理人。对商品期货交易而言，这类代理人即场内经纪人，他们在交易所的交易厅内执行相关委托指令；在经纪行，这类代理人指（大）客户经理或关联代理人，他们为其客户提供执行指令等相关服务。

经纪人佣金

经纪人对其经办的交易业务所收取的费用，按每笔成交收取定额费用或按成交总金额提取一定比例；该费用通常被称为佣金。

牛市（多头/看多的）

指价格上涨的市场。相信行情会上涨的人被称为“多头”。如果人们预计某条消息会导致行情上涨，那么该消息即被视为看多的。

牛市价差

标的物价格上涨会理论上导致价差组合价值上涨的任何价差组合。

蝶式期权

卖出（买入）两个相同的期权，并同时买入（卖出）一个行使价高于上述两个期权（行使价）一档的期权及一个行使价低于上述两个期权（行使价）一档的期权。上述 4 个期权须具有相同的类型（即同为看涨或同为看跌期权）、相同的标的物以及相同的到期日。

期权买方

看涨期权或看跌期权的买入方，也被称为期权持有者。期权买入分开仓买入和平仓买入两种情况。

日历价差

时间价差的别名。

看涨（期权）

该类期权的买方获得在某一特定日期或该日期之前、以指定价格买入某特定股票或期货合约的权利但没有相关义务。看涨期权的买方通常预期能从标的物证券或商品未来的价格上涨中获益。

执行经纪人

商品交易所的会员，通常也是清算公司的会员，其他经纪人或客户通过该类执行经纪人清算所有或部分交易。

转期交割（额）

由上一生产/行情周期的存货结转到当期的商品供货。

现货商品

区别于期货合约的实物商品，指即时交付或在买卖成交后的规定时间内交付的商品，或已按照市场现价成交、并按相关协议中规定的将来某个日期进行交割的商品。

提前付款销售

在交付商品前提前向商品供货商付款以锁定价格的做法。

已检验的存货

通过相关检验并被断定为符合期货合约交割的相关质量要求的商品，它们被存放在由商品交易所指定的、常规或可接受的交付地点。

技术图形

技术分析中所使用的图形和图标，用于绘制、标出价格变动趋势、价量平均移动（趋势指标）以及公开市场利率。

圣诞树

比例垂直价差组合中的一个分类，采用卖出两个或两个以上不同行使价的期权组合。

过度频繁的交易

指掌控客户账户的经纪人为了获取更多的佣金，无视客户利益最大化的需求而过于频繁地交易该客户账户。

期权类别

针对相同标的物或期权合约的所有看涨期权或所有看跌期权。

清算

期权或期货合约经清算公司或协会核准无误后，清算公司或协会即成为这些合约买方的卖方以及这些合约卖方的买方，整个上述过程即为清算过程。

清算会员

清算公司或协会的会员。非会员的所有交易都必须通过清算会员进行登记并最终结清。

清算行或清算公司

与交易所有合作关系的机构，负责对所有期货及期权合约进行创设、平仓或凭实物商品的交割加以了结，并负责相关的财务清算。清算行通常是经完全特许的独立公司，而不是严格意义上的交易所的一个分支机构。某项交易一旦被清算完毕，清算公司即成为（相关合约）买方的卖方以及（相关合约）卖方的买方。

清算价（Clearing Price）

请参照清算价（Settlement Price）。

收盘（the Close）

由交易所官方指定的每日交易时段的收尾阶段，在该阶段中成交的所有交易都被视为“以收盘价”成交。

组合（策略）

一种期权交易策略，涉及同时买入或同时卖出针对相同股票或期货合约的一个看涨期权和一个看跌期权。通过同时买入或同时卖出相同标的物的一个看涨期权和一个看跌期权，即可建立这样的仓位。

商品

一种交易或商业、服务的标的物（实体或对象）或权利，可针对该类标的物创设、交易相关远期或期货合约。目前普遍交易的商品合约包括小麦、玉米、棉花、牲畜、铜、金、银、石油、丙烷、胶合板、货币、（美国）短期国库券、债券及纸币等合约。

商品交易案

美国联邦政府用于监管期货交易的联邦法案。

美国商品期货委员会（CFTC）

由美国国会成立的、监管商品交易案实施的委员会，负责对商品交易所的交易进行监管。

鹰式期权

卖出（买入）两个行使价连续的期权，并同时买入（卖出）一个行使价高于上述两个期权中较高行使价一档的期权以及一个行使价低于上述两个期权中较低行使价一档的期权。上述4个期权须具有相同的类型（即同为看涨或同为看跌期权）、相同的标的物以及相同的到期日。

确认清单

客户建立了期货、期权或股票仓位，或完成了其他交易之后，由经纪行或经纪人/经销商发给客户的确认清单。该类清单中列出了买卖合约（期权、股票）的成交数量及成交价格。它可能还写明了客户账户的转入、转出资金。该类清单有时还附有买入及卖出声明。

合约（交割）月份

根据相关期货合约或期权合约必须进行交割的月份。

备兑期权

在发出开仓卖出该期权时，事先已持有相反的标的物（股票、期货合约或商品）仓位。

备兑期权卖方

备兑期权（看涨期权或看跌期权）的卖方。

流入资金

（账户中）由卖出期权所流入的（权利金）资金。

当前交割（月份）

相关期货合约或期权合约必须进行交割的月份，又称为现货交货月份。

客户账户

由清算会员所建立的、仅用于清算交易所交易的账户，适用于清算会员代理客户清算的交易所交易，而不适用于交易厅内交易员的交易。

经销商期权

某个实物商品的看涨或看跌期权，它并非根据或受制于某个交易所的相关规则而创设的，而是由经营相关标的物现货商品的公司开仓卖出的。

流出资金

（账户中）由买入期权所流出的（权利金）资金。

负资金余额

客户账户中的交易亏损额超过收益额所导致的账户余额情况。

深度虚值期权

各个交易所对此类期权有不同的定义。相对于最接近相关标的物（股票或期货合约）现时市价的期权参照行使价（下称参照行使价）而言，这类期权的行使价偏离甚远。其典型的定义是：行使价偏离上述参照行使价两个参照行使价（及以上）的期权，外加到期月份前的剩余公历月份数。

交割月份

期货合约到期并可进行交割的月份。对期权的行权指派也在交割月份进行。

交割通知

清算公司发出的、期货合约的卖方将对其持有的空仓进行实物交割的通知。它不同于转移所有权的相关法律文件（包括相关提货单或运单），而且比后者更为重要。

Delta 值

期权理论价值的变动率与标的物资产的变动率之比。

Delta 值中性价差

在该价差组合中，看涨期权总的 Delta 值与看跌期权总的 Delta 值之和约等于零。

对角线价差

到期日与行使价都不相同的期权所组成的价差组合。每个组合中的 2 个期权须具有相同的类型（即同为看涨或同为看跌期权）以及相同的标的物。

自行决定权账户

根据相关约定，相关账户的持有人向通常是经纪人授予书面委托书，授权后者可无须通知账务持有人即可采取相应的买卖决定。这类账户即为自行决定权账户，也常常被称为受管账户或受控账户。

欧式期权

只能在期权到期日执行、行权的期权。

行权

期权持有人（或买方）（在有效期内）以期权行使价买入（卖出）或交割标的物股票或期货合约。

行使价

看涨（看跌）期权的持有人（或买方）（在有效期内）可能买入（卖出）标的物股票或期货合约的价格。

到期日

一般是指某只期权可被行权的最后日期。

外在价值

期权价格减去其内在价值的差额。虚值期权的外在价值构成了权利金的全部。期权的外在价值又被称为时间价值。

公允价值

期权理论价值的别称。

篱笆墙

买入（卖出）一个标的物的仓位，同时买入（卖出）一个虚值的看跌期权并卖出（买入）一个虚值的看涨期权的组合策略。该组合中的所有期权必须具有相同的到期日。当篱笆墙（组合）包含多头（空头）仓位时，该组合有时被称为风险转换（逆转）（组合）。

交易厅经纪人

为交易所交易厅内的任何其他人执行委托指令的个人。

交易厅交易员

亲自在交易所的交易厅内进行交易的某家交易所的会员，他既为自己也为其客户进行交易。他们有时被称为投机客或本地客。

自由交易

在该期权价差组合中，先买入一个贴近实值的看跌或看涨期权，然后以相同的价格（权利金）卖出一个与前一期权相比更加虚值但到期日相同的看跌或看涨期权。完成上述操作之后，该价差组合对保证金或资产净值方面无任何要求。

前向价差

比例垂直价差的别名。

Gamma 值

期权 Delta 值的变动率与标的物资产的变动率之比。

期权出让方

指（开仓）卖出期权的一方，该方有义务但没有相关权利，以行使价（针对看涨期权）卖出或（针对看跌期权）买入相关标的物股票、期货合约或期权。期权出让方也被称为期权签发方。

套期保值

卖出相关期货合约或期权合约以期在未来卖出相关现货商品从而规避可能发生的价格下跌所带来的损失；或者买入相关期货合约或期权合约以期在未来买入相关现货商品从而规避可能发生的价格上涨所带来的损失。

水平价差

时间价差的别名。

股权激励期权

指按美国国内税法第 422 条可享受税收减免的期权，这类期权使员工能在规定的时间段内、以特定的价格买入公司股票。

市场间价差

指分别在不同标的物的两个不同市场建立两个相反仓位所形成的价差。

实值

指具有内在价值的期权。行使价低于相应的标的物股票或期货合约的现时市价的看涨期权为实值期权；行使价高于相应的标的物股票或期货合约的现时市价的看跌期权为实值期权。

内部价值

指实值期权的实值部分的金额，即当实值期权被行权时所能兑现的收益。

果冻卷多头策略

即买入看涨期权短仓与卖出看涨期权长仓的空头看涨期权价差组合；外加买入看跌期权短仓与卖出看跌期权长仓的多头看跌期权价差组合。其中，每个组合都有不同的到期日，以期从时间价值的（水平）价差中获益。

Kappa 值

Vega 值的别名。

涨、跌幅限值

合约市场等相关规则所限定的、（每个交易产品）某一交易时段内所允许的最大涨、跌幅限值。

限定委托

这类委托限定了成交价格或成交时间，这与市价委托不同，后者则要求尽快以最优惠的价格成交。

清仓

通过获得完全相反的仓位进行平仓。

流动性

指即使只有很小的价格变动也能产生买卖成交量的特性，即许多委托正在成交。

高流动性市场

指即使只有很小的价格变动、买方出价与卖方报价之间的价差极窄也能产生买卖成交量的、股民广泛参与的交易市场，因为有大量利益相关的买、卖方参与市场交易。

跨式期权

跨式期权（Straddle）又被称为“同价对敲”，是一种非常普遍的组合期权投资策略，是指投资人以相同的执行价格同时购买或卖出相同的到期日相同标的资产的看涨期权和看跌期权。

多头

指买入现货商品、股票、商品期货合约或期权合约的一方，相对于卖出现货商品、股票、商品期货合约或期权合约的另一方（对手方）——空头。

多头对冲

买入相关期货或期权合约以期规避可能发生的、股票或商品价格的上涨所带来的损失。请参见套期。

保证金

在期货行业中，期货合约的买方及卖方为确保履行合约而在其账户中存入的一定数额的资金，它不同于定金。

追加保证金的通知

经纪公司要求其客户按照交易所规定的最低保证金水平补足保证金存款的通知，以及与此类似的、清算公司要求其清算会员按照清算行规定的最低保证金水平补足清算保证金的通知。

市价委托

要求尽快以最优惠的价格买卖股票、期货合约或期权合约的委托，这有别于对成交价格与成交时间有特定要求的限定委托。请参见限定委托。

逐日盯市

按照每日的收盘价逐日汇总、核算期货及期权合约的日记账的盈亏。

裸卖空

在事先没有建立相应的现货或期货仓位的情况下开仓卖出相关股票或期货合约的看涨或看跌期权。这也被称为未备兑卖空。

美国证券商协会（NASD）

美国证券行业的业内自律性机构。

中性价差

中性价差是Delta值中性价差的别名。还有一种买卖张数中性的价差组合，即买入合约的总张数与卖出合约的总张数大致相等的中性价差组合。

名义价格

在期货或期权合约的某个特定的交割月份中，如果没有产生任何成交，则通常采用买方出价与卖方报价的均值作为该交割月份的名义报价，以取代其收盘价。

不担责

视委托条件是否满足而可能或不可能成交的有条件委托。如果该类委托未能成交，经纪公司不承担任何相关责任，交易者也不得追索相关补偿。

报价

卖方愿意卖出某物的某个特定的价格，以区别于买方的出价。

平仓

通过补回或卖出期权或期货合约的相反仓位来对冲、抵消相同规格的原有仓位。

期权类别

指具有相同类别（即同为看涨或同为看跌期权）及相同的标的物（期货合约、商品或证券）的所有期权合约。

期权合约

买卖双方权利与义务不对等的单边合约。根据该合约，买方有权利但没有相关义务，可在某一特定日期或该日期之前、以指定价格买入一定数量的股票或期货合约，不管届时相关标的物的现时市价水平如何；只要买方在到期日行权，卖方则有义务但没有相关权利，以行使价将相关股票或期货合约卖给相关期权的买方或从后者买入相关股票或期货合约。请参见看涨（期权）及看跌（期权）。

期权权利金

期权买方为获得期权卖方（出让方）所售出的期权合约所支付的资金、证券或其他资产。

期权卖方

请参见期权出让方。

委托指令的执行

指经纪人对客户委托指令的执行过程，包括以口头或书面方式从客户那里接受委托指令，然后将其转达到执行该笔交易的交易所交易大厅，待交易成交后再将成交确认书（含成交价）返回给客户。

虚值（期权）

指行使价高于相关标的物资产现时市价的看涨期权，或行使价低于相关标的物资产现时市价的看跌期权。

交易场地

某些交易所的交易大厅内专门建造的（圆形）场地（arena），以供公开叫卖股票、期货或期权合约之用。某些交易所则用圆形场地（ring）一词来指上述场地。

看跌期权

该类期权的买方获得在某一特定日期或该日期之前、以指定价格卖出相关标的物资产的权利，但没有相关义务。

报价

现货商品或期货（合约）、股票或期权合约在某一特定时间的实际价格或（买方）出价或（卖方）要价。报价还常常用“quote”一词。

反弹

价格（跌后）的回升。

涨势头部

反弹暂时中止的价位。通常一波牛市行情的整个过程中会构成几个涨势头部。

幅值

在一给定时段内（通常是单个交易时段内）、某个商品的最高价与最低价之间差价。

比例价差

多头市场合约数与空头市场合约数数量不等的任何价差。

比例垂直价差

卖出合约数多于买入合约数的价差，其中所有合约都具有相同的标的物及到期日。比例垂直价差通常是 Delta 值中性的。

比例卖出

期权卖方所采用的策略。该策略需要卖出一个备兑看涨期权，并卖出一个或多个未备兑的看涨期权。该策略的目的之一是减少卖出未备兑看涨期权的风险，因为备兑看涨期权提供了一定程度的保护。

阻力位

某个（上涨）趋势暂停下来时所处的价位，与支撑位相反。相关产品的价格必须产生足够的动力，才能突破阻力位。

转交交割通知（权）

期权合约的买方收到期权清算公司发出的交割通知后所具有的、在公开市场上提供相关待售通知的权利，其目的是解除其根据相关合约进行交割的义务。该权利只适用于某些商品，并仅适用于某个特定的时间段。

Rho（ρ）值

期权理论价值的变动率与利率的变动率之比。

投机客

在交易所交易厅内快进快出的投机客，其盈利或亏损都很微薄，其在每个交易时段内的持仓时间也很短。其典型的操作方法是，随时准备以略低于相关产品的最后一笔成交价的价格买入，然后以略高的价格卖出，从而创造了流动性。

卖出套期保值

为规避将来将被售出商品或股票的价格下跌所导致的损失而卖出相关期货或期权合约。参见套期保值和/或空头套期保值。

依次到期（期权）

一个月之后到期的、具有相同标的物期货合约或股票的期权。

（期权）系列

具有相同行使价和到期日的所有同类期权。

结算价

每个交易时段收盘时的收盘价，或是多个收盘价中被用作确定净盈或净亏的官方价的价格。

空头

预期相关价格会下跌的一方。比如，卖出现货商品或商品期货合约、或买入看跌期权的交易者，以区别于买入现货商品或商品期货合约、或买入看涨期权的多方。

空头套期保值

为规避商品或股票的价格下跌所导致的损失而卖出相关期货或期权合约。参见套期保值。

价差（或跨式期权）

同时买入、卖出共两个交割月相同、行使价不同的期货或期权合约的前组合。比如，买入一个于某个交割月交割的期权、再卖出一个具有相同交割月但不同行使价的期权组合。参见套利交易。

法定股票期权

参见股权激励期权。

跨式期权

一种交易策略。该策略需要同时卖出针对相同标的物股票或期货合约的一个看跌期权及一个看涨期权。这两个期权具有相同的行使价和相同的到期日。

支撑位

某个（下跌）趋势暂停下来时所处的价位，与阻力位相反。一旦触及该支撑位之后，市场通常要盘整一段时间。

看涨期权组合

一个标的物资产的买入（卖出）仓位与一个看跌期权的买入（卖出）仓位的组合。

看跌期权组合

一个标的物资产的卖出（买入）仓位与一个看涨期权的买入（卖出）仓位的组合。

标的物资产组合

一个看涨期权的买入（卖出）仓位与一个看跌期权的卖出（买入）仓位的组合。这两个期权具有相同的标的物资产、行使价和到期日。

理论价值

由某个数学模型、根据期权有效期、相关标的物资产的特性以及主导利率等事先假设条件而计算出的期权价值。最常用的这类公式（模型）即布莱克 – 舒尔斯（模型）。

Theta 值

期权理论价值的变动率与期权到期日前的剩余时间的变动率之比。

时间价差

同时买入、卖出共两个行使价与标的物相同、到期日不同的期权，也被称为日历价差或水平价差。

时间价值

期权价格减去其内在价值的差额。期权的时间价值又被称为外在价值或时间权利金。

趋势线

连接某一行情趋势中的一系列最高价或最低价的连线。趋势线既可为如上涨趋势线中的支撑线，也可为如下跌趋势线中的阻力线。行情横盘整固时，则以水平趋势线为标志。

Vega 值

期权理论价值的变动率与波动率的变动率之比。

垂直价差

同时买入、卖出共两个期权的组合，这两个期权须具有相同的类型、标的物资产以及到期日；两者唯一的差别在于其行使价。

波动率

根据某项资产（股票、期权或其他某项资产）在一段时间内的每日历史价格而计算出的、其价格的上、下变动趋势的估计值。

成交量

在某一特定时间段内成交的合约数量。

期权卖方

见期权出让方。

期权签发

指开仓卖出期权。

附录 4

推荐的补充研究资料

推荐的阅读资料

罗杰·罗文斯坦《天才的陨落：美国长期资本管理公司的兴衰》

贝努瓦·曼德波特与理查·哈德逊《市场的（错误）行为：风险、崩溃和回报的分形观念》

托马斯·麦克福特《期权大全》、《期货大全》、《对冲尺度交易的解读》、《在受管控的期货中胜出》、《市场永远正确》

劳伦斯·G·麦克米兰《作为战略性投资的期权》

谢尔顿·纳顿伯格《期权波动率及定价策略：专业人员的高级交易技巧》

维克多·尼德霍夫《投机者教育》

堂·理查德·里索《个性类型》

杰克·D·施瓦格《市场奇才》和《市场新奇才》

杰克·D·施瓦格《市场奇才》和《市场新奇才》

那辛·尼古拉·泰雷伯《生活与市场中隐藏着的机遇》

推荐查阅的网址

888options. com

Aiqsystems. com

Barchart. com

Barrons. com

BigCharts. com

callwrite. com

cboe. com

cme. com

coveredcalls. com

Futures. tradingcharts. com

investopedia. com

nasdagtrader. com

Optionscentral. com

OptionsEducation. com

Optionvue. com

poweroptions. com

rickackerman. com

Schaeffersreach. com

Tfc – charts. w2d. com

thinkorswim. com

ZeroDelta. com